短线获利的真义

关键点交易法

刘堂鑫◎著

中国宇航出版社
·北京·

图书在版编目（CIP）数据

短线获利的真义 ：关键点交易法 / 刘堂鑫著. 北京 ：中国宇航出版社，2025. 9. -- ISBN 978-7-5159-2591-2

Ⅰ. F830.91

中国国家版本馆CIP数据核字第20255K7C01号

策划编辑　吴媛媛　　**封面设计**　王晓武
责任编辑　吴媛媛　　**责任校对**　卢　珊

出　版
发　行　**中国宇航出版社**

社　址　北京市阜成路8号　　**邮　编**　100830
（010）68768548
网　址　www.caphbook.com
经　销　新华书店
发行部　（010）68767386　　（010）68371900
（010）68767382　　（010）88100613（传真）
零售店　读者服务部
（010）68371105
承　印　三河市君旺印务有限公司
版　次　2025年9月第1版　　2025年9月第1次印刷
规　格　710×1000　　**开　本**　1/16
印　张　14　　**字　数**　207千字
书　号　ISBN 978-7-5159-2591-2
定　价　59.00元

本书如有印装质量问题，可与发行部联系调换

FOREWORD

前言

利弗莫尔说过："投机成功只有一条路——辛勤工作，不懈地努力工作。如果随便都能赚到钱，没人会想着把这样的机会给我——这一点我心里清楚。"

在交易中，倘若准备不充分就盲目入市，必然会遭受难以承受的亏损。毕竟，交易如果缺乏强大的理论作为指引，没有充足的前期筹备，就如同在黑暗中前行，极易坠入深渊。

市场虽然看起来是随意波动的，但它确实存在一定的模式，具有内在的规律性。利弗莫尔很早就发现"华尔街没有什么新东西，今天在股市发生的一切都在以前发生过，也将在未来不断地重演"。市场投资者过去和今天基本上没有差别，股票游戏的基本规则不会改变，人性也不会改变，所以潜心学习研究是有意义的，如能找到其中恒定的规律，就能借此获利。

本书主要受利弗莫尔的启发，总结出了一套完整的关键点交易体系。利弗莫尔认为交易必须要一买就赚，否则无论对错，都很难从该笔交易中获得收益。本书从点位着手，帮助投资者尽可能地买到精准的价位，通常能做到立买立赚，这对于短线交易来说尤为重要，因为点位优势是短线交易的根本和灵魂所在。如果入场点位不好，即便方向正确，行情也有可能先打掉你的止损，然后再朝着交易的方向大幅运行。即便没有打掉你的止损，但长时间的浮亏，也会让你的心态受损，让一笔交易草草收场，无法获取更多的利润。

本书共有7章，可分为三部分：第一部分（第1章～第3章）包括对短线交易的复盘，短线交易的核心，以及风险管理与资金配置；第二部分（第4章～第5章）详细讲解八大关键点的应用技巧；第三部分（第6章～第7章）讲解仓位管理和小资金暴利策略。

第一部分：对成功案例和失败案例进行了复盘分析，强调短线在点不在势，长线在势不在点，只要点位对，短线必然获利，但趋势方向正确，短线却不一定能够获利。通过技术分析得出的趋势，并不一定是真正的趋势。在短线交易中，风险管理和资金配置至关重要。

第二部分：关键点可分为普通关键点和高阶关键点。普通关键点是交易的基石，高阶关键点往往是获取暴利的重要节点。普通关键点分为突破关键点、回抽关键点、回踩关键点和折回关键点；高阶关键点分为簇拥关键点、结构关键点、联动关键点和情绪关键点。这八大关键点不仅融入了交易大师利弗莫尔经典的关键点理论精髓，更在此基础上构建起一套逻辑严密、环环相扣的完整交易体系。这套体系摒弃了技术指标的片面性与滞后性，直击市场价格波动的本质规律，精准捕捉交易时机。相较于常见的技术指标，它能更敏锐地洞察市场趋势转折与潜在机会，以更高的效率和准确率指导交易决策，帮助投资者在复杂多变的市场中把握盈利先机，实现交易能力的跨越式提升。

第三部分：学习高超的交易技术固然重要，但仓位管理是交易的基石。没有科学的仓位管理，交易就没有了承载力。指数级仓位管理模型是客观的仓位管理方式，具有强大的复利效应，能够让投资者的利润呈指数级增长。本部分还为大家提供了一套小资金暴利策略，首先选对品种，然后运用关键点进行短线交易，始终如一地客观执行策略，通常都能获得意想不到的结果。

交易知识属于理科范畴，必须认真钻研，深入思考。有些人看似勤奋，实则思维懒惰，不愿动脑，害怕钻研难题，妄图通过大量阅读滥竽充数，虽说见识过不少技术，却没有一项能够真正运用到实战中。所以，常有人抱怨读了几百本书，交易时依旧亏损，声称学习无用。这种机械、填鸭式的学习，对提升交易能力毫无助益。与其如此，倒不如深入钻研某一个方向，某一项技术。

投资者要时常自我反思：从这本书中，到底学到了哪些有价值的方法？在交易过程中，总结出了什么有价值的经验？切不可囫囵吞枣，盲目交易。对每次交易都进行充分的思考，才能让自己的交易之路愈发精彩。

刘堂鑫

2025 年 5 月

CONTENTS 目 录

第 1 章

百万利润

短线交易，被视为小资金迅速获得高额利润的有效途径，深受投资者青睐。然而，短线交易者若采用了错误的交易方法，往往会引发灾难性后果。交易与人生相似，选择大于努力。正确的选择，能让投资事半功倍，而盲目地埋头苦干，只会让交易之路布满荆棘，迂回曲折。在交易的世界里，光靠汗水无济于事，更需要智慧。只有用心学习，掌握正确的交易方法，才能顺利抵达成功的彼岸。

曾经在一个宴会上，我碰见一位职业交易员，他坐在我旁边，在推杯换盏中，向我道出了心中的苦闷。原来他做了14年的日内交易，一直都坚持趋势交易理念，却一直在失败，甚至顺势交易让他几度破产。他不明白到底是哪里出错了，因为众所周知，顺势为王，怎么到了他那里，顺势却频频失败。

我简单询问了一下他的具体操作方法后，立即就明白他犯了大多数投资者一样的错误。很多伪趋势交易者，在每次交易之前，都会先用技术工具分析一下行情趋势。比如日线大跌，就认定是空头趋势，那么日内就逢高短线做空；日线大涨，就认定是多头趋势，那么日内就逢低短线做多。他也是这样做的，这无疑是犯了用趋势炒短线的错误。

他尝试过各种交易工具，比如布林带、均线、平均趋向指数（ADX）、指数平滑异同移动平均线（MACD）等，但最终都失败了。他自认为交易了十几年，无论是交易理念、交易认知还是交易手法，都远超刚入市的投资者，为何自己一直找不到成功的路，希望我能指点一二。于是我先问了他一个问题。

我：谈谈你对趋势的理解。

他：要充分重视趋势的力量，趋势往上，我就只做多，不做空。趋势往下，我就只做空，不做多。不要妄图做足所有的行情，那是不可能的。贪和贫就是一点之差，玩不得。如果趋势正确，即使进场位置不好，被套牢，但只要资金分配合理，就能等到解套获利的一天。这叫输时间而不输钱。但反过来呢？就是既输时间又输钱，划不来。

他的回答显然过于主观，因为他的趋势策略是建立在趋势判断正确的基础上。但如果提前就能确定趋势，那还需要什么策略？直接买卖就可以。问题是没有人真的可以把趋势完全判断正确，如果判断错误，就不是只输时间了，还可能会爆仓。即便是股票，一旦趋势判断错误，股票也会有退市的风险，事实上有一些股票投资者就是这样亏惨的。所以，这是伪趋势交易法，投资者却总想用死扛和足够长的时间来掩饰当下的错误。

我直截了当地告诉他，他最大的错误在于用趋势炒短线，一是大材小用，二是主观臆测。对于这两点我跟他做了如下详细解释。

“第一点，依趋势炒短线是大材小用。其实你现在的困惑与我十年前一模一样，当时的我也是做日内短线，也在市场中学了很多方法。无论是书上还是网上，‘趋势为王’的声音太过于强大，以至于在很长一段时间里，我都在刻意顺势而为，因为他们告诉我，只要我敢逆势，就会败亡。然而现实是，即便顺势交易，我的短线交易大多数也是以失败而告终。其根本原因在于趋势交易是长线属性，趋势只存在于大级别行情中，并不存在于短线里。那些依据趋势做短线的，总想着顺着行情交易能得到高胜率，但点位的粗糙性总能先打掉他们的止损，然后再顺势运行。久而久之，就开始不设止损，结果一次趋势反转就爆仓了。因此，对于短线交易，顺不顺势不重要。”

图1-1为黄金日线级别K线图，时间跨度为2022年11月7日到2023年2月6日。图中所示，行情的大趋势是上涨，但按照上涨趋势做短线多单，不一定能获利。如果入场点位不精准，总是在价格短期回撤的时候买进，不但不能赚钱，反而会持续亏损。

“第二点，按趋势炒短线是主观臆测。当你看到行情大跌后，那是已经

图1-1

发生过的趋势，未来趋势如何走，与过去的趋势没有必然联系。无论你使用任何技术工具分析趋势，都是个人主观臆测，没有人有能力将行情趋势预测准确。市场下一刻可涨可跌，并无规律可寻，对于短线来说更是如此。大的趋势来源于基本面，来源于自然规律，绝不是来源于盘面。一切盘面的趋势都只是主观趋势。比如，市场极度恐慌时，政府一般会实施宽容货币政策，以应对危机，那么必然会推动一波长期牛市；再比如，极度通缩的情况下，政府会努力将通胀推升至2%的水平，由于通胀的上升，也必然会催生一轮长期牛市。这些都是通过自然规律可以预见的长期趋势。”

图1-2为黄金日线级别K线图，时间跨度为2019年11月21日到2020年5月18日。新冠疫情爆发后，基本面就已经决定了黄金是上涨趋势，盘面的极速杀跌并非真正的趋势，而是市场非理性状态下的错杀，导致黄金偏离其价值轨道。

“总的来说，用趋势炒短线既不会提升胜率，也不会扩大盈亏比（因为即便做对了大趋势，短线交易者也会早早离场），本质上是毫无作用的。你可以借鉴利弗莫尔的操盘方法，他早期的短线操作只关注关键点，并没有在意顺不顺势，照样杀遍全美对赌行，赚得盆满钵满。对于短线交易，最重要的是找准关键点。点位对了，才能获利，点位错了，即便顺势，照样会止损。”

图1-2

图1-3为黄金日线级别K线图，时间跨度为2020年7月9日到2021年1月5日。虽然黄金处于下跌趋势，但如果能找准短线关键点，一样能持续获利。对于短线来说，找准关键点才是最重要的。短线入场点精准，无论顺势还是逆势都能轻松获利。但如果短线入场点太随意，即便顺势，也可能早早止损了。

图1-3

他听完之后，如梦初醒，终于明白，不同的交易风格应该选用不同的交易方法，适合自己的才是最好的。即便顺势是真理，但用在短线交易里也是谬论，任何真理都是有条件的。

在随后的一段时间里，他开始尝试用我教他的理念进行短线交易。刚开始的时候精准地赚了几笔，但很快老毛病又犯了，总是忘不了心中所谓的大趋势，多次在理想的逆势点位前畏缩不前，致使频繁错过盈利时机。

事后每每懊恼不已，一次又一次地下定决心要严格执行我教他的理念，但次次都畏畏缩缩。哪怕有时候壮着胆子买进了，也总是在行情稍有回撤时就出局。后市行情往往能轻松抵达目标价，因此他总是错失利润。

最后他又索性强迫自己什么都不想，严格执行，但刚好碰到亏损，这种状态折磨得他非常痛苦。我告诉他，按照趋势炒短线的观念一时很难改变，人的思维习惯一旦形成，往往会贯穿一生，所谓江山易改，本性难移。因此建议他每次单子进去之后，马上关闭电脑，去做别的事情，转移注意力。因为再怎么盯盘，行情也不会按投资者的意愿走。起先他听从我的建议，下完单之后就出去散步，但最后又因为忍不住去看行情走势，导致胡乱操作。

我耐心地引导他回顾之前的交易，并让他统计如果全部严格按照我教他的理念执行交易，获利情况如何。他花了一个星期把所有交易信号统计了一遍，发现我教他的理念会让他获利颇丰，而且是持续稳定地盈利！他对此震惊不已，这是我特意引导他看到的效果。之后，他重新认真客观地执行每一笔交易策略，短线交易变得越来越好。虽然这种战法不能100%盈利，但是收益非常稳定。

之后他把所有目光都关注在点位上，总是能够很精确地买入，而且每笔交易的止损也变得更加紧凑合理，交易的盈亏比轻松扩大，胜率也比较高，特别是不需要抗单，因此他的盈利逐渐稳定且丰厚起来。

这种交易方法的指令都是明确的：点位是明确的且很精准，止损是明确的且比较紧凑合理，出场也是明确且高效的。

他此前的交易逻辑有很大的弊端，总是以自己的猜测为准，而这个猜测可能对也可能错。买入点不明确，指标一会儿金叉一会儿死叉，出场点也模棱两可，收益一切看天意，自己毫无主动权。

对于不确定的事物，人们往往都是恐惧的，而能明确发出交易指令的信号，远比那些可左可右的分析强得多。即便是明确的亏损，也比模棱两可的信号好，因为模棱两可的信号会让你丧失执行力，陷入非理性交易之中，更容易引发灾难性的后果。

他的交易经验非常丰富，一旦思维方法得到纠正，就进步神速。我清楚地记得他做过六笔大获成功的黄金交易。第一笔是2021年3月31日1680美元/盎司做多，第二笔是2021年8月8日1680美元/盎司做多，第三笔是2022年1月28日1785美元/盎司做多，第四笔是2022年3月16日1900美元/盎司做多，第五笔是2022年4月19日1990美元/盎司做空，第六笔是2023年2月9日1880美元/盎司做空。这六笔黄金交易都是逆盘面而行，但短线精准获利，仅这六笔交易就给他带来近百万元的利润。

图1-4为黄金日线级别K线图，时间跨度为2021年2月26日到2023年2月12日。他做的六笔交易都不是顺势交易，基本都是短线精准入场而轻松获利。

图1-4

第 2 章

四百点获利

在交易上，多数人的失败都不是因为技术能力不行，也不是因为不适合做交易，更多的原因是自己胆怯。太多人因为胆怯而不敢亏一点点钱，才导致不止损，一直扛单，甚至浮亏加仓放大亏损。正因为胆怯，在千载难逢的机会来临时，随波逐流。即便送到眼前的机会，也不敢出手，让巨大的机遇在指尖滑落。

做交易要胆大心细，不能犹犹豫豫，畏畏缩缩，因为时机不等人。市场情绪极度低迷之际，往往蕴藏着最大的机遇。此时，要有特立独行的果敢，敢于逆向而行。

资本市场是零和博弈，一个人赚到的钱，必然是另一个人亏掉的钱。在一赚一亏中，二者的思维和策略一定是相反的。我们都知道在市场中，散户亏钱，机构赚钱，说明机构的策略和思维一定是和散户相反的，因此逆向思维就成了市场中最具赚钱效应的逻辑。

沃伦·巴菲特说的“别人恐惧我贪婪”这句话，阐述的就是逆向思维在市场中赚钱的重要作用。再比如，乔治·索罗斯的反身性理论也是在逆向思维中获利，这是他赚大钱的根本原因。

“逆向思维”才是正确的投资思考逻辑。有人说：逆向思维就像潜水艇的声呐一样，有助于你克服恐惧，提醒你不要贪婪。2005年约翰·保尔森还是一个不太出名的基金经理，他认为美国房价上涨过快，不相信“美国房价从来没有经历过全国性的下跌”这个当时华尔街的主流观点，于是决定自己去验证一下，但很多人认为他是错误的。结果一年之内，保尔森就赚了40亿美元。从此，保尔森从无人知晓成为众人羡慕的“华尔街空神”，完美地演绎了逆向思维的重要性。

黄金作为货币之王，是资本市场终极的避风港，在极度恐慌的情绪下，具有很强的逆情绪投资价值。所以，每当市场陷入极度恐慌的时候，黄金总会迎来大爆发。因此，我们可以利用相反理论和黄金的终极避险属性，在市场中寻找最大的获利机会。

2020年，新冠疫情在全球蔓延，对金融市场造成了严重的冲击。市场极度恐慌，大宗商品全线暴跌，原油更是跌成负数，全球股市疯狂暴跌，美股连续熔断，美元也疯狂暴跌，就连巴菲特也吓得手足无措，紧急砍掉大幅亏损的达美航空。

2020年3月9日之前，因疫情冲击，引发了市场对经济衰退的担忧，造成了风险资产业绩与估值的双杀；3月9日之后，主要是之前的大跌引发了流动性风险，使金融机构无差别地抛售资产，追逐流动性。此时风险资产与避险资产齐跌，市场出现了现金为王的现象。当然黄金也未能幸免。

在暴跌期，大幅下跌改变了市场的基本构成，投资者大多惊恐万分，恐惧使理智的人忽视真正价值，往往会引发多数人集体卖出，导致避险之王的黄金也瀑布式下跌。

图2-1为黄金日线级别K线图，时间跨度为2020年2月7日到2020年5月7日。新冠疫情暴发后，黄金暴跌，短短6个交易日就暴跌逾250美元。

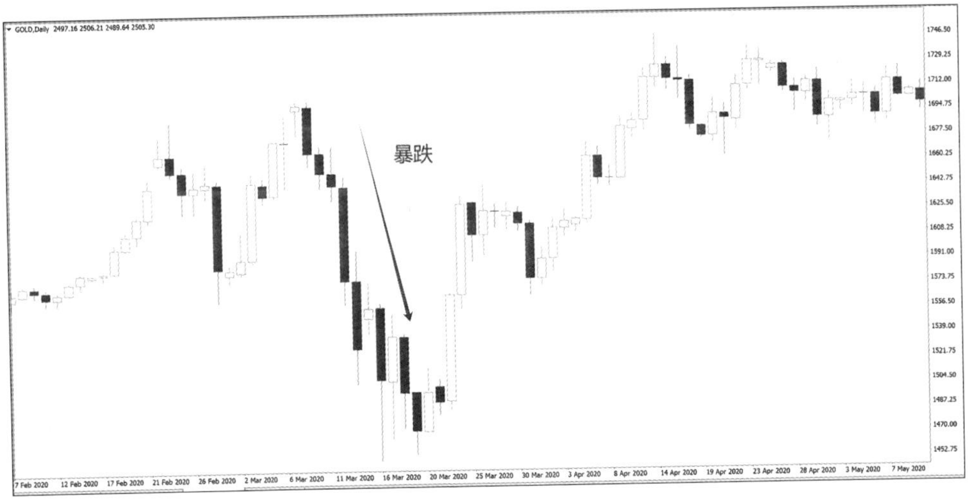

图2-1

此时正确的做法应该是果断买进。2020年3月16日，我用“折回关键点战法”（见第4章）在1455美元/盎司附近买入，刚好在最低点附近，第二天黄金迅速暴涨近百点。

图2-2为黄金日线级别K线图，时间跨度为2020年2月7日到2020年5月7日。黄金最低跌至1451美元/盎司，该价位是折回关键点。

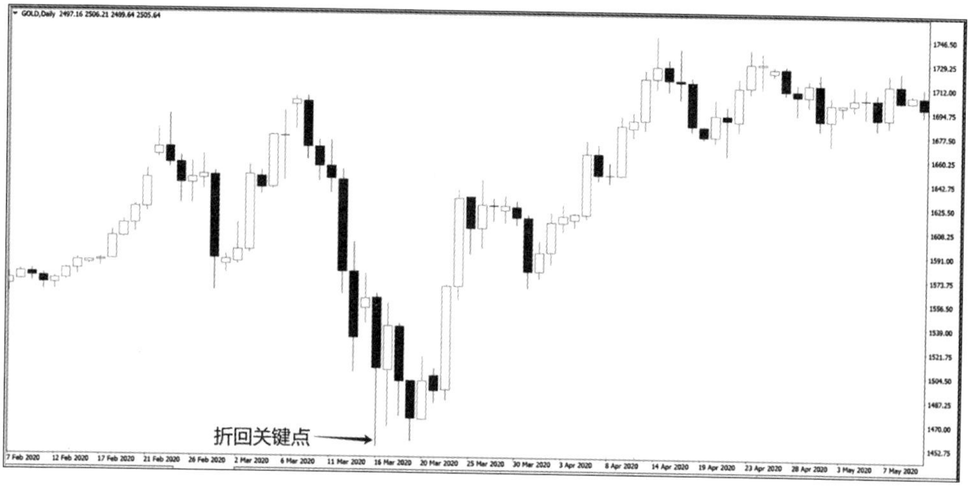

图2-2

图2-3为黄金日线级别K线图，时间跨度为2020年2月7日到2020年5月7日。黄金短暂拉起后，迅速掉头二次下探，最低跌至1455美元/盎司，这一次属于二次下探折回关键点。

图2-3

我再一次在1460美元/盎司买入，之后金价迅速上涨，短短3个交易日盈利100多个点。

此时金价呈V形反转，已经构筑了底部，虽然没有突破V形起始点，但是市场最黑暗的时候已经过去。当价格回落至1465美元/盎司附近时，我第三次使用“回踩关键点战法”（见第4章）迅速买入，之后行情进一步拉升，盈利近170个点。

图2-4为黄金日线级别K线图，时间跨度为2020年2月7日到2020年5月7日。黄金回撤的时候，最低跌至1569美元/盎司，该价位是回踩关键点。

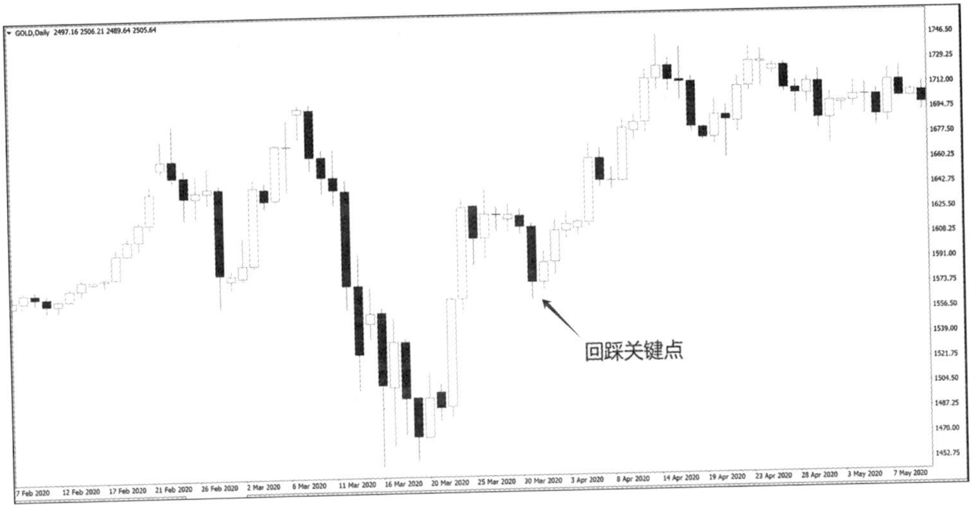

图2-4

通过以上三笔交易，我在短时间内盈利将近400个点，可见逆向思维的重要性。要始终记住“恐慌时买入，自信时卖出”，好的交易员和投资者就是这样做的。这三笔交易运用的都是关键点交易法，该方法最大的特点就是能够精准把握买卖点，不但可以做中长线，在短线交易里更是游刃有余。

第 3 章

短线交易的核心

3.1 关键点比方向更重要

短线交易可以不关注基本面、消息面，不关注持仓报告，只以最纯粹的技术面做判断。在短线交易中，时机比方向更重要，而时机正是利弗莫尔所讲的关键点。利弗莫尔在其书中是这样阐述的：

不论何时，只要耐心等待市场到达我所说的“关键点”之后再动手，我的交易就总能获利。

为什么？

因为在这种情况下，我选择的正是标志着行情启动的关键心理时机。我永远用不着为亏损而焦虑，原因很简单，我恰好在操作准则发出信号时果断行动，并根据准则发出的信号逐步积累头寸。之后，唯一要做的就是静观其变，任由市场自行展开行情演变的过程。我知道，只需如此，市场自身就会在合适的时机发出信号，让我了结获利。任何时候，只要我鼓起勇气并保持耐心，等待这样的信号，就能按部就班，如愿以偿，从无例外。我的经验始终如一地表明，如果没有在行情开始后不久便入市，我就从来不会从这轮行情中获得太大的收益。原因可能是，如果没有及时入市，就丧失了一大段利润储备，而在后来的行情演变过程中，直至行情终了，这段利润储备都是勇气和耐心的可靠保障，因此是十分必要的——在行情演变过程中，直至行情结束，市场必定会不时出现各种各样的小规模回落行情或者小规模回升行情，这段利润储备正是我不为之所动、顺利通过的可靠保障。

从利弗莫尔的描述之中，可以总结出关键点的两个特点：其一是入场超级精准，一买就赚；其二是买在单边行情启动时，并不是在行情振荡中介入。而前者尤为重要，一买就赚可以极大地改善心态。

我们都知道，在中长线交易中趋势为王，但在短线交易里不尽然。有很多投资者和利弗莫尔讲的一样，如果没有一买就赚，即便做对了趋势，最终也不赚钱，甚至反而大亏。出现这种问题主要有三种情况。

第一，趋势对了，但入场点太随意，进场就开始浮亏，被止损后，行情才回归趋势运行。千万不能认为止损是错，一切不带止损的短线交易都是自我毁灭。

图3-1为原油日线级别K线图，时间跨度为2022年3月24日到2023年4月5日。即便原油是下跌趋势，也不是直线下跌，波浪运行是价格永恒不变的规律。如果没有找准关键点的卖点，过早进场交易，即便全是顺势做空，也会全部被调整浪无情止损，最终落得一路顺势做空却一路亏损的结果。

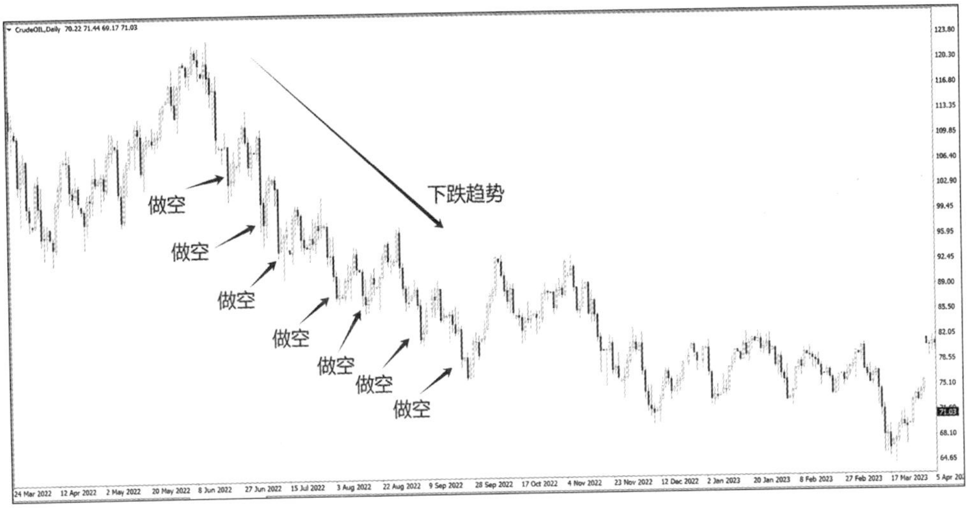

图3-1

第二，趋势对了，入场点位不好，进场就开始亏损。面对长时间的浮亏，像利弗莫尔说的那样，勇气和耐心都消耗殆尽了，即便没有达到止损点，行情刚一回来，保本就立即出局了。

图3-2为欧元兑美元日线级别K线图，时间跨度为2018年1月30日到2020年1月9日。当欧元兑美元大幅暴跌时，顺势做空，结果行情快速反弹，即便止损设得足够大，但行情历时3个月才跌下来。试想一下，如果你做短线交

易，进场就要扛3个月，还有勇气和耐心继续持仓吗？后期就算跌幅巨大，都可能无法盈利，甚至早早就砍仓出局了。所以即便趋势是正确的，照样无法盈利。

图3-2

第三，趋势错了，但一直认为自己只是点位不好，不承认对趋势的判断有误，所以持续浮亏加仓，企图等待行情回归，让自己解套，结果亏损越来越大，一次错误就亏掉大半资金。其实，这种情况大败的投资者占大多数。

图3-3为富时中国A50指数期货日线级别K线图，时间跨度为2020年10月20日到2023年2月23日。作为交易者，不可能每次都判断对趋势，如果趋势判断错误而不自知，就像图中所示，在高位做多，入场点位又不好，进场就立即亏损，且坚持趋势为王死捂着头寸不肯放手，最终会引发巨额亏损。

在投资领域中，那些秉持“趋势为王”的投资者，往往容易陷入思维的泥沼。他们的思维模式逐渐僵化，做事一根筋，在操作上也缺乏灵活性。一旦形成某种趋势判断，就很难做出改变。即使在投资过程中发现判断可能有误，依旧固执己见。

图3-3

诚然，从客观角度来看，趋势有其自身的运行规律和属性。然而，我们必须清醒地认识到，人们在判断趋势时，存在着不可避免的局限性，没有人能够100%准确地预判趋势走向。但现实中，不少人总是喜欢用趋势的客观属性来偷换概念。

需要明确的是，趋势本身是客观存在的，其发展方向遵循一定的规律，这一点毋庸置疑。但这与个人能否精准无误地判断趋势，完全是两个不同的概念，不能混为一谈。趋势的客观性是事实，而个人对趋势的判断则会受到认知水平、信息获取能力、情绪等多种因素的干扰和影响。

《以交易为生》（亚历山大·埃尔德著）一书中强调过，对于短线交易，最重要的是耐心寻找极佳入场点。要打开思路，趋势和预期相反照样能盈利。也就是说，在长线交易中，趋势为王；在短线交易中，关键点为王。如果入场点位精准，无论顺势还是逆势，都能盈利；如果入场点位不精准，无论顺势还是逆势都可能亏损，甚至会严重亏损。

图3-4为恒生指数期货日线级别K线图，时间跨度为2021年5月11日到2023年10月27日。虽然恒生指数是下跌趋势，但是如果在精准价位做多，看似逆势而为，一样能获利。所以短线获利的充要条件是买在关键点，而不是顺势，何况趋势也没有办法100%准确判断。

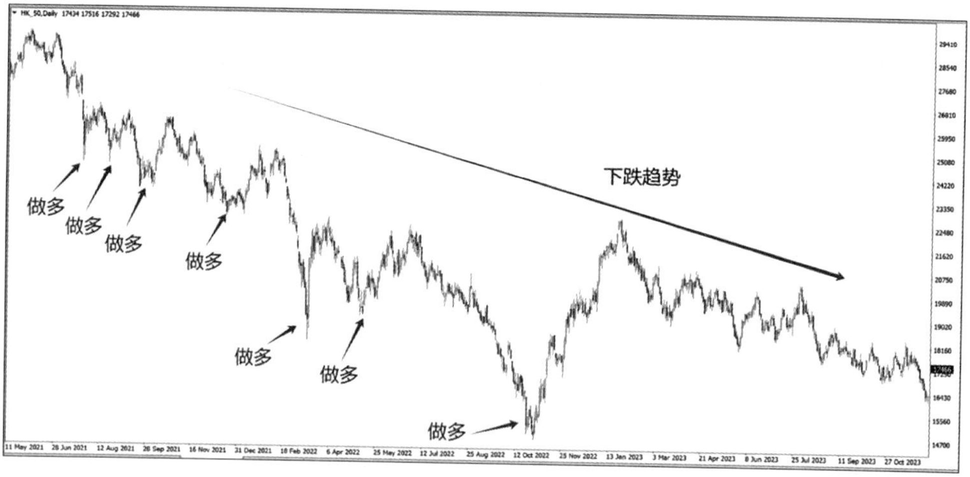

图3-4

3.2 点位决定风险大小

1.关键点可以降低交易风险

索罗斯说过，不是看你做得对还是错，而是看你在做对的时候能赚多少。

交易的逻辑是博弈并以小博大。交易者不可能永远看对行情，总有错的时候。在错的时候尽可能少亏钱，在对的时候尽可能放大利润，才是稳定盈利的根本保障。决定一个交易者交易能力高低的因素，并不是看他能做对多少次，而是要看他处理错误、应对风险的能力。

在交易领域，风险控制能力往往成为制约交易者水平提升的薄弱环节，正如木桶盛水量由最短木板决定一样，这项短板直接左右交易综合能力的上限。关键点可以极大地降低交易风险，这主要表现在以下两个方面。

第一，扩大盈亏比。

完整的交易主要由三个步骤构成，分别是入场、止损和止盈。

盈亏比=（止盈点-入场点）/（入场点-止损点）

分子为（止盈点-入场点），分母为（入场点-止损点）。在固定使用某种技术工具进行交易的情况下，止损点和止盈点是不会改变的，那么变量就是入场点。入场点越精准，止损幅度就越紧凑，止盈幅度就越宽广，即分母越小，分子越大，盈亏比也就越大。在其他条件都一定的情况下，扩大盈亏比只取决于点位，点位越精准，盈亏比越大。

图3-5为棉花日线级别K线图，时间跨度为2024年3月7日到2024年7月2日。用价格行为学可以知道下方的低点是价格的支撑位，上方影线高点是价格的压力位。这两个点位可以分别作为做空交易合理的止盈点和止损点，它们是市场中客观存在，且不会改变的。

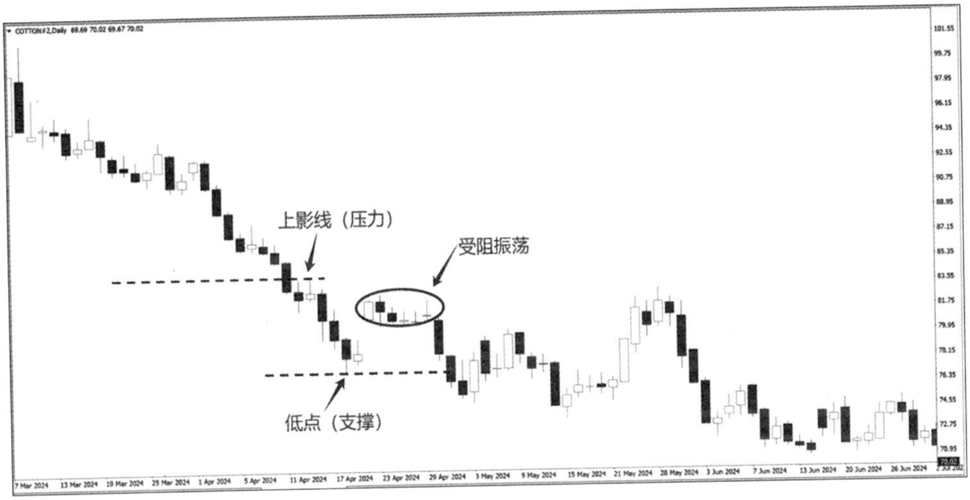

图3-5

图3-6为棉花日线级别K线图，时间跨度为2024年3月7日到2024年7月2日。价格自低点向上反弹，在上影线压力附近受阻，随后再次振荡下跌。交易者可以在价格反弹的过程中择机做空。很显然入场做空的价位越靠近上影线压力位置，止损就越小，止盈就越大，进而盈亏比也越大。

第二，提升心态。

在交易中，探寻关键点的本质在于修炼与维护交易心态。关键点的核心价值并非单纯获取更高利润或精准预判市场走势，而是通过建立稳定的交易锚点，构筑抵御人性弱点的防线。当市场波动引发贪婪、恐惧等情绪冲击

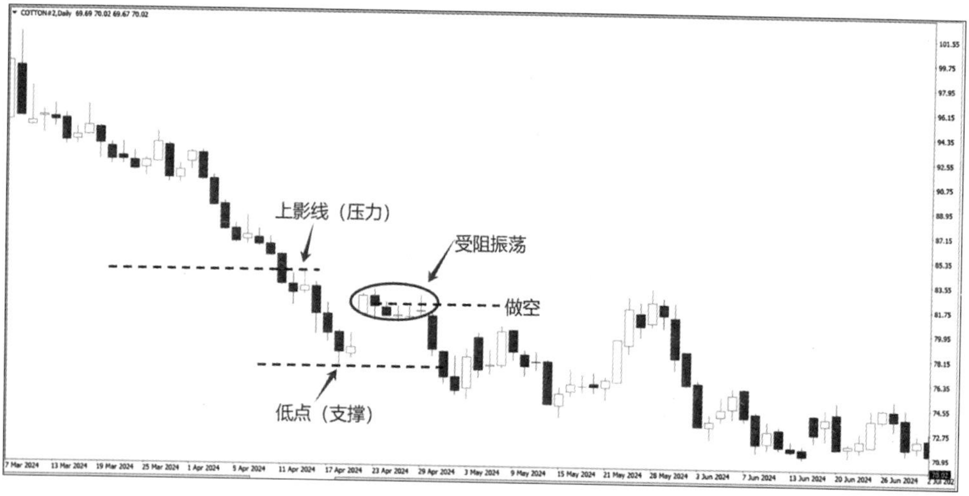

图3-6

时，这些关键点能帮助交易者保持理性判断，避免因心态失衡导致交易决策瘫痪。从这个意义上说，通过把握关键点实现心态的稳步提升，实则是在源头强化风险防控能力，进而降低系统性交易风险。

利弗莫尔认为买入就要有盈利，只有现实的账面利润才能坚定持股信念。如果一开始没有盈利，说明方向很可能做错了。更严重的是，交易者的心态会因为头寸遭受威胁而变得脆弱，在这种情况下，无论方向对错，都将很难从这笔交易中获利。

许多投资者穷其一生，都深陷心态困境难以自拔。他们虽对自身短板心知肚明，却不愿直面问题根源，反而在细枝末节上耗费精力，始终未能触及交易的核心本质。尤其是散户，总是将全部心力用于揣测市场走向，却忽视了市场中最真实客观的底层逻辑。

市场最大的确定性是其具有不确定性。没人有能力判断市场的方向，利弗莫尔说过："千错万错，一定是自己错了，而市场永远不会错。"试图用任何方法去预测市场，最终都是徒劳的。众所周知，心态决定一切，甚至可以说心态是决定成败的唯一因素。但没有人天生有好心态，反而大多数人是天生心态不好的。

从表面上看，一轮浩浩荡荡的趋势可以给投资者带来丰厚的利润，但市场往往没有这么简单。如图3-7所示，在投资者眼里，呈斜坡不断攀升的一波上涨，实际过程中却是充满荆棘，甚至伴随无数个深度回撤。这就需要考验投资者的心态，是否具有足够的定力。

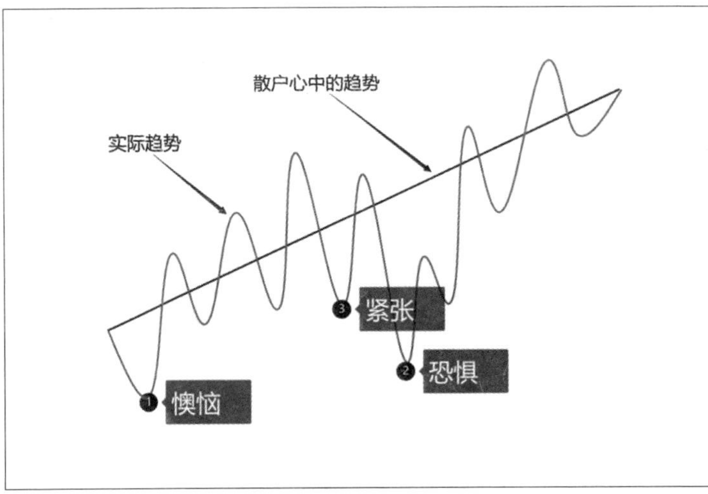

图3-7

对于普通人而言，尤其是对于短线交易者而言，以关键点进行交易，使得进场就获得利润的概率得到了提升。账面有利润会让投资者心情放松，避免心态受到干扰。

我的恩师曾经教导过我："不要相信市场大众的观点。比如，如果市场上大多数人认同'会买的是徒弟，会卖的才是师傅'这样的观点，就要对其保持怀疑的态度。对于普通人来说，只有账面有了利润，才有心情和精力去思考如何正确处理这笔交易，是落袋为安还是放大获利。如果你的头寸是浮亏的，你脑中更多的是紧张和不安。不要开口闭口就说不要去关注账户盈亏，只关注行情就好了，这是自欺欺人，因为不关心盈亏的人，一定不会来做交易。"

这番话对我影响至深，让我受益无穷。在我后来的交易中，无时无刻不在警醒我要从实际出发，一旦交易中出现问题，就集中精力踏踏实实地寻找可操作的方案，不要虚无缥缈地讲修行。一旦市场多数人认同某一方向，我必反之；一旦市场多数人认同某种交易之道，我必疑之。

不要去预测方向，这种交易方式主观性太强，当市场发生改变后，很多人会死不认输。"锚定效应"让他们认为自己没有做错方向，只是点位不佳，进而一抗再抗，亏损加仓。等发现市场彻底反转之后，大幅度的亏损让自己没了回旋的余地。而利弗莫尔的关键点交易是没有任何主观预测的，交易系统中的点位都是客观存在的。

2.散户交易模型

入场点不对是让散户心态急剧恶化的根本原因。无法掌控心态，则会进一步导致丧失交易原则，无逻辑的交易最终会导致惨败。

散户交易一般有三种模型，分别是振荡交易、突破交易和趋势跟踪交易。

第一，振荡交易。

多数采用振荡交易模式的散户尚处于交易新手期，他们对市场的理解较为初级，局限于波浪理论框架。这类交易者坚信市场行情永远在涨跌交替中循环往复，却忽视了市场复杂多变的本质。

图3-8为华友钴业日线级别K线图，行情时间跨度为2021年6月7日到2022年6月27日。在行情振荡时，多空操作往往能反复盈利。这种操作模式最容易让交易者形成摊均成本的思维惯性，因为他们在长久的操作之中，发现摊均成本可以在大多数时候获利，为了不漏掉机会，每次操作的时候就分批建仓，如果发生亏损，就持续加仓以拉低成本。

如果在初次建仓的时候行情就上涨，那么他们可以获取小利；如果初次建仓后，行情下跌，他们会动用大量本金拉低均价，在不出现极端行情的时候，基本上也可以小幅获利或者全身而退；然而一旦出现极端下跌行情，则仓位越加越重，亏损越来越大，最终会在长时间的深套之中磨掉耐性，在极度恐惧之下割肉离场。

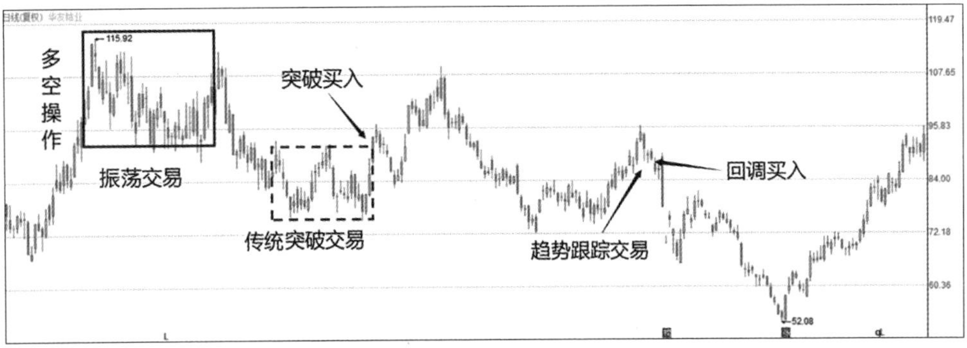

图3-8

市场不可能永远是振荡，所以振荡交易模式永远都是赚小赔大。虽然大多数时候，摊均成本可以保持较长时间的盈利，但是一次深度套牢就会导致彻底失败。

有一位朋友一直采用这种交易方式，连续赚了8年，年年盈利，8年时间赚了8倍。从入市的12万元，一路做到近100万元。但是2015年股市下挫，直接让他倒亏500多万元。

他的交易风格就是见利润就走，生怕被套。由于是振荡交易模式，所以只要行情涨高了，就认为要跌，经常拿不住单子，心态极差。只要跌了就开始分批买涨，结果碰到2015年的直线下跌，手中的资金不够了，四处借钱加仓，最终债台高筑，彻底垮了。

第二，传统突破交易。

利弗莫尔的关键点交易法也属于突破交易，但是多数散户的突破交易完全照搬了利弗莫尔的关键点交易法或是运用传统的形态突破交易法。传统的突破交易法在事后解释时非常完美，但是盘中操作的时候存在诸多瑕疵。

见图3-8，行情突破后，立即出现大幅回撤，交易者买入后就面临长时间的套牢，这很容易挫伤投资者的信心，导致下次突破的时候不敢买入，但这次情况恰恰相反，行情可能在突破后立即飙升了。另外，行情出现虚破信号也不在少数，交易者被哄骗入场后，行情就开始反转大跌，将散户牢牢地套在山岗之上。

要知道，散户在学习形态学，机构也在研究形态学。散户的一举一动，机构尽收眼底。

我的一位大学同学就是采用传统的突破交易模式，总是三天两头被套，这让他心情非常烦躁，总是疑神疑鬼，交易自然也是杂乱无章，频频亏损。

第三，趋势跟踪交易。

这是典型的、主观的先入为主的交易模式。这类交易者的操作方式是，等行情上涨一波后，就认为是上涨趋势，然后等回调买入。

行情上涨了，只代表当下，并不代表未来。行情趋势只取决于基本面和情绪面，并不取决于K线。没有任何形态的K线技术可以决定行情趋势。

这类交易者大多容易陷入“锚定陷阱”。一旦买入后发生亏损，就认为是自己点位不好，觉得趋势依然在上涨，所以就会在亏损的情况下加仓。一旦趋势发生逆转，就会导致严重亏损，随后硬着头皮死扛，最终取得失败的结局。趋势跟踪交易模式的交易者总是苦恼自己心态很差，总是不严格止损，其实这种交易方法存在诱导的成分，其本身就难以让交易者严格执行交易原则。

这种交易模式对没有耐心的短线交易者是极其不利的。因为行情不可能一直强劲上涨，趋势跟踪交易者都是等行情暴涨一轮之后，在回调时入场，其实这是买弱势行情。弱势行情很容易长时间处于振荡，一旦入场点位不好，则会长时间被套，就算能获利，也要付出较长的时间代价。

其实交易方式无对错之分。从客观上讲，无论是振荡交易、传统突破交易还是趋势跟踪交易，如果严格执行交易原则，都能稳定地获利。但是机构就是利用人性的弱点来制造陷阱，步步弱化交易者的心态，从而让交易者丢弃原则，胡乱交易，机构趁势从中获利。

交易的真谛往往蕴含于简单之中，即大道至简。任何简单的交易策略，只要能够严格执行，都具备实现稳定盈利的潜力。然而，市面上许多交易方法，在实际操作中对交易者的心态要求近乎苛刻，需要其拥有超越常人的心理素质，普通交易者显然难以企及。相比之下，利弗莫尔提出的关键点交易法显得尤为精妙——凭借在交易伊始便能获利的特性，该方法能够显著提升交易者的信心，使其在交易过程中始终保持良好的心态。

由此可见，不同交易方法的优劣之争，核心并不在于判断市场方向的精准度，或是交易胜率的高低，毕竟市场运行不以人的意志为转移，方向与概率皆非人力所能掌控。交易方法的核心竞争力，实则体现在能否帮助交易者构筑稳定的心态，这才是决定交易成败的关键所在。

3.3　效率是精髓

短线交易是资金运用效率非常高效的一种交易方式，其独特之处在于只要存在交易机会，交易者就可以在一天内执行无数次交易操作。这种策略的资金运用效率十分显著，意味着资金增长的速度也会大幅提高。

在短线交易中，对市场方向判断正确，不足以实现利润最大化，唯有精准把握入场关键点，才能为资金运作赢得灵活空间。若入场价位欠佳，交易者极易陷入短期被套的困境，原本计划的短线交易被迫拉长为中长线持仓，这不仅会使持仓面临更大的不确定性风险，还会显著降低资金周转效率。因此，短线交易的核心要义在于敏锐捕捉关键点，以干净利落的操作实现快速盈利，避免陷入对走势图表的过度纠结与盲目坚守中。

图3-9为白糖日线级别K线图，行情时间跨度为2023年5月22日到2024年8月29日。一旦入场点位不好，在不理想的价位进场做空，行情先涨后跌，从上涨到下跌历时一年多，即便抓到了行情底部，利润也没有多少，而且还要忍受长期浮亏的煎熬。

在金融交易领域，无论是趋势判断还是短线操作，都无法做到百战百胜，出现失误实属正常。而止损机制是提升短线交易效率的关键要素，它不仅能及时截断亏损，还能促使交易者果断终结错误交易，以更冷静客观的心态投入新的交易。反之，若对亏损头寸抱有侥幸心理，死扛不放，不仅会造成资金占用，更会严重干扰交易判断。人类天生倾向于选择性关注持仓有利信息，忽视甚至回避负面因素，这种认知偏差会显著削弱交易者捕捉盈利的能力。

图3-9

关键点交易通常入场点位非常精准，买入就能快速获利，而且交易信号非常多，但是也不能过度交易，切不可对盈利抱有不切实际的幻想。必须按照交易准则，耐心寻找极佳入场点。只有符合交易策略范围内的钱，我们才能赚得到，至于交易策略之外的钱，可望而不可即。所以，对交易盈利预期不能过高，客观面对交易，客观面对行情，只赚自己能够赚的钱。

交易本质上是概率游戏，任何策略都无法保证绝对盈利，市场风险源于交易者自身的决策与操作，因此控制仓位至关重要。重仓交易不仅会导致本金快速缩水，还可能让交易者在交易初期就面临毁灭性打击。即使拥有高胜率的交易策略，若交易样本不足，也难以避免黑天鹅事件的冲击。这是因为交易概率并非均匀分布，以短线交易为例，即便胜率高达90%，一旦首单因重仓遭遇亏损，后续九单的盈利也无法弥补损失，甚至可能直接触发爆仓，或使账户资金大幅缩水。此后即便连续盈利，小额头寸带来的收益也长期无法挽回前期的巨额亏损。

此外，重仓交易还会给交易者带来巨大的心理压力。一旦交易策略出现偏差，极易引发自我怀疑。在交易中，信心是比黄金更宝贵的财富，而心态失衡对交易的破坏力远超想象。当交易者因重仓亏损陷入焦虑时，往往会做出非理性决策，盲目频繁交易，反而大幅降低交易效率，形成恶性循环。为实现长期稳定盈利，交易者必须坚决摒弃重仓交易，避免亲手葬送自己的投资前程。

第4章

短线交易核心工具——普通关键点

探寻市场交易中的关键点，是一项兼具趣味性与重要价值的工作。价格行为蕴含着市场运行的密码，每一次重大的市场波动，本质上都是过往类似价格运动的复刻与轮回。而这些价格走势的循环往复，始终围绕着关键点展开。

市场存在一种奇妙的规律：曾经出现过的极端价格，往往会成为后续走势的重要参照，市场有再次触及这些价位的内在倾向。无论是已被突破的历史极值，还是尚未突破的关键价位，都在市场的运行轨迹中扮演着关键角色，指引着价格未来的走向。

图4-1为我爱我家日线级别K线图，行情时间跨度为1997年1月20日到2008年7月28日。A点是价格的低点，随后行情多次下探测该低点，A、B、C和D四点都在同一价位；E点是行情的高点，随后价格二次探顶，E和F两点在同一价位；G点是行情高点，随后价格再次冲击高点未果，G和H两点在同一价位，之后股价开始大幅下跌，步入熊市。经历长时间的筑底，行情再度开启牛市，价格直接冲破此前的高点G，但很快向下回撤，回撤刚好又在高点G的价位受到支撑，G、H和K三点都在同一价位。

图4-1

这就是价格行为的魅力所在。深入研究市场中具有价值的极端价位意义深远——这些价位绝非简单的数字标记，而是隐藏着获利的关键线索。无论是历史高点与低点，还是那些反复试探却未被突破的强支撑、阻力位，都蕴含着市场参与者的情绪博弈与资金流向信息。

当交易者能够透彻理解过去的价格行为，就如同掌握了市场的“语言”，不仅能精准预判价格未来的运动方向，还能提前制订应对策略。这种对市场规律的深刻洞察，将转化为实实在在的交易优势，帮助交易者在风云变幻的市场中捕捉获利良机，实现稳健收益。

在风云变幻的市场中，主观臆断毫无容身之所，技术指标非但不能成为可靠的指引，反而暗藏危机，极易将交易者引入主观思维的误区。许多交易者过度依赖技术指标，当指标释放看涨信号时，便笃定行情将持续上行；一旦指标转而看跌，又立刻认定下跌趋势已成定局。这种思维定式往往会导致致命失误，人们忽视了市场最真实、最客观的价格走势，盲目追随指标发出的信号，却不知这些信号常常充满误导性。

更糟糕的是，技术指标频繁产生错误信号，让交易者在真假难辨的信息中迷失方向。长此以往，他们会逐渐陷入“交易指标而非交易价格”的怪圈，将关注的核心从市场本质的价格波动，转移到经过加工的指标数据上，彻底颠倒了交易的本末，最终在错误的道路上越走越远，难以实现稳定盈利。

价格永远是王道。价格K线本身虽然很难构筑完整的交易体系，但它是市场的根本，是市场最原始数据的记录。由K线本身形成的交易体系，远比其他方法更加高效精准。利弗莫尔的六大关键点（高低点关键点、新高或新低关键点、历史新高或新低关键点、整数关键点、持续关键点、反转关键点）都源自价格本身，而非技术指标。更详细的关于利弗莫尔关键点的知识，请参考《像利弗莫尔一样交易——买在关键点》一书。

本书深度剖析价格行为，精心提炼出两类关键点，即普通关键点和高阶关键点，本章将要介绍的四大关键点属于普通关键点，下面进行一一详解。

4.1 突破关键点

4.1.1 突破关键点的定义

突破关键点即利弗莫尔所说的新高或新低关键点。突破可以分为向上突破和向下突破。如图4-2所示，在上涨趋势中，C点高于A点，当价格突破B点时，就是利弗莫尔总结的新高关键点；在下跌趋势中，E点高于G点，当价格跌破F点时，就是利弗莫尔总结的新低关键点。由于突破关键点的形态类似闪电形状，所以这种交易方法也称闪电战法。

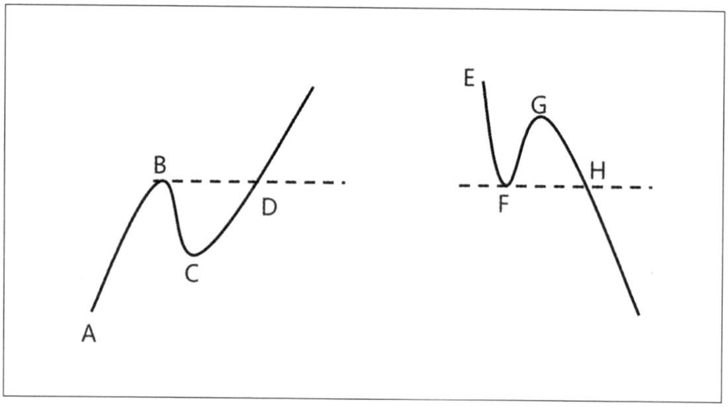

图4-2

图4-2中，价格自A点开始上涨，此时多头占优，不断推动价格走高。在上涨过程中，多头力量不断消耗，而空头力量不断聚集。当价格达到B点之后，多空力量开始发生转变，空头力量大于多头力量，市场开始向下抛售，导致价格下跌调整。但市场整体仍处于多头走势之中，逢低买盘再次将价格推升至前期高点。

由于锚定效应，价格此前在B点下跌，那么交易者认为价格会再次在该价位受阻，因此倾向于在该价格做空。但是多头力度过于强劲，直接突破前期高点，此时就形成了突破关键点，预示行情将进一步上涨。

下跌同理，图4-2中，价格自E点开始下跌，此时空头占优，不断推动价格走低。在下跌过程中，空头力量不断消耗，而多头力量不断聚集。当价格达到F点之后，多空力量开始发生转变，多头力量大于空头力量，导致价格上涨。但整体市场仍处于空头之中，随后逢高卖盘再次将价格打到前期低点。

4.1.2　突破关键点的优点

突破关键点的优点是不需要预测行情方向，突破了就顺势跟进，没突破就观望，始终保持客观态度。

总有人将投资失利归咎于没时间盯盘，仿佛只要紧盯屏幕，行情就尽在掌握。这种借口看似合理，实则暴露了认知的误区——他们选择性遗忘了曾彻夜不眠盯盘，最终仍血本无归的惨痛经历；或是不愿直面失败，不甘心向市场低头，试图用“没时间盯盘”掩盖策略的缺陷与操作的失误。殊不知，交易成败的关键从来不是盯盘时长，而是对市场规律的理解、交易策略的正确性以及风险管控能力。盲目迷信盯盘，不过是用表面的忙碌，逃避对交易本质的深刻反思。

实战不以市场行情为交易主体，而要以交易体系为核心和标向。市场千变万化，纵然市场机会时时刻刻都有，但是有些机会跟你没有关系。妄图控制市场，等同于妄图控制烈火，最后可能会引火烧身。

交易者必须跳出市场之外，关心自己的交易系统，关心自己的交易规则，关心自己的资金状况。“盘”中者迷，“盘”外者清。就像利弗莫尔一样，他不与市场争论，只是依据自己的关键点交易体系来应对市场的变动。一旦市场出现异动，创出新高或新低，则表明新的趋势空间即将打开。

4.1.3　突破关键点的价格行为原理

价格运动的直接成因是买方和卖方交易的结果，而价格的涨跌体现的是买方和卖方力量的博弈，这种力量的博弈实质是资金的博弈。引起买卖双方资金变化的是交易者的预期。当预期上涨的资金大于预期下跌的资金，那么价格就会被推动上涨，一旦价格上涨到某个价位，买方资金被大量消耗，无法推动价格继续上升时，卖方资金就开始占据优势，卖方大量抛售筹码，将导致价格持续下跌。无论何种交易逻辑，都不能脱离资金层面。资金推动是价格运动的核心因素，资金推动的节点（即关键点）最重要。

当价格突破上涨时，会引发一系列市场行为，从而助推价格进一步上升。首先，在前期高点做空的交易者，其止损机制会被触发。因为空单止损本质上等同于反向的多单买入操作，所以会产生大量买盘，为价格上涨提供动力。

从交易心理学的角度来看，交易者普遍存在跟风心理，追涨杀跌是市场中的常见现象。前期在低位卖飞的交易者，往往会因为错失盈利机会而懊恼，为了不错过后续行情，他们会倾向于再次买入。同时，那些原本在市场中观望的交易者，看到价格成功突破前期高点并创出新高，意味着上方空间被打开，市场前景看起来更为乐观，这会促使他们进场追多。

上述因止损产生的买盘力量，加上卖飞者的再次买入以及观望者的追多力量共同作用，使得行情在突破之后更易于上涨。

下跌同理。

在实战中，大家也会经常看到，行情一旦突破某个压力位，会更加快速地上涨。图4-3为螺纹钢日线级别K线图，行情时间跨度为2022年10月18日到2023年1月31日。价格突破高点A后，进一步加速大涨，而且新的上涨空间也被打开，行情随后一路不断攀升。

行情一旦跌破某个支撑位，就会加速下跌，所以在突破关键点进行交易，往往更容易获利。图4-4为原油日线级别K线图，行情时间跨度为2023年9月13日到2023年12月27日。价格跌破低点B后，进一步加速大跌。

4.1.4 突破关键点的用法

突破关键点战法与投资大师利弗莫尔的交易理念一脉相承，凭借其精准捕捉市场趋势转折点的特性，往往能实现“一买就赚”的高效盈利目标，是

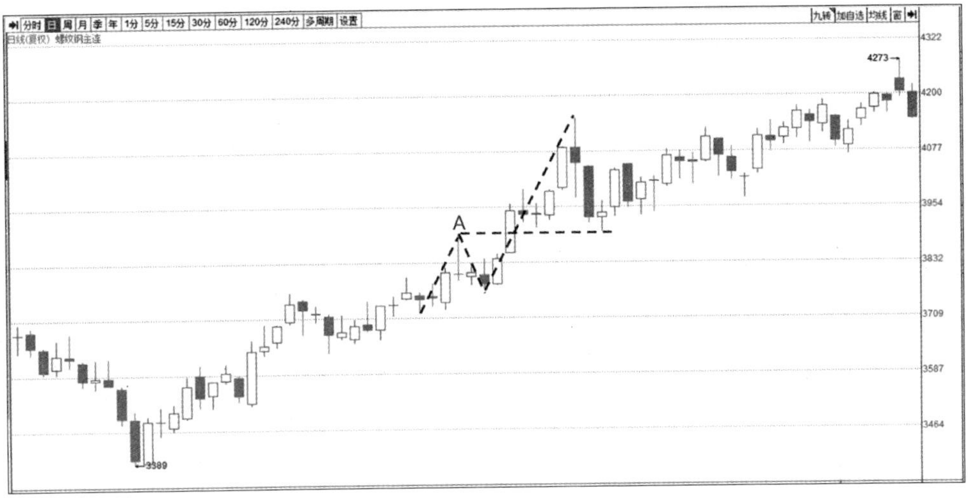

图4-3

图4-4

短线交易中盈利能力极为突出的经典策略。

接下来，将详细拆解突破关键点的具体用法。

1.入场

利弗莫尔突破关键点入场：在创新高或创新低的时刻入场。

改良入场：如今投资机构往往十分精明，常常会利用假K线制造出虚破的现象。为了防止被这些虚假信号误导，交易者需要采用更为谨慎的交易策略。在上涨行情中，当价格创出新高后，不能立刻判定为有效突破，要耐心等待下一根K线开盘。只有当下一根K线的开盘价位于前期高点之上时，才能确认这是一次有效的突破，此时才适宜入场做多。在下跌行情中，当价格创出新低后，同样不能贸然行动，需要等待下一根K线开盘。若下一根K线的开盘价处于前期低点之下，才可以认定为有效跌破，这时才可以入场做空。

图4-5为黄金5分钟级别K线图，行情时间跨度为2024年8月22日到2024年8月23日。当价格突破前期高点A后，还不能立刻做多，必须等下一根K线开盘在前期高点之上时再入场做多。价格随后连续大涨，一买就赚。

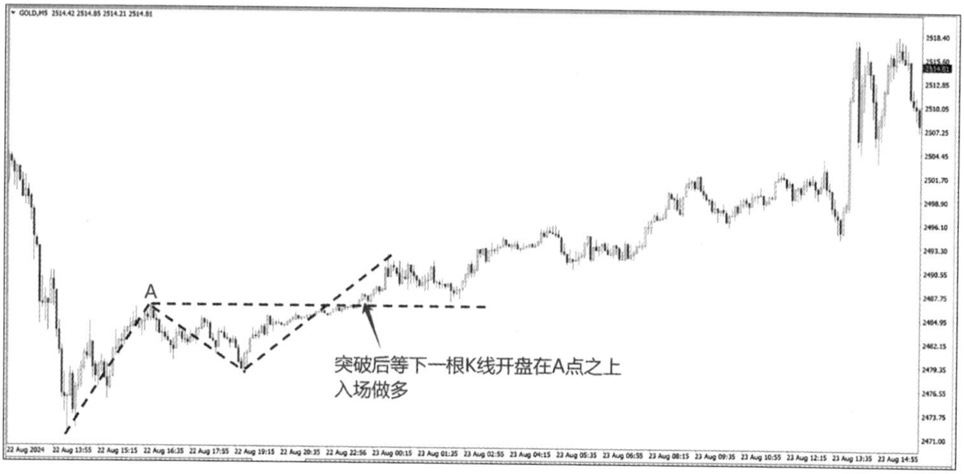

图4-5

图4-6为原油5分钟级别K线图，行情时间为2024年8月13日。当价格跌破前期低点B后，还不能立即做空，必须等下一根K线开盘在前期低点之下时再入场做空。价格随后振荡下跌，短线轻松获利。

2.止损

在交易活动中，止损是不可或缺的重要环节，更是追求交易成功必须承担的成本投入。不合理的止损设置，往往会带来负面后果：若止损空间过宽，容易导致资金不必要的损耗；若止损范围过窄，则可能错失潜在的盈利

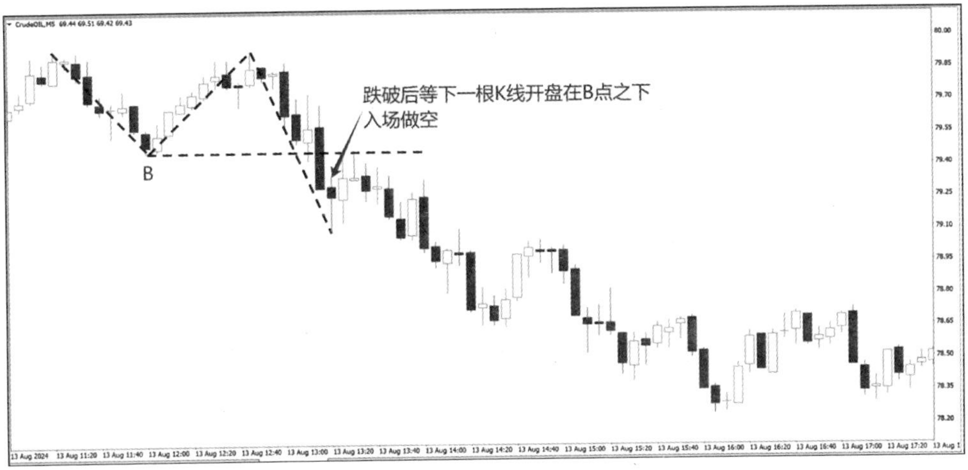

图4-6

机会。无论是哪种错误的止损设置，都会形成大量难以回收的沉没成本。只有科学合理地设置止损点位，才能真正提升交易效率，实现交易收益的最大化。

在上涨行情中，当价格突破某一点，并向上创出新高后，如果行情再度下跌并跌破前期低点，表明关键点突破结构被破坏，这就是所谓的虚破信号。因此，当价格向上突破关键点做多时，止损设置在前期低点下方即可。

图4-7为黄金5分钟级别K线图，行情时间跨度为2024年8月22日到2024

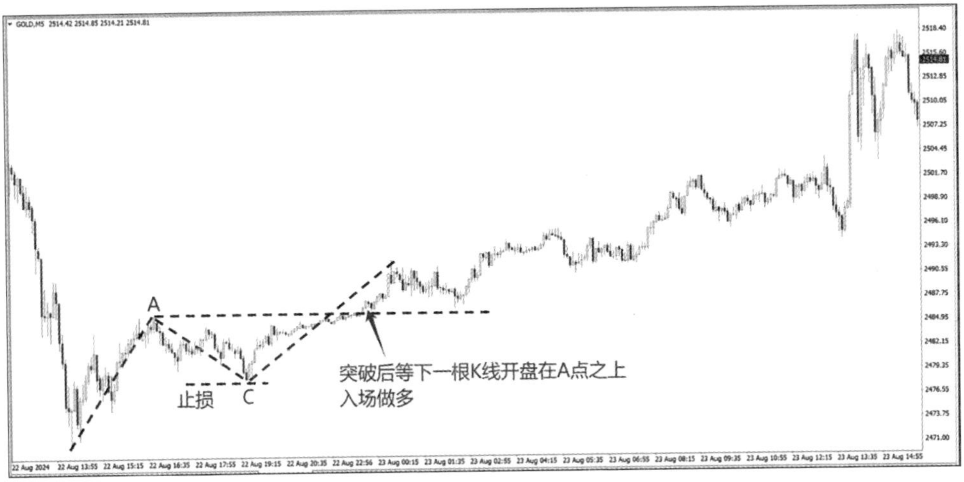

图4-7

年8月23日。当价格突破前期高点A点后，在下一根K线开盘在前期高点之上时入场做多，将多单止损设置在前一波回调行情的低点C之下即可。一般情况下，如果行情为真突破，价格很难再跌破A点，将止损设置在C点以下是非常安全的。为了避免杂波的干扰，一般不会将止损设置在A点以下的某个位置。

在下跌行情中，当价格跌破某一低点，并向下创新低后，如果行情反弹并突破前期高点，表明关键点跌破结构被破坏，这也就是所谓的虚破信号。因此，当价格向下跌破关键点做空时，止损设置在前期高点上方即可。

图4-8为原油5分钟级别K线图，行情时间为2024年8月13日。当价格跌破前期低点B后，在下一根K线开盘在前期低点之下时入场做空，将空单止损设置在前一波反弹行情的高点D之上即可。行情跌破B点后，小幅反弹，但在B点被精准压制，随后持续大跌，根本没有机会触碰止损点D。

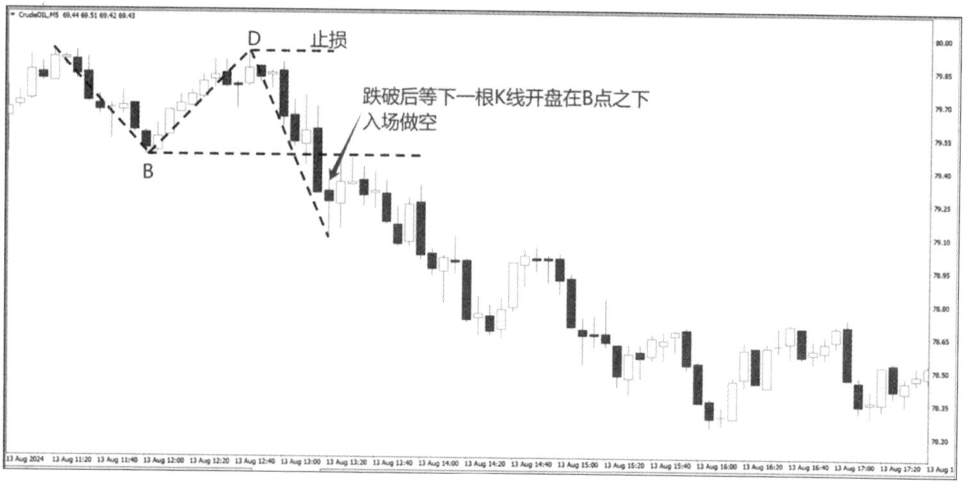

图4-8

3.目标

在交易领域，入场点的选择无疑是影响交易成败的关键因素，但获利目标的设定同样不容忽视。即使捕捉到绝佳的入场时机，若获利目标设置不当，也会给交易带来沉重压力。若秉持“见利就跑”的策略，每次仅获取微薄收益，那么一旦遭遇亏损，多笔盈利可能都无法填补损失缺口；反之，若将获利目标设定过高，行情难以企及，反而触发止损离场，不仅会拉低交易胜率，还会严重打击交易者的信心。由此可见，唯有精准把握入场点，同时合理规划获利目标，才能在交易中实现稳健收益与风险控制的平衡。

合理设置获利目标，不但能够有效防止利润被侵蚀，还能尽可能地扩大收益。设置获利目标主要有两种方法：一是追踪止损；二是在更高周期级别里找到前期高低点作为止盈目标。

（1）追踪止损。

在上涨行情中，突破关键点做多时，只要价格向上创新高，就不断追踪前期低点进行止损，直到追踪止损被打掉，被动获利出场。

图4-9为黄金5分钟级别K线图，行情时间跨度为2024年8月22日到2024年8月23日。C点为多单初始止损位，当价格突破E点时，将止损追踪到F点；当价格突破G点时，将止损追踪到H点；当价格突破J点时，将止损追踪到I点。最终行情跌破I点打掉追踪止损，被动获利出场。

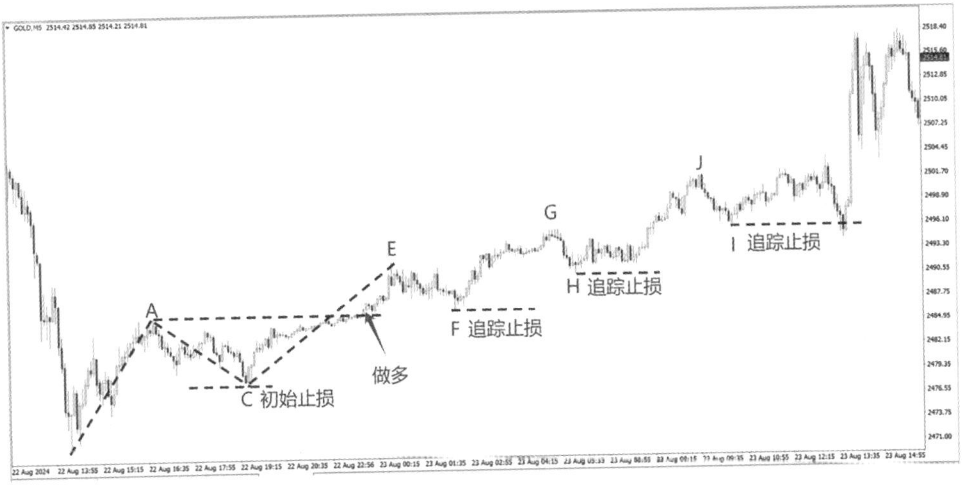

图4-9

在下跌行情中，跌破关键点做空时，只要价格向下创新低，就不断追踪前期高点进行止损，直到追踪止损被打掉，被动获利出场。

图4-10为原油5分钟级别K线图，行情时间为2024年8月13日。D点为空单初始止损位，当价格跌破M点时，将止损追踪到N点；当价格跌破O点时，将止损追踪到P点；当价格跌破Q点时，将止损追踪到R点。最终行情突破R点打掉追踪止损，被动获利出场。

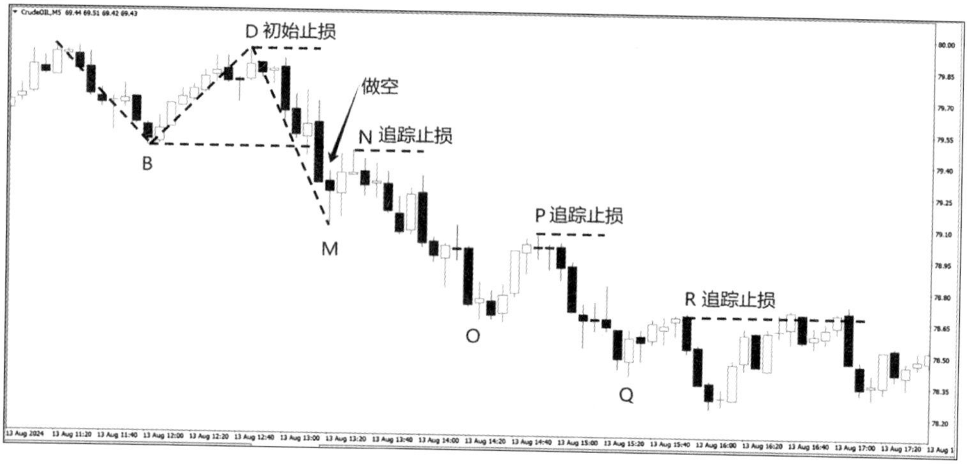

图4-10

（2）在更高级别中寻找前期高低点。

在5分钟级别上涨行情中，突破关键点做多时，可以在小时级别行情中找到前期高点，作为短线多单的止盈目标。

图4-11为黄金1小时级别K线图，行情时间跨度为2024年8月20日到2024年8月28日。首先，可以按照追踪止损的方式，将多单进行追踪止损，这样止损点基本就移动到了进场价位，持仓就基本没有风险了；然后，让利润奔跑，最终在大级别1小时周期中的前期高点主动止盈出局。

在5分钟级别下跌行情中，跌破关键点做空时，可以在小时级别行情中找到前期低点，作为短线空单的止盈目标。

图4-12为原油1小时级别K线图，行情时间跨度为2024年8月5日到2024年8月23日。首先，可以按照追踪止损的方式，将空单进行追踪止损操作；然后，让利润奔跑，最终在大级别1小时周期中的前期低点主动止盈出局。

图4-11

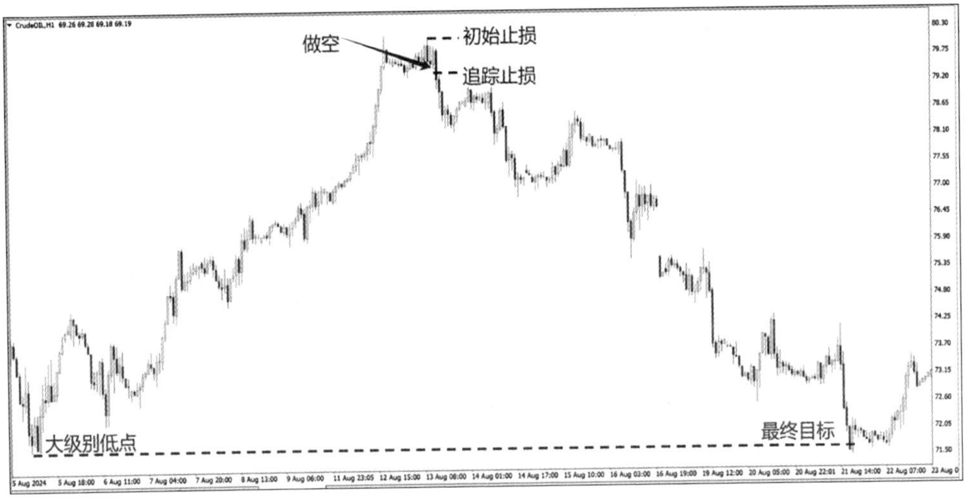

图4-12

（3）极端行情的止盈方式。

特别注意：当行情直线暴涨或暴跌的时候，采用大级别前期高低点进行止盈，比追踪止损效果更好。因为一旦行情直线暴涨或暴跌，往往会出现高潮衰竭，行情的乖离率很大，经常会快速大幅回挡，使用追踪止损方式会丢掉大量利润。当行情在极端情况下快速创出历史新高时，由于没有前期高点作为参考，那么一旦出现滞涨，就应该快速果断止盈，避免行情高潮消退，快速暴跌。

①直线暴跌行情的止盈案例。

图4-13为黄金5分钟级别K线图，行情时间跨度为2024年8月2日到2024年8月4日。行情跌破关键点后，直接开仓做空。随后行情继续极速下跌，没有出现明显的追踪止损信号。之后行情大幅反弹，采用跟踪止损的话，利润几乎被蚕食殆尽。

图4-13

对于图4-13行情直线暴跌的情况，应该利用大级别前期低点进行止盈，这样可以保住大部分利润。图4-14为黄金1小时级别K线图，行情时间跨度为2024年7月30日到2024年8月5日。在黄金5分钟级别K线图中做空后，如果选择在1小时级别前期行情低点主动止盈出场，就避免了利润大幅回吐的窘况。

②直线暴涨行情的止盈案例。

图4-15为纳斯达克股指期货5分钟级别K线图，行情时间跨度为2024年4月30日到2024年5月1日。行情突破关键点后，直接开仓追多。随后行情几乎直线上涨，没有出现明显的追踪止损信号，之后行情直接反转下跌，采用追踪止损将由赚变亏。此时应该直接在前期高点止盈出场，这样就可以避免利润回吐的情况。

图4-14

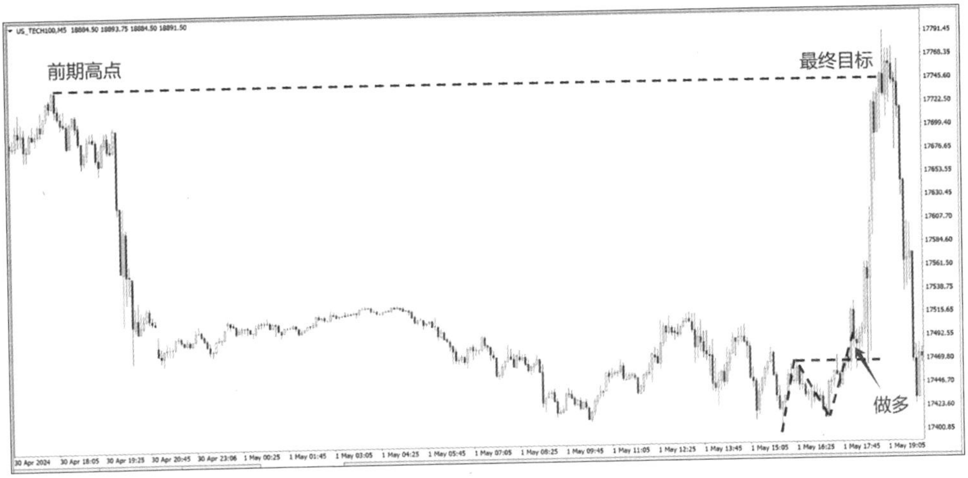

图4-15

③直线暴涨创历史新高行情的止盈案例。

图4-16为黄金5分钟级别K线图，行情时间跨度为2023年12月1日到2023年12月4日。黄金暴涨，创出历史新高，因此没有前期高点作为参考。在这种情况下，一旦价格开始在高位出现滞涨，就应该立刻止盈出局。从图中可见，如果继续贪心持仓，最终不但无法盈利，反而会大幅亏损。

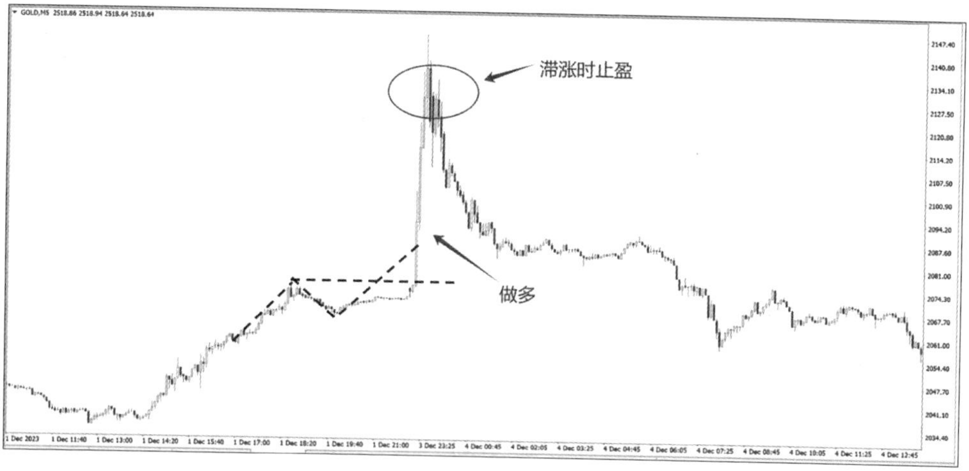

图4-16

4.1.5 突破关键点实战案例

1.外汇：美元兑日元

下面以美元兑日元为例，对突破关键点短线做空的交易步骤进行讲解。

第一步：出现突破关键点后，准备买入。

图4-17为美元兑日元5分钟级别K线图，行情时间跨度为2024年7月16日到2024年7月18日。不需要过分预测行情涨跌，只需要耐心等待价格跌破A点（158.25），出现突破关键点后，开始准备做空。

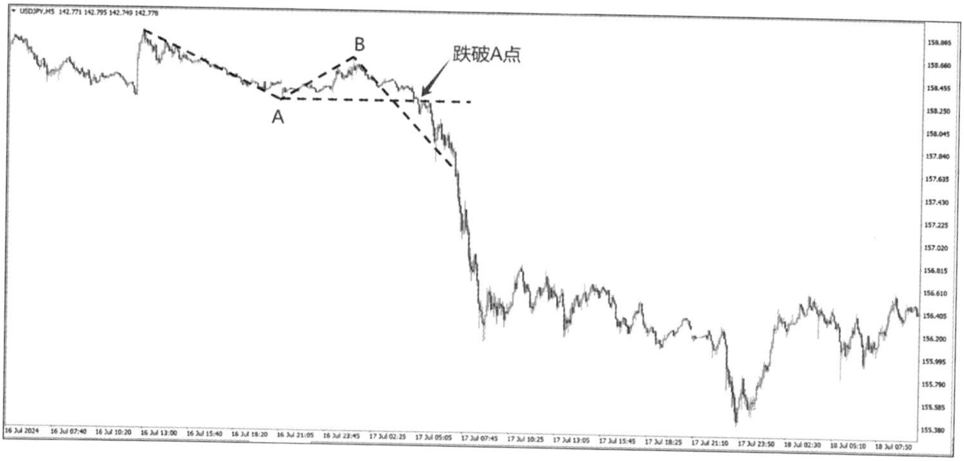

图4-17

第二步：如果下一根K线开盘在突破关键点之下，确认向下突破关键点有效，即进场做空。如果行情迅速拉升，且下一根K线开盘在A点之上，则表明为虚破，应放弃做空，继续观望。

图4-18为美元兑日元5分钟级别K线图，行情时间跨度为2024年7月16日到2024年7月18日。下一根K线开盘（158.2）在A点之下，可以直接进场做空。

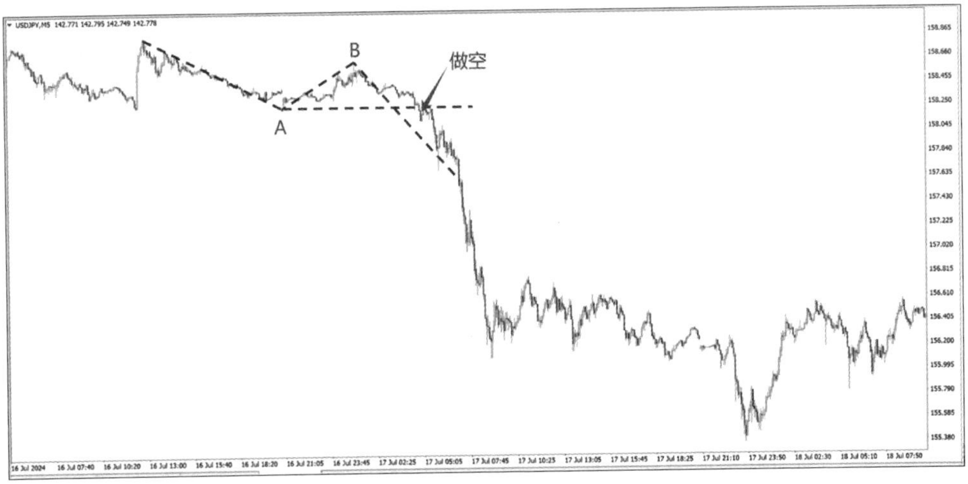

图4-18

第三步：设置初始止损。

图4-19为美元兑日元5分钟级别K线图，行情时间跨度为2024年7月16日到2024年7月18日。将初始止损设置在B点（158.65）上方，随后价格持续暴跌，根本没有机会触发止损。

第四步：主要采用追踪止损的方式被动出场。

保守的交易者可以直接采用1∶1的固定盈亏比方式出场，这样止损简单且易于执行，对于心态不稳定的交易者来说，可能更加实用，因为行情多数时候可能会不断地来回振荡，持仓利润也不可避免地会出现回撤的情况。

图4-20为美元兑日元5分钟级别K线图，行情时间跨度为2024年7月16日到2024年7月18日。按照追踪止损的原则，行情在低位强劲反弹，并在打掉最后一次追踪止损（156.3）时，被动获利出场，盈亏比约4.2倍。

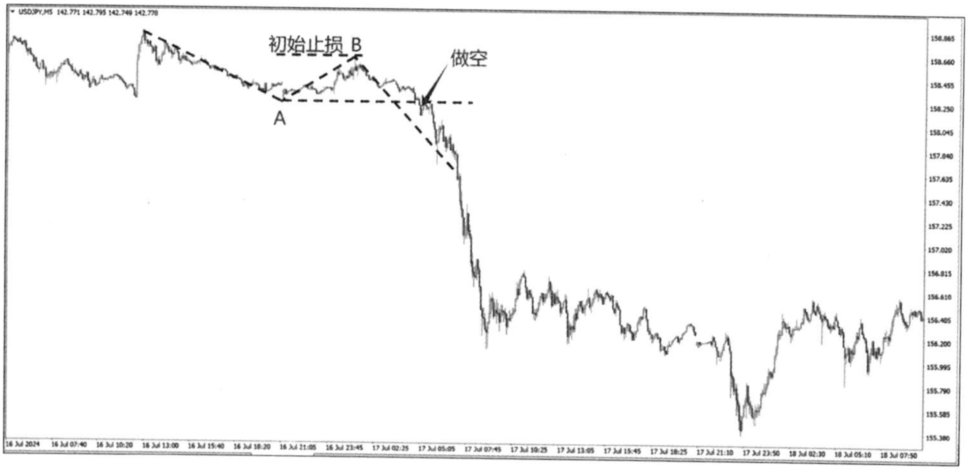

图4-19

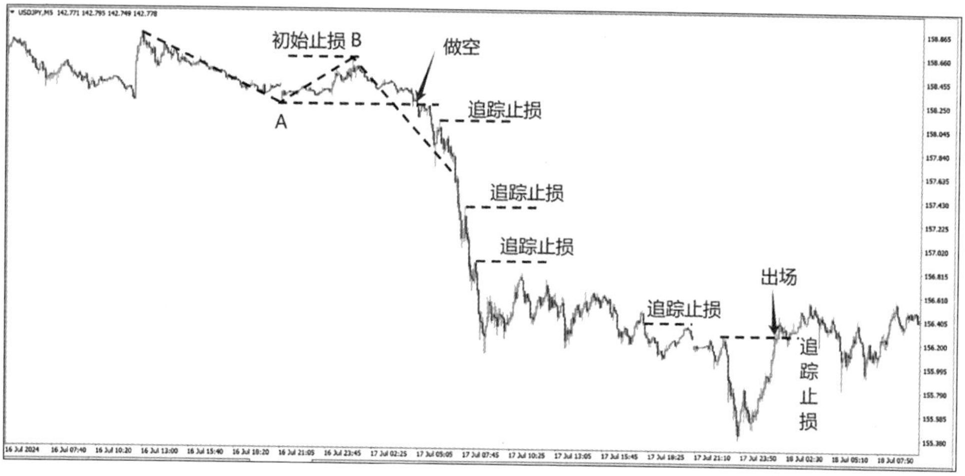

图4-20

2.期货：豆粕

下面以豆粕期货为例，对突破关键点短线做多的交易步骤进行讲解。

第一步：出现突破关键点后，准备做多。

图4-21为豆粕5分钟级别K线图，行情时间跨度为2024年8月26日到2024年8月28日。交易者无须过度纠结市场行情的短期涨跌，只需关注核心交易信号即可。当价格向上有效突破A点（2955元）时，说明出现了突破关键点交易信号，此时即可执行做多策略。

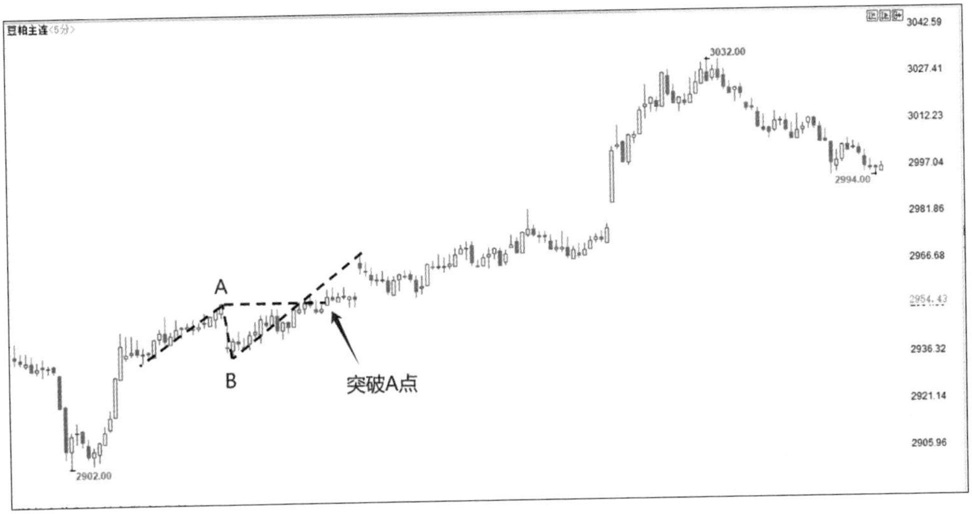

图4-21

第二步：确定突破关键点有效后，进场做多，确认方式是等下一根K线开盘在突破关键点之上。但如果行情迅速回落，且下一根K线开盘在A点之下，则表明为虚破，应放弃做多，继续观望。

图4-22为豆粕5分钟级别K线图，行情时间跨度为2024年8月26日到2024年8月28日。价格击穿A点，但很快回落，在A点之下运行。随后又振荡向上翻过A点，并在A点之上开盘（2958元），此时即可直接开仓做多。

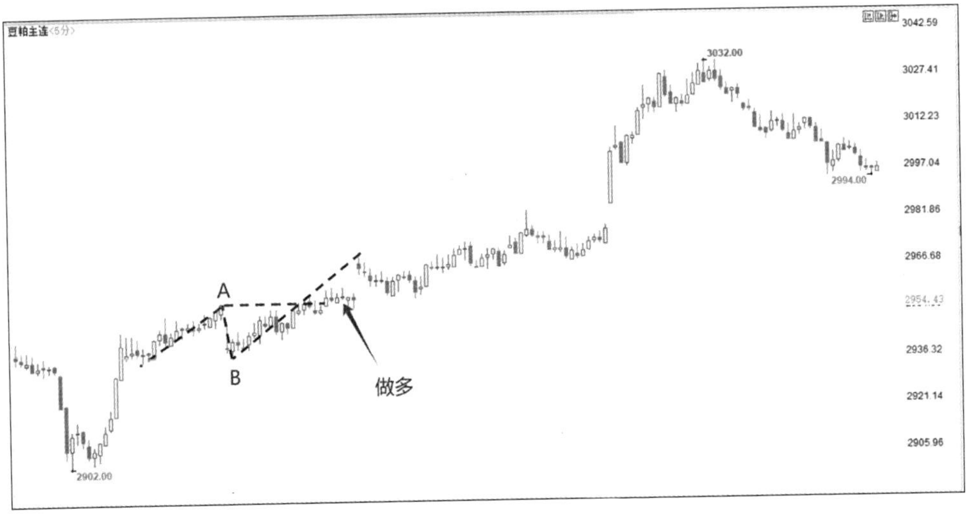

图4-22

第三步：设置初始止损。

图4-23为豆粕5分钟级别K线图，行情时间跨度为2024年8月26日到2024年8月28日。将初始止损设置在B点（2937元）下方，多单进场后，价格很快跳空上涨，止损设置在B点非常安全。

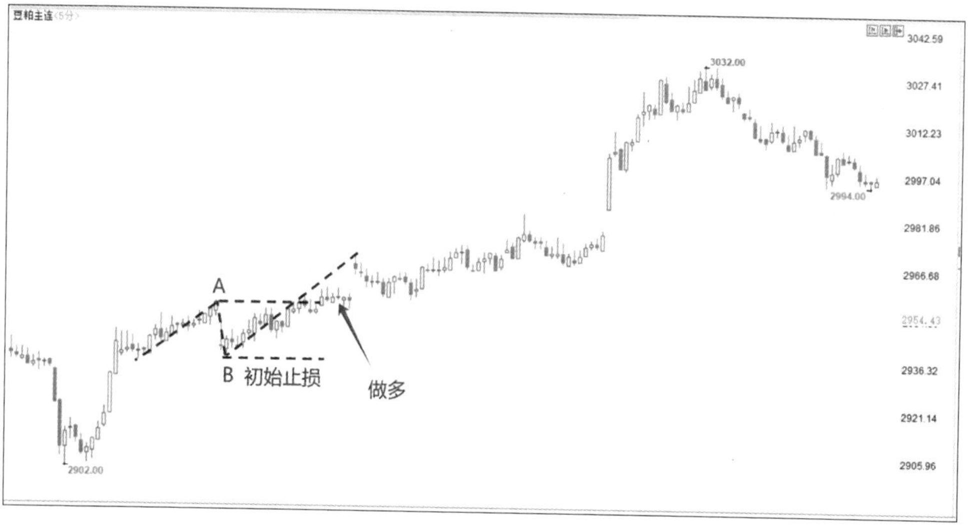

图4-23

第四步：主要采用追踪止损的方式被动出场。保守的交易者可以直接采用1:1的固定盈亏比方式出场。

图4-24为豆粕5分钟级别K线图，行情时间跨度为2024年8月26日到2024年8月28日。按照追踪止损的原则，行情在高位开始回撤，打掉最后一次追踪止损（3015元）时，多单被动获利出场，盈亏比约2.7倍。

3.A股：宏创控股

应用突破关键点的炒股策略，核心在于摒弃主观预测，聚焦客观趋势。该方法不预判市场涨跌，而是选择“与趋势同行”——仅参与处于上升态势的股票，始终跟随股价的实时运行方向。当股价向上突破预先设定的关键点时，果断买入做多；若未达成突破条件，则保持耐心，持续观望，等待趋势明确的入场时机。

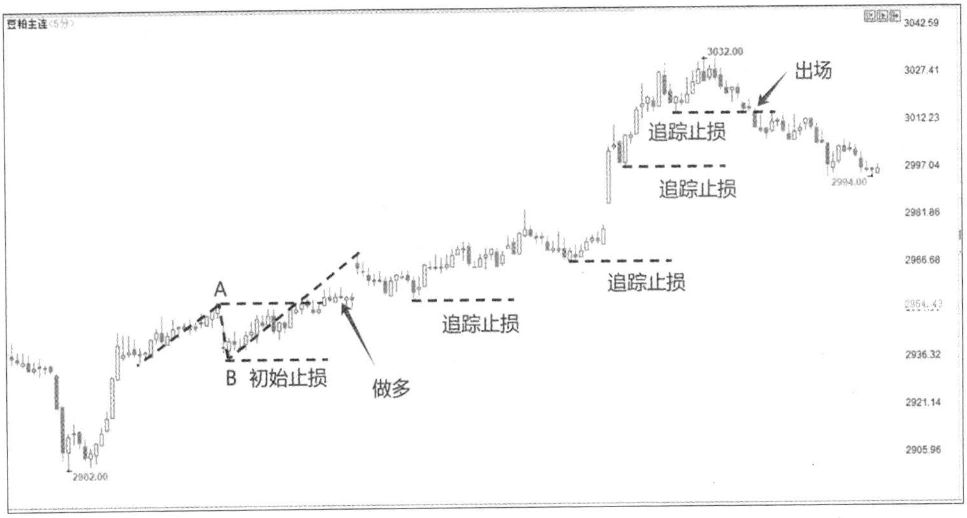

图4-24

在短期股票市场，宏观经济数据、企业财报等基本面因素对股价的影响常常较小，而市场情绪的剧烈波动，却能轻易将股价推离合理估值区间，使短期行情走势变得难以捉摸。如果想要精准预测短期股价涨跌方向，几乎是不可能完成的任务。

对于短线交易者而言，无须纠结行情的短期趋势走向。短线交易的成功密码，不在于准确预判市场涨跌，而在于精准捕捉交易关键点。严格筛选符合策略的关键点，构建完善的风险控制体系，并认真对待每一笔概率交易业务，努力提高胜率和盈亏比，可以实现稳定盈利。

下面以股票宏创控股为例，对突破关键点的交易步骤进行讲解。

第一步：出现突破关键点后，准备买入。

图4-25为宏创控股日线级别K线图，行情时间跨度为2024年1月29日到2024年7月10日。当股价突破A点（4.44元），出现突破关键点后，准备买入。

第二步：确定突破关键点有效后，进场买入。确认方式是等下一个交易日K线开盘在关键点之上。

图4-26为宏创控股日线级别K线图，行情时间跨度为2024年1月29日到2024年7月10日。等下一个交易日K线开盘（4.46元）在A点之上时，直接进

场买入。但需要注意的是，如果行情迅速下跌，且下一个交易日K线开盘在A点之下，则表明为虚破，应放弃买入，继续观望。

图4-25

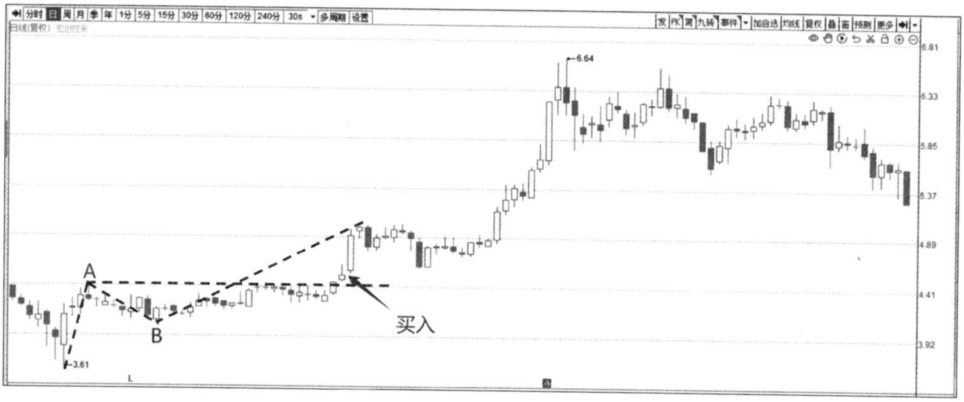

图4-26

第三步：设置初始止损。

图4-27为宏创控股日线级别K线图，行情时间跨度为2024年1月29日到2024年7月10日。将初始止损设置在B点（4.04元）下方。股价突破关键点后，直线猛涨，完全没有机会扫掉止损。

图4-28为宏创控股日线级别K线图，行情时间跨度为2024年1月29日到2024年7月10日。按照追踪止损原则，最后一次追踪止损（5.74元）被打掉后，被动获利出场，盈亏比超3倍。

图4-27

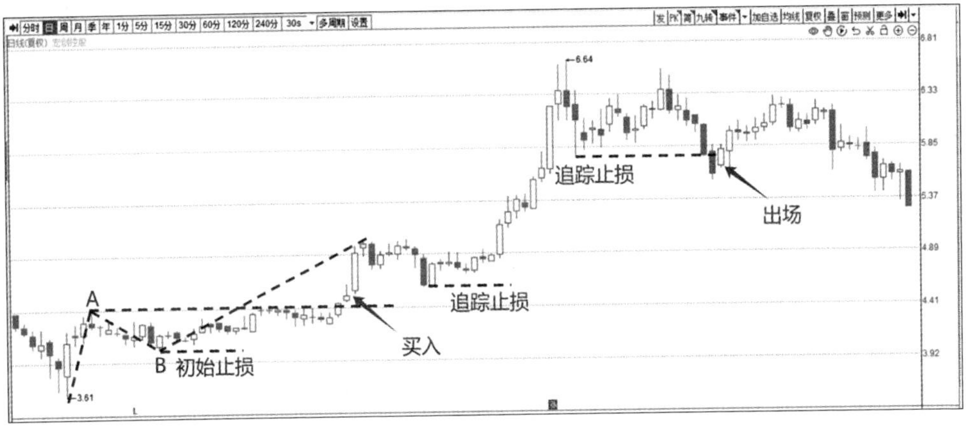

图4-28

第四步：主要采用追踪止损的方式被动获利出场，保守的交易者可以直接采用1:1的固定盈亏比方式出场。

如果将本书中的关键点交易体系融会贯通，并且严格执行操作，短线交易基本能轻松做到80%～90%的胜率，在盈亏比1:1的情况下，基本能够实现稳定盈利。大道至简，有时候越简单的操作，越会收获意想不到的结果。

4.1.6 跳空突破关键点

1.跳空突破关键点的定义

当股价以跳空形式越过预先设定的关键点时，便形成了跳空突破关键点。出现这类跳空缺口，通常源于重大利好或利空消息的冲击，或是市场情绪处于极度乐观或恐慌的状态，属于非理性交易，如图4-29所示。

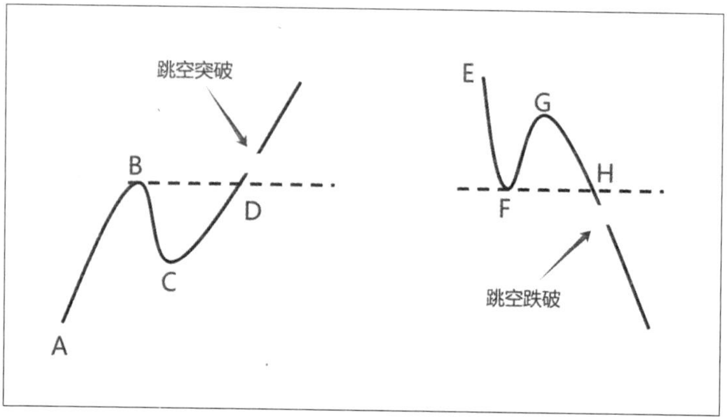

图4-29

跳空缺口意味着买卖双方之中的某方力量绝对胜过另一方。当行情以跳空的方式突破关键点时，表明突破态度更坚决，是强势趋势开始的重要信号。向上跳空表明涨势强劲，向下跳空表明跌势猛烈。跳空缺口越大，行情趋势越明显，此类跳空缺口不容易短时间内被回补。跳空突破关键点是效率更高的关键点之一，很多华尔街交易高手都将其作为自己出手的重要信号。

2.跳空突破关键点实战案例

（1）A股：江铃汽车。

下面以股票江铃汽车为例，对跳空突破关键点的交易原理进行讲解。

第一步：跳空突破关键点出现后，准备买入。

图4-30为江铃汽车日线级别K线图，行情时间跨度为2023年4月21日到2024年5月15日。当股价突破A点（14.32元），出现突破关键点后，准备买入。

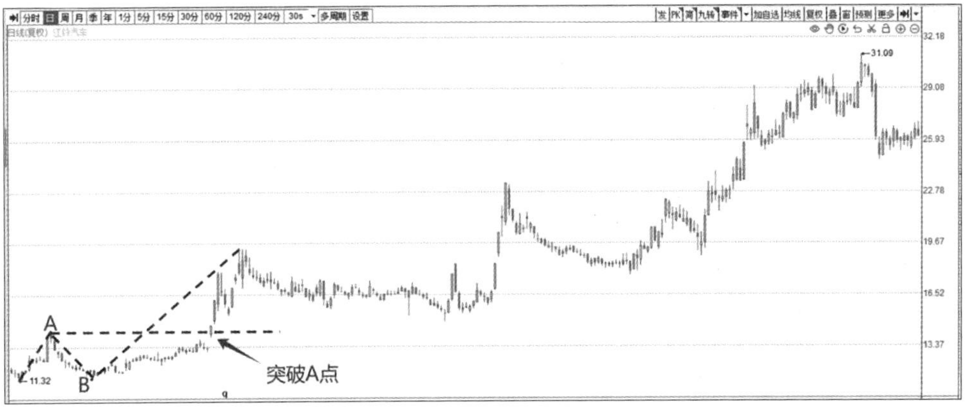

图4-30

第二步：确定跳空突破关键点有效后，进场买入股票。确认方式是等下一个交易日K线开盘在跳空突破关键点之上。

图4-31为江铃汽车日线级别K线图，行情时间跨度为2023年4月21日到2024年5月15日。股价突破关键点后，次日直接跳空在A点之上开盘，开盘价为14.88元，此时可以果断买入，因为跳空突破关键点往往非常有效。

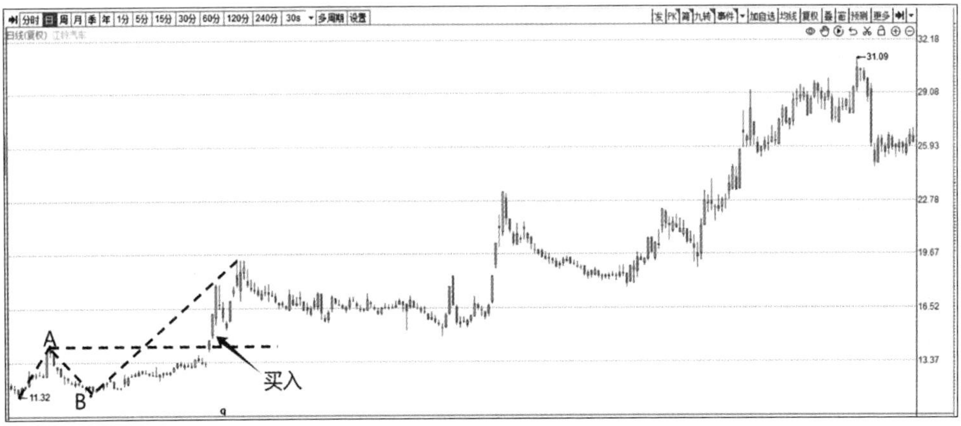

图4-31

第三步：设置初始止损。

图4-32为江铃汽车日线级别K线图，行情时间跨度为2023年4月21日到2024年5月15日。将初始止损设置在B点（11.55元）下方。

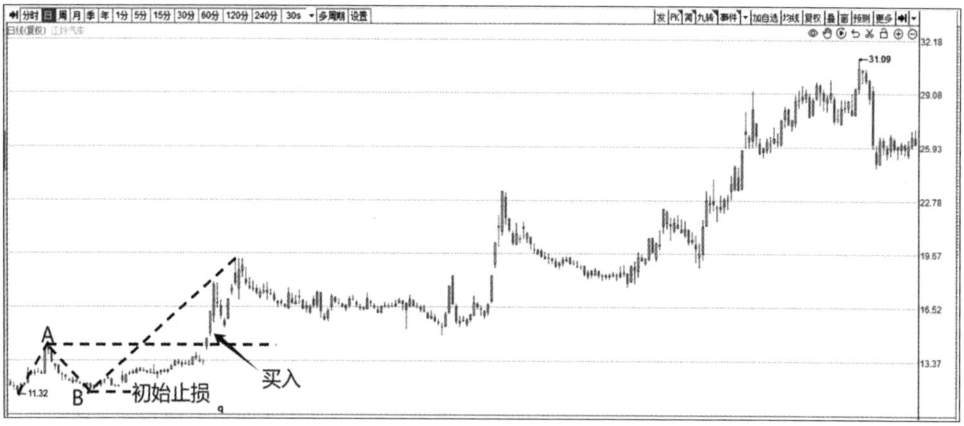

图4-32

第四步：主要采用追踪止损的方式被动获利出场，保守的交易者可以直接采用1:1的固定盈亏比方式出场。

图4-33为江铃汽车日线级别K线图，行情时间跨度为2023年4月21日到2024年5月15日。按照追踪止损的原则，最后一次追踪止损（27.20元）被打掉后，被动获利出场，盈亏比近3.7倍。

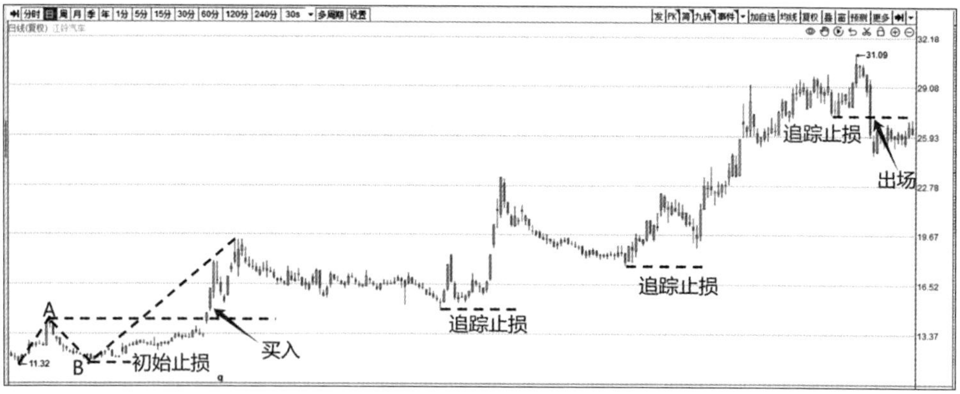

图4-33

（2）A股：深圳华强。

下面以股票深圳华强为例，讲解跳空突破操作的主要步骤。跳空越大的突破关键点，获利效率越高。

第一步：跳空突破关键点出现后，准备买入。

图4-34为深圳华强日线级别K线图，行情时间跨度为2013年8月6日到2013年10月28日。当股价开始尝试突破A点（5.17元），出现突破关键点后，准备买入。

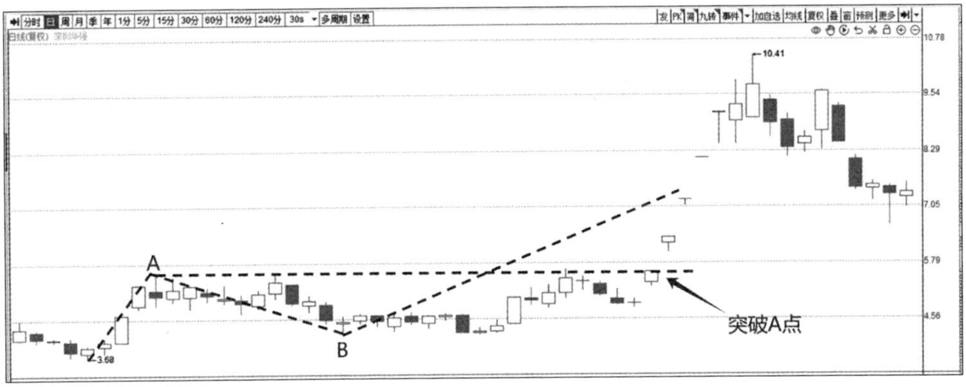

图4-34

第二步：确定跳空突破关键点有效后，进场买入股票，确认方式是下一个交易日K线开盘在关键点之上。

图4-35为深圳华强日线级别K线图，行情时间跨度为2013年8月6日到2013年10月28日。股价突破关键点后，次日直接大幅跳空在A点之上开盘，开盘价为6.21元，此时可以快速入场。因为跳空缺口很大，表明突破关键点更有效，行情极有可能开始连续暴涨。

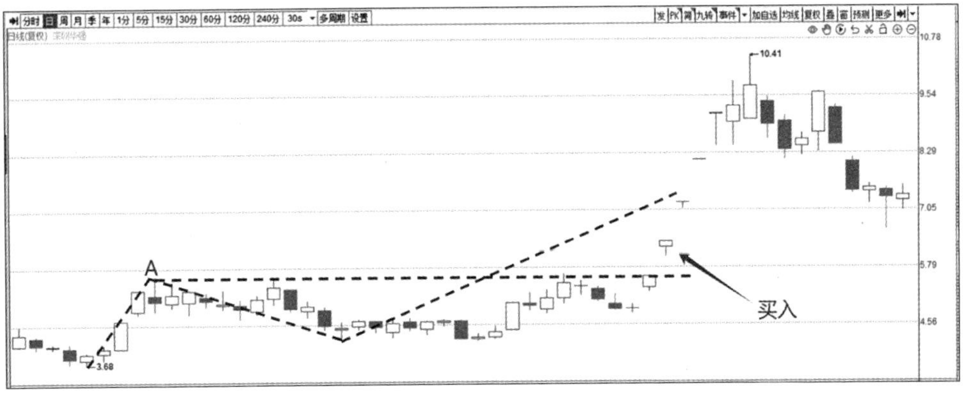

图4-35

第三步：设置初始止损。

图4-36为深圳华强日线级别K线图，行情时间跨度为2013年8月6日到2013年10月28日。将初始止损设置在B点（4.21元）下方。

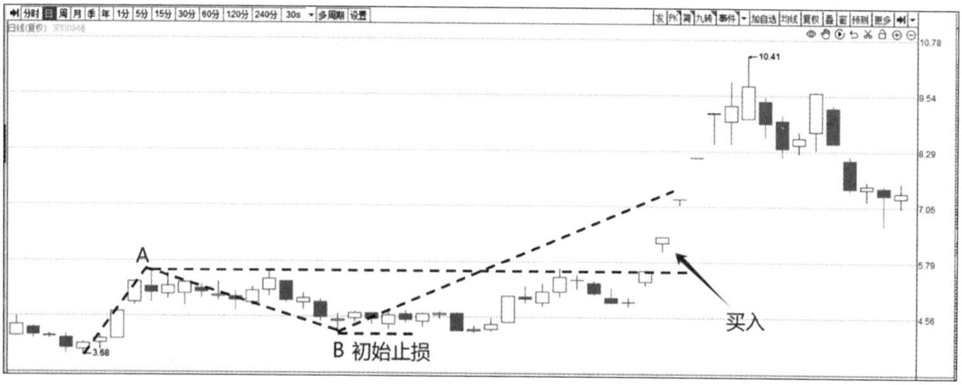

图4-36

第四步：由于股价突破后直线上涨，所以采用极端行情的止盈方式，即在大级别前期高点止盈出局。

图4-37为深圳华强月线级别K线图，行情时间跨度为2005年10月31日到2017年7月31日。将行情换成月线级别，可以发现股价最高刚好冲至前期大级别高点（10.04元）附近，此时应该获利出局，短短5个交易日行情就暴涨近62%。

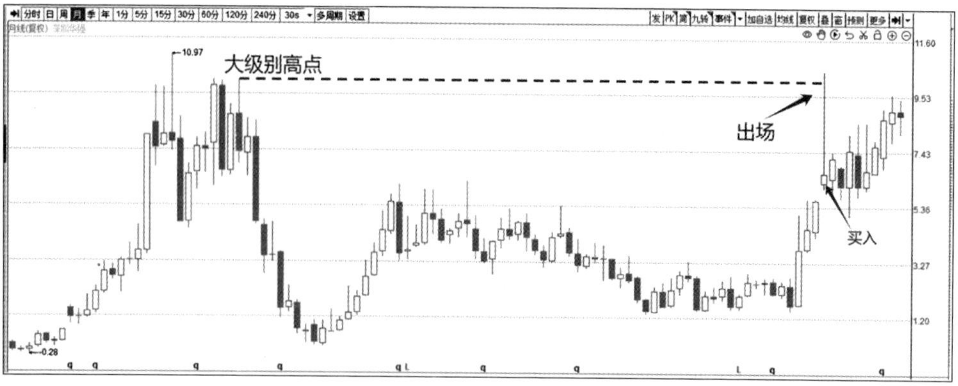

图4-37

4.2　回抽关键点

4.2.1　回抽关键点的定义

回抽就是价格向某一方向发展并突破关键点后，在短期内快速重新回到关键点，测试是否突破成功。对突破关键点的回抽称为回抽关键点。回抽可以分为向上回抽和向下回抽。行情突破关键点时，支撑和阻力会发生转换。

在上涨趋势中，关键点被突破后，就由先前的压力变为现在的支撑，当行情向下回抽至关键点时，往往价格会受到支撑而出现反弹；在下跌趋势中，关键点被跌破后，就由先前的支撑变为现在的压力，当行情向上回抽至关键点时，往往价格会受到压力出现下跌，如图4-38所示。如果此前是跳空突破关键点，则回抽关键点盈利的把握更大。

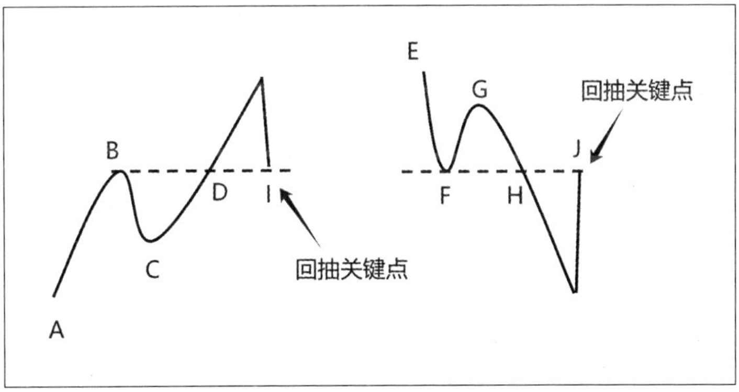

图4-38

4.2.2　回抽关键点的作用

在交易市场中，无论是股票、期货还是外汇市场，回抽关键点都是多空双方展开新一轮攻势的重要信号，更是检验支撑位与压力位有效性及突破成败的关键节点。

当价格触及突破关键点时，市场多空双方往往会陷入激烈的博弈状态。此时，价格常围绕突破关键点反复振荡，多空力量在此角力，试图争夺市场主动权。若交易者在突破关键点时过早入场，极易陷入虚假突破的陷阱。以股票市场为例，当某只股票的价格冲击前期高点这一关键点时，由于上方套牢盘急于解套，多方又试图一举突破打开上涨空间，双方会在压力位附近反复拉扯，价格可能出现短暂上破后迅速回落的情况。这种情况下，贸然入场的交易者很可能遭遇止损，造成不必要的损失。

当价格完成初步突破并回抽关键点时，市场形势会发生明显变化。此时，趋势方向已相对明朗，价格的回抽动作实际上是市场对突破关键点有效性的二次验证。若回抽时价格在突破关键点附近获得有效支撑（压力位突破后的回抽）或遇到强阻力（支撑位跌破后的回抽），则进一步确认了突破的有效性。例如，在期货市场中，当商品价格向上突破长期盘整的区间上沿后，随后的回抽若能在原区间上沿企稳，便为交易者提供了一个更为可靠的入场时机。此时交易信号更易识别，能够有效过滤突破初期的杂波干扰，降低因虚假突破导致的损失风险。

回抽关键点还具有重要的心理意义。对于多方而言，回抽不破关键支撑位，会增强其持仓信心，吸引更多资金入场；对于空方来说，回抽无法突破关键压力位，则会促使其加大做空力度。从资金流向角度分析，回抽过程中若成交量呈现缩量状态，且价格能够在关键点附近企稳，往往意味着市场浮筹已得到有效清洗，后续趋势延续的可能性更高。这种情况下入场，不仅能够获得相对安全的止损空间，还能在趋势延续时获取较为可观的收益。

4.2.3 回抽关键点的价格行为原理

散户的行为往往是非理性的，不能客观地处理行情的异动。所以虽然行情突破关键点，但有不少交易者都拿不住单。尤其是短线操作者，往往见利就跑，即便行情发出了明确的突破信号，也挡不住他们对利润丢失的担忧，所以只要行情稍微开始回抽，他们就会获利了结，落袋为安。

在金融市场中，虚假突破屡见不鲜。部分交易者存在恐高心理，一旦行情上涨，便怀疑是假突破，导致匆忙卖出手中的持仓。这正是回抽行情产生的原因之一。

值得注意的是，回抽行情通常在突破发生后迅速出现，此时行情距离关键点并不远。一般来说，回抽的幅度不会过大，因为一旦回抽幅度过大，极有可能导致突破失败。

行情如果是假突破，在上涨趋势中，回抽往往会跌破关键点；在下跌趋势中，回抽往往会突破关键点。但行情如果是真突破，回抽的时间往往是非常短暂的。在上涨趋势中，大量交易者会锚定下方的关键点做多，所以回抽往往会在关键点附近停止，随后多头会迅速把价格推升起来；在下跌趋势中，大量交易者会锚定上方关键点做空，所以回抽往往会在关键点附近停止，随后空头会迅速把价格打压下去。

图4-39为黄金5分钟级别K线图，行情时间为2024年7月22日。价格跌破A点后，出现突破关键点，随后马上向上反抽，刚好反弹至关键点处受阻，随即又快速下跌。

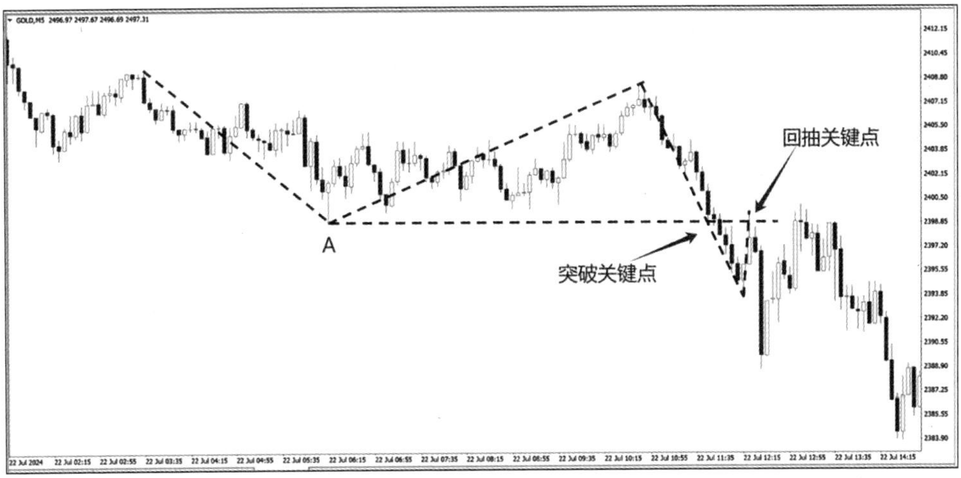

图4-39

图4-40为纳斯达克股指期货5分钟级别K线图，行情时间为2024年8月13日。价格突破A点后，出现突破关键点，随后马上向下反抽，刚好回落至关键点处受到支撑，随即又快速拉回，之后持续上涨。

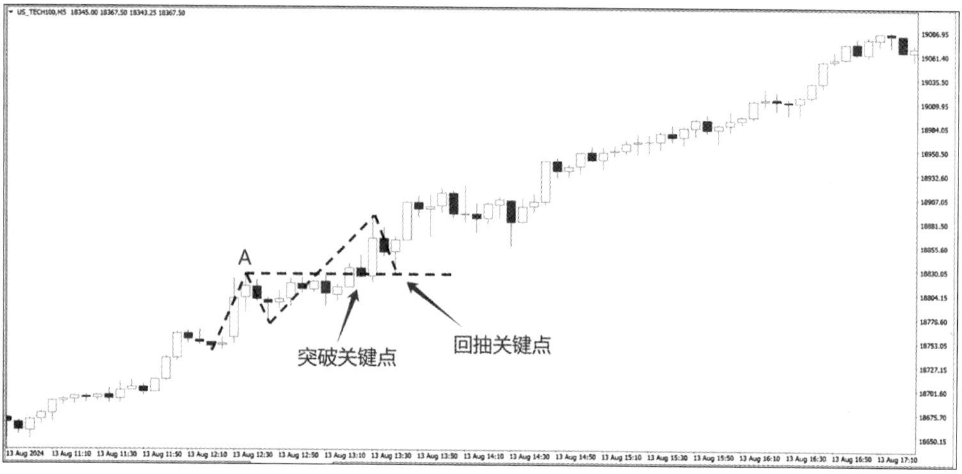

图4-40

4.2.4 回抽关键点的用法

在金融市场中，众多交易者将交易决策锚定在关键点上。这使得回抽关键点的行情通常在极短的时间内出现。尤其在短线交易场景下，回抽可能在瞬间完成，交易机会稍纵即逝。因此，建议交易者在价格突破关键点后，采用挂单策略捕捉回抽关键点时机，以提高交易的精准性与成功率。

下面介绍回抽关键点的具体用法。

1.挂单

在下跌趋势中，当价格跌破关键点，且继续小幅下跌一轮后，在上方关键点处挂空单；在上涨趋势中，当价格突破关键点，且继续小幅上涨一轮后，在下方关键点处挂多单。

图4-41为原油5分钟级别K线图，行情时间为2024年9月3日。行情出现大幅下跌，一根大阴线击穿A点，出现突破关键点。第二根K线在A点之下开

盘，并向下小幅下跌，此时可以把空单挂在关键点A附近，静待行情反抽触发预埋空单。之后行情迅速反抽，触发预埋空单，随后继续下跌。

图4-41

图4-42为标普股指期货5分钟级别K线图，行情时间跨度为2024年8月19日到2024年8月20日。价格升穿A点后，出现突破关键点。紧接着指数继续直线飙升，行情突破已非常明显，此时可以在关键点A附近挂多单。随后行情向下大幅回抽，但并未触及A点，所以挂单的时候，要尽量加一些价差，避免因行情误差而错失机会。

图4-42

2.止损

在下跌趋势中，当价格向上回抽关键点时，交易者选择挂空单，此时应将止损位直接设置在前期高点上方。一旦价格向上突破前期高点，意味着趋势可能反转，触发止损可及时控制损失。在上涨趋势中，若价格向下回抽关键点，交易者挂多单的同时，需将止损设置在前期低点下方，以防范价格跌破前期低点，趋势转弱带来的风险，确保在趋势判断失误时能及时止损离场。

图4-43为原油5分钟级别K线图，行情时间为2024年9月3日。将空单挂在关键点A附近，之后行情迅速反抽触发预埋空单。可将止损设置在前一轮行情高点B上方。此后行情一路下行，未触发止损。

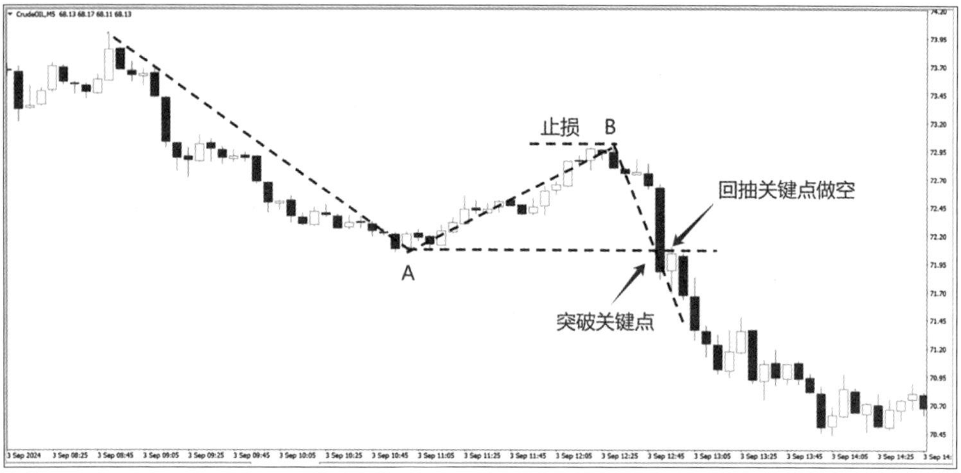

图4-43

图4-44为标普股指期货5分钟级别K线图，行情时间跨度为2024年8月19日到2024年8月20日。价格升穿A点后，在关键点A附近挂多单。随后行情向下大幅回抽，触发预埋多单。可将止损设置在前一轮行情低点B下方。

3.目标

价格突破关键点后，往往会开启新的趋势行情，经过回抽之后，突破又得以确认，所以启动趋势行情的概率更大，因此可以采用追踪止损的方式出场，尽可能地扩大利润。当然选择1∶1盈亏比策略，永远是短线交易易于执

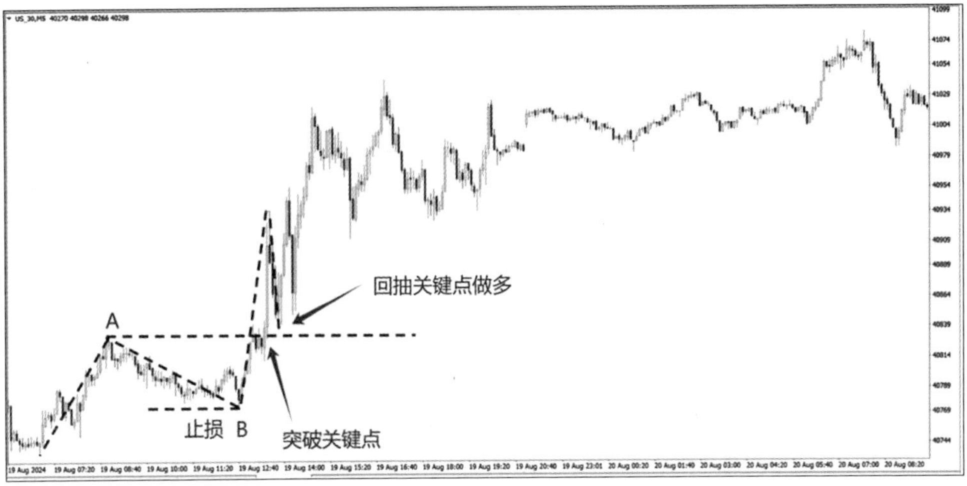

图4-44

行且可靠的出场方式。

图4-45为原油5分钟级别K线图，行情时间跨度为2024年9月3日到2024年9月4日。放大一下行情视野，只要价格创新低，就追踪前一轮行情高点设置止损，等价格反转打掉最后一个追踪止损，就被动获利出场。

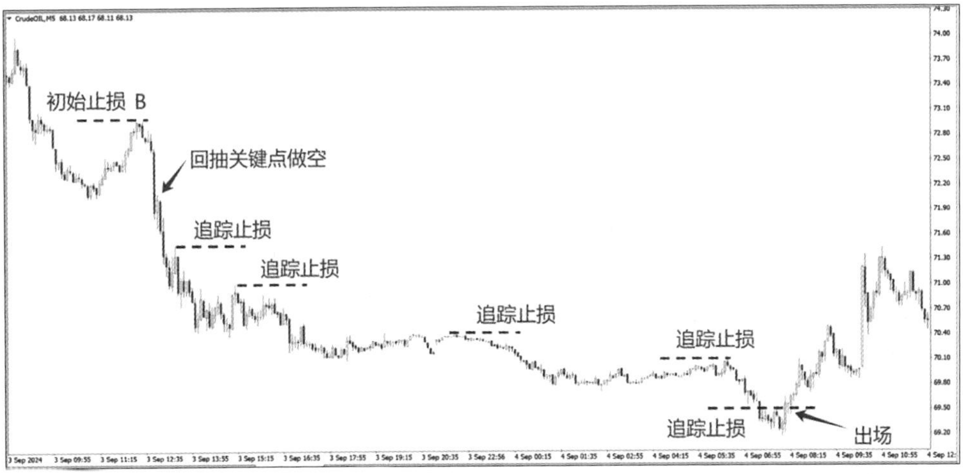

图4-45

图4-46为标普股指期货5分钟级别K线图，行情时间跨度为2024年8月19日到2024年8月20日。按照追踪止损原则，只要价格创新高，就追踪前一轮

行情低点设置止损。一旦价格反转打掉追踪止损，就被动获利出场。

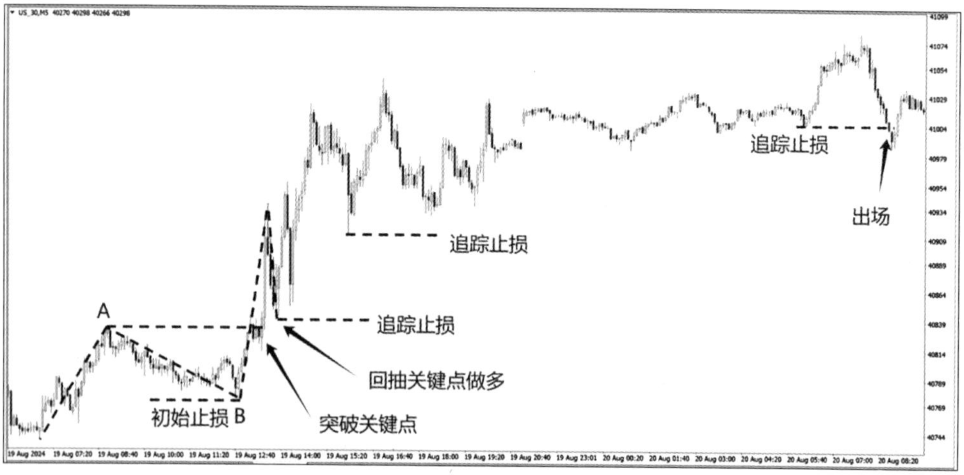

图4-46

4.2.5 回抽关键点实战案例

1.外汇：英镑兑美元

下面以英镑兑美元为例，对回抽关键点短线做空的交易步骤进行讲解。

第一步：行情有效跌破关键点后（即下一根K线开盘在关键点之下，即为突破有效），在关键点附近挂单做空。

图4-47为英镑兑美元5分钟级别K线图，行情时间为2024年6月20日。当价格大幅下破A点后，立即在关键点A（1.26930）附近挂空单。

第二步：将预埋空单的止损设置为前一轮行情的高点，等待挂单成交。

图4-48为英镑兑美元5分钟级别K线图，行情时间为2024年6月20日。将止损设置在前一轮反弹行情高点B（1.27060）上方，然后等待挂单成交。价格随后快速向上回抽，挂单精准成交。

第三步：用追踪止损的方式获利出场。

图4-49为英镑兑美元5分钟级别K线图，行情时间跨度为2024年6月20日

到2024年6月21日。放大一下行情视野，价格快速反弹打掉最后一次追踪止损（1.26520）后被动获利出场，盈亏比近3.2倍。

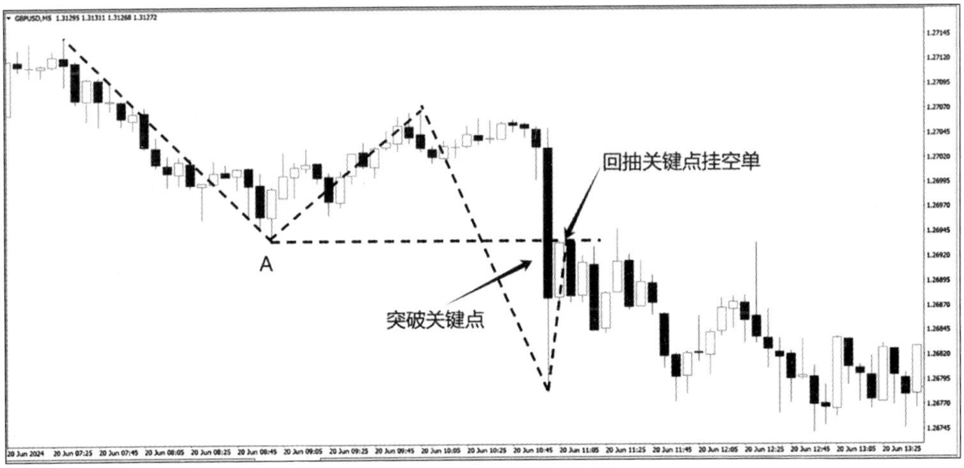

图4-47

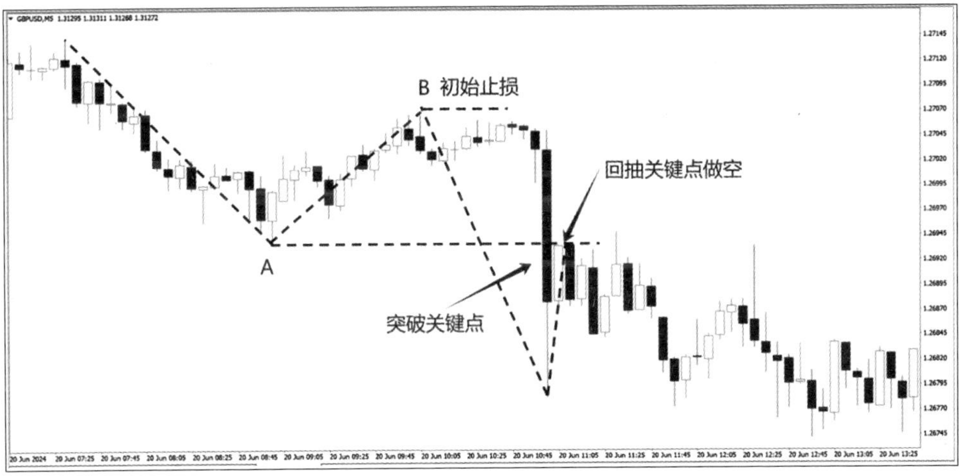

图4-48

2.期货：棕榈油

下面以棕榈油期货为例，对回抽关键点短线做多的交易步骤进行讲解。

第一步：行情有效突破关键点后（即下一根K线开盘在关键点之上，即为有效），在关键点附近挂单做多。

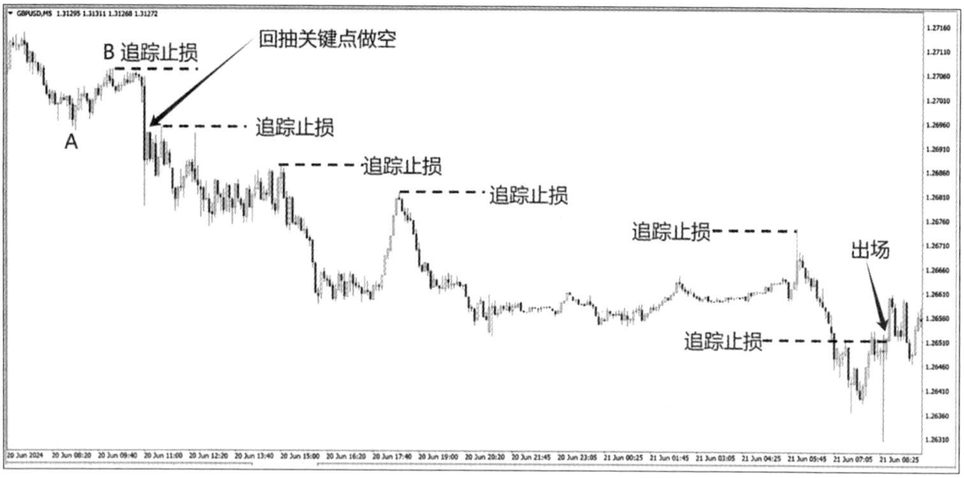

图4-49

图4-50为棕榈油5分钟级别K线图，行情时间跨度为2024年7月15日到2024年7月16日。价格突破A点，随后在A点上方运行，此时可以立刻在关键点A（7766元）附近挂多单。

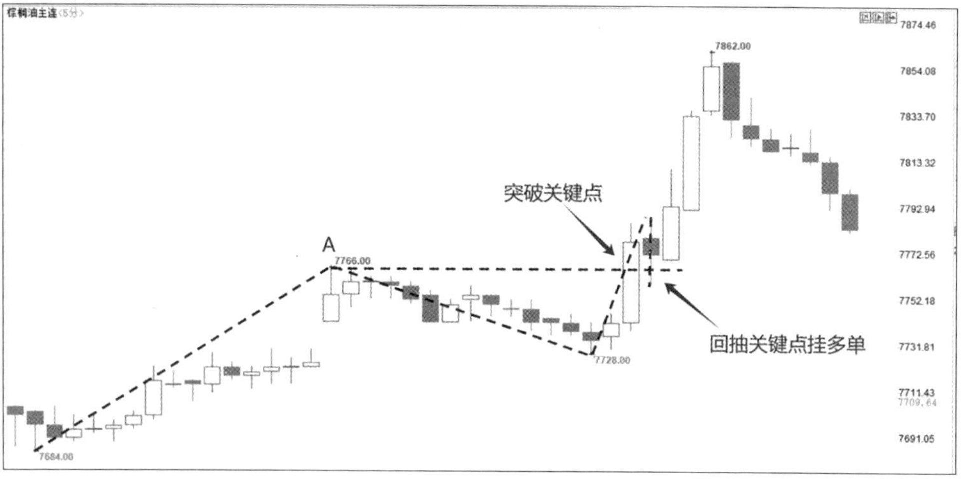

图4-50

第二步：将预埋多单的止损设置为前一轮行情的低点，然后等待挂单成交。

图4-51为棕榈油5分钟级别K线图，行情时间跨度为2024年7月15日到

2024年7月16日。将止损设置在前一轮回调行情低点B（7728元）下方，然后等待挂单成交。之后价格向下回抽，挂单成交，并且一度跌穿A点，但是迅速拉回，收出一根下影线，且收盘在A点上方，因此依然可以确认突破有效。

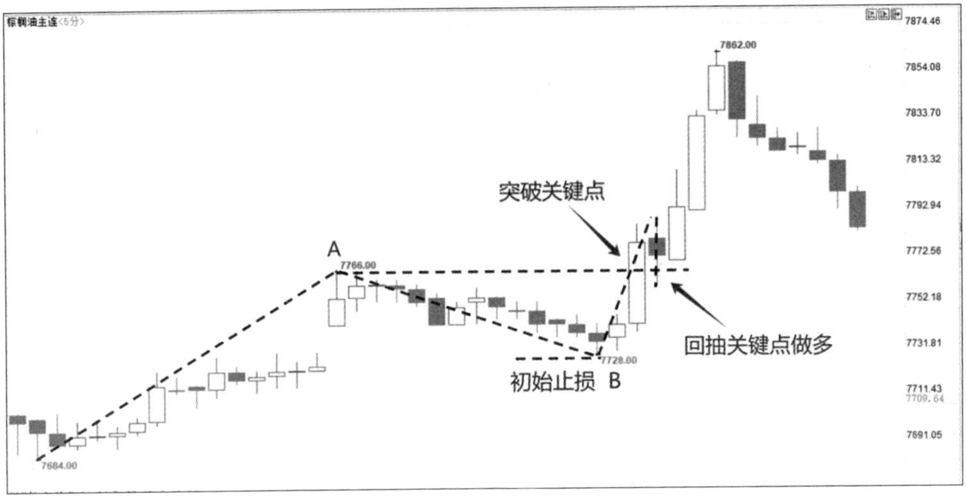

图4-51

第三步：用追踪止损的方式获利出场。

图4-52为棕榈油5分钟级别K线图，行情时间跨度为2024年7月15日到

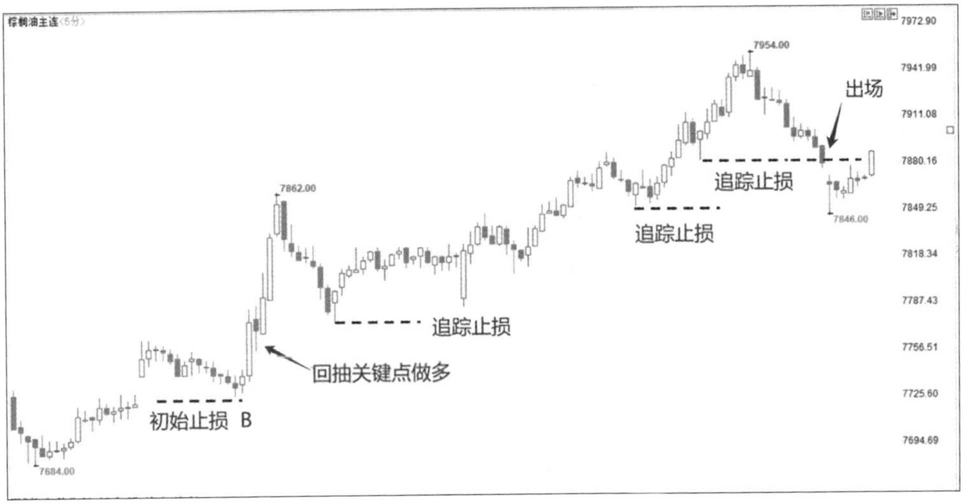

图4-52

2024年7月16日。放大一下行情视野，多单成交之后，行情一路振荡上涨。每当价格创新高时，就将止损追踪到前一轮回调行情的低点。直至价格快速下跌打掉最后一次追踪止损（7882元）时，多单自动平仓出局，盈亏比近1.5倍。

3.A股：跨境通

以股票跨境通为例，对回抽关键点的交易步骤进行讲解。

第一步：行情有效突破关键点后，在关键点附近挂单买入。

图4-53为跨境通日线级别K线图，行情时间为2015年2月17日到2015年7月14日。行情先是试探A点压力，当天冲高回落，收一根上影阳线。次日高开高走，强势突破A点，形成突破关键点。当天股价直接涨停，表明突破非常坚决，多头完全占主导地位。第三天高开低走，迅速回抽，此时可以在关键点（11.06元）附近挂单买入。

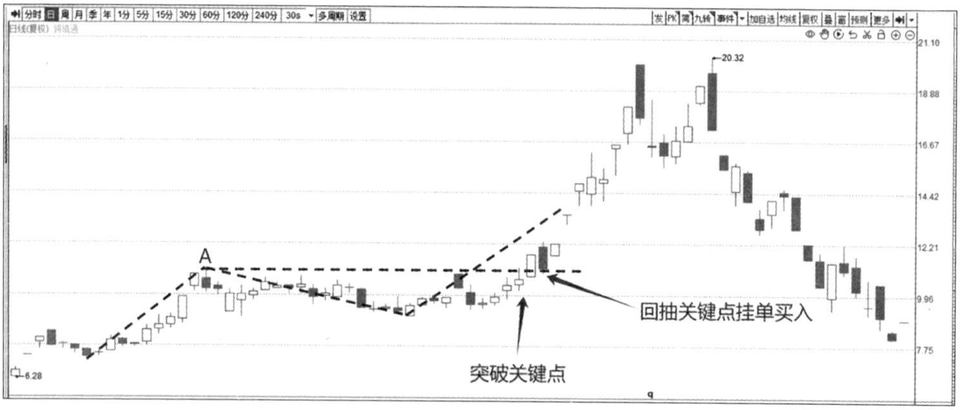

图4-53

第二步：将挂单的止损设置为前一轮回调行情的低点，然后等待挂单成交。

图4-54为跨境通日线级别K线图，行情时间为2015年2月17日到2015年7月14日。将挂单的止损设置为前一轮回调行情的低点B（8.98元），随后价格大幅回抽，并略微刺穿A点，挂单成功自动买入。需要注意的是，行情不

是总能精准到位，很多时候，价格可能会差一点点触发挂单指令，此时可以在可控的范围内手动买入。

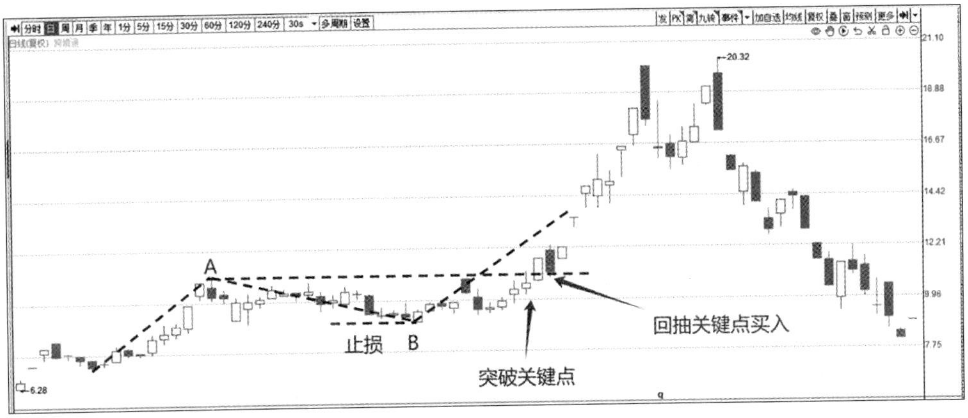

图4-54

第三步：主要采用追踪止损的方式获利出场。需要注意的是，追踪止损只适合行情上涨初期和上涨中部阶段，一旦行情有了较大涨幅，就采用固定盈亏比1:1的策略出场，或者只要行情出现看跌K线形态，就立刻落袋为安。

图4-55为跨境通日线级别K线图，行情时间为2015年2月17日到2015年7月14日。价格回抽关键点后，随即跳空上涨，多头强势爆发。在行情已有巨大的涨幅后，当高位出现“乌云盖顶”看跌形态时，就要谨慎出场，落袋为安。需要注意的是，为防止价格虚假砸盘，要等到行情临近收盘，基本能确

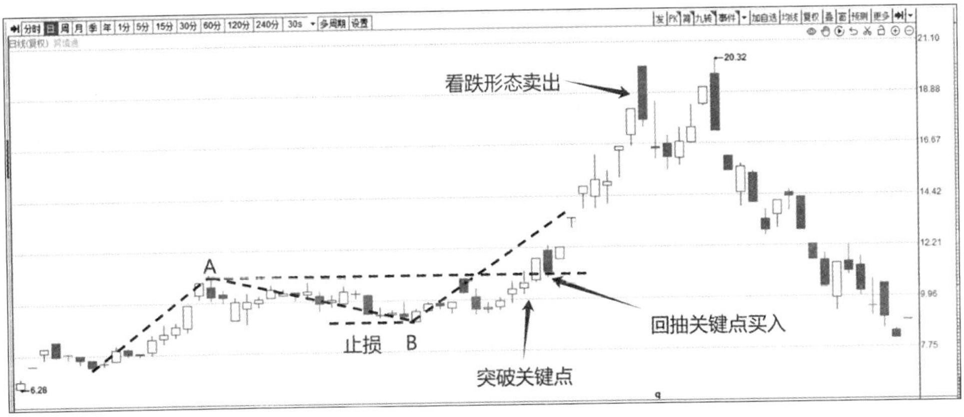

图4-55

定K线是看跌形态后再卖出股票。

当天交易的时间所剩无几时，变数不会太大。如果是开盘初期就砸出了看跌形态，尾盘有可能再拉起来，这样的话，当天收盘就会收出一根带长下影线的K线，由看跌形态变成了看涨形态。因此，如果心急而过早卖出，容易在上涨途中被洗出局，导致卖飞。从图4-55中可见，价格在高位看跌形态收盘时为17.37元，此时及时卖出，盈亏比超3倍。

4.3 回踩关键点

4.3.1 回踩关键点的定义

回踩可以分为向上回踩和向下回踩。如图4-56所示，在上涨趋势中，行情突破关键点后继续上行，小幅上涨一段时间之后，价格下跌至关键点附近，此时就称为向下回踩关键点；在下跌趋势中，行情跌破关键点后继续下行，小幅下跌一段时间之后，价格反弹至关键点附近，此时称为向上回踩关键点。

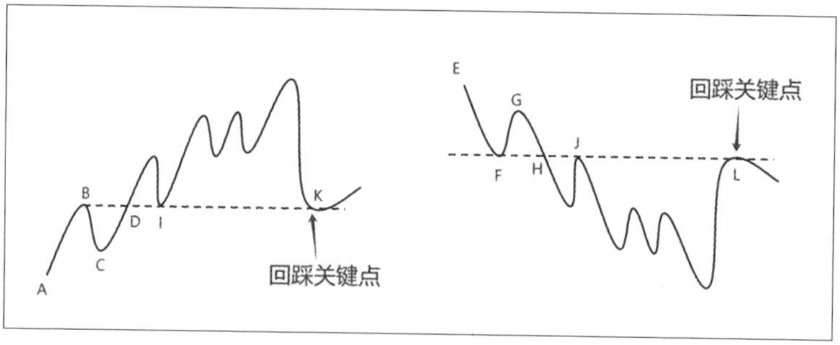

图4-56

一般情况下，回踩关键点出现在回抽关键点之后，不过有时候行情并不会发生回抽动作，而是直接出现回踩。

在交易中，很多人无法区分回踩和回落的区别。回踩可以向上回踩，也可以向下回踩。当价格向下回踩时，也和回落不一样。回落往往用于价格的单纯下跌，即价格在某一位置受阻，开始逐步下降；而价格向下回踩是带有目的性的，往往是锚定关键点进行回踩，所以对突破关键点的回踩称为回踩关键点。

4.3.2 回踩关键点的作用

在上涨趋势中，回踩是价格在上涨之前，对关键点支撑有效性的重新验证，目的是为了后市更放心地上涨；在下跌趋势中，回踩是价格在下跌之前，对关键点压力有效性的重新验证，目的是为了后市更放心地下跌。回抽是对突破关键点的确认，那么回踩可以看作对突破关键点后趋势发起的确认。

在实际行情中，行情回踩并不是都能抵达突破关键点。有时候回踩刚好抵达关键点附近，有时候远远达不到关键点，如图4-57所示。甚至有时候回踩会短暂地虚破关键点，如图4-58所示。行情一旦完成回踩动作，即使后市再度出现大幅回调，关键点也很难再次触碰。

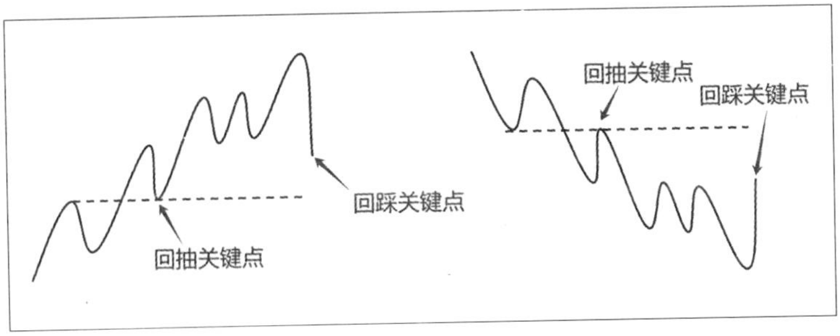

图4-57

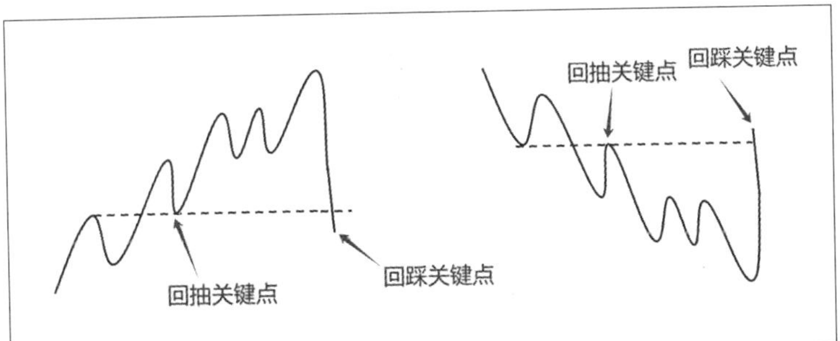

图4-58

4.3.3 回踩关键点的价格行为原理

在上一节内容中，讲到回抽一般都能比较精准地抵达关键点，而且在极短时间内就能完成回抽动作，随后会快速重新回归到趋势行情之中。关键点被突破，是大部分人都可以看得见的，因此会有大量的人准备顺势交易。他们都会锚定关键点进场，所以一旦价格回抽关键点，就会有大量交易者涌进，这是导致回抽关键点往往发生在电光火石间的主要原因，稍不留神就错过了。而回踩关键点发生在突破行情且持续运行一段时间后，这时前期在突破关键点跟进的交易者已经积累一定盈利，市场层面需释放获利盘，价格回踩正是短线交易者获利了结引发的。

在上涨趋势中，行情突破关键点后，如果只是小幅上涨就发生回踩，那么价格容易短暂砸穿关键点，形成虚破；如果继续大涨一轮后才发生回踩，那么价格就很难触及关键点。在下跌趋势中同理。

回踩是对趋势的确认，之前没上车的交易者，会锚定关键点挤上车。加上之前还有很多坚定持仓的交易者，所以价格即便回踩虚破，其虚破的幅度往往不会非常大，之后的行情趋势往往会走得更加坚决，甚至大幅加速。所以在回踩关键点进行交易，获利概率往往比较高，只需要设好止损，应对可能出现的虚破，控制风险，做好概率交易该做的事，就能稳定盈利。

图4-59为道琼斯股指期货5分钟级别K线图，行情时间跨度为2024年8月16日到2024年8月19日。价格突破关键点A后，继续向上运行了一段时间，随后回落至A点附近，出现回踩关键点。从图中可见，价格回踩虚破了关键点，并且反转所需的时间远远超过回抽关键点。回抽关键点触碰关键点后，往往都是一瞬间就拉起来了，但价格回踩关键点后的涨势，远远强于回抽关键点后的涨势。

图4-60为咖啡5分钟级别K线图，行情时间跨度为2024年7月23日到2024年7月26日。价格跌破关键点A后，并没有出现回抽行情，而是直接出现回踩关键点。从图中可见，价格回踩距离A点还差一点点，随后再度大幅下行。

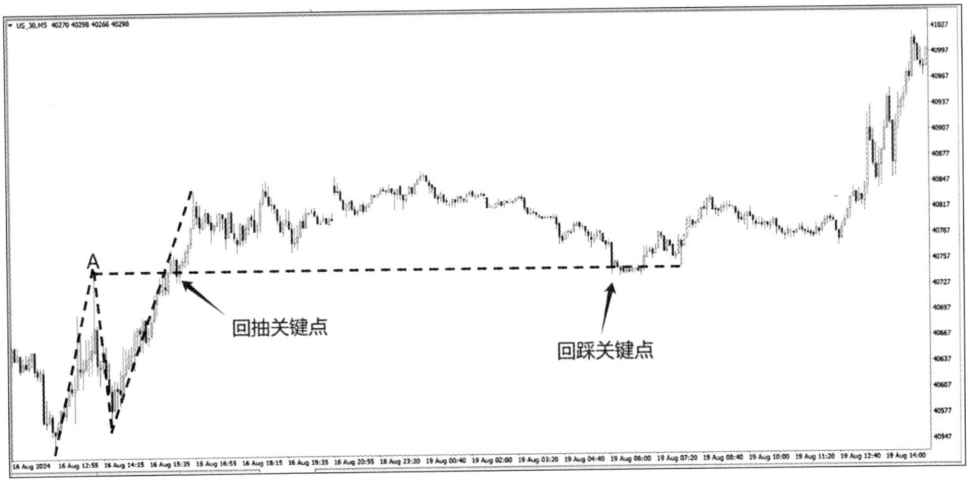

图4-59

图4-60

4.3.4 回踩关键点的用法

回踩关键点的优点是获利空间往往非常大，其缺点是行情有时候不会给回踩关键点的机会，并且在考验关键点的时候，多空会反复争夺，因此价格可能会围绕关键点上下翻转，形成多次虚破现象。所以做回踩关键点会考验交易者的耐性，此时要坚定地持仓，按照准则行事。

下面介绍回踩关键点用法的具体交易步骤。

1.入场

在上涨趋势中，当价格突破关键点后，继续向上小幅涨了一轮，此时可以等价格向下回踩关键点附近时再次开仓做多；在下跌趋势中，当价格跌破关键点后，继续向下小幅跌了一轮，然后可以等价格向上回踩关键点附近时再次开仓做空。

图4-61为沪铜5分钟级别K线图，行情时间跨度为2024年7月19日到2024年7月25日。价格跌破关键点A后，马上有一个小回抽行情，刚好被关键点压制，再度下行。随后价格再度回踩关键点，此时就可以入场做空。入场后行情只是微微虚破关键点，随后继续大幅暴跌。

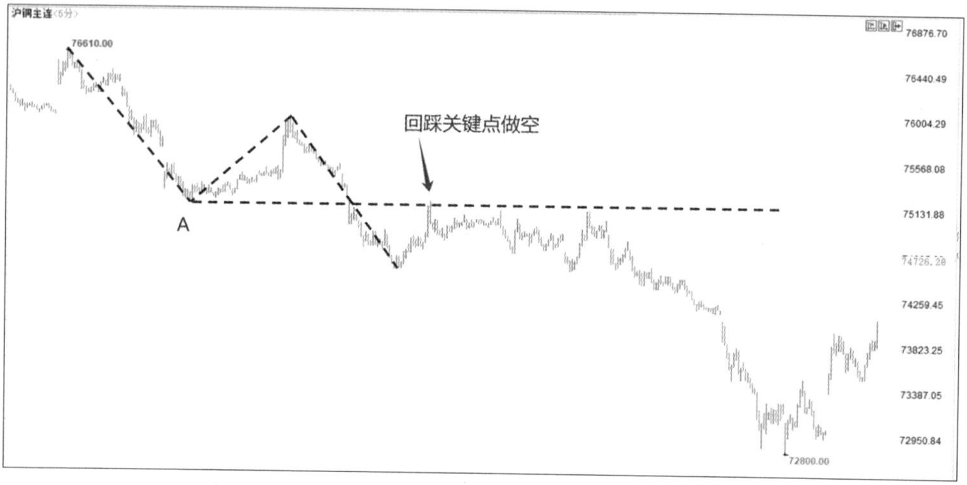

图4-61

图4-62为美股苹果日线级别K线图，行情时间跨度为2024年8月8日到2024年8月20日。价格突破关键点A后快速回抽，但很快在关键点处受到支撑，行情强劲拉升。随后价格振荡下行，回踩关键点，此时可以入场做多。行情在关键点附近反复徘徊，蓄积力量后，随后跳空暴涨。

2.止损

在下跌趋势中，将止损设置在前一轮反弹行情的高点上方；在上涨趋势中，将止损设置在前一轮下跌行情的低点下方。

图4-62

图4-63为沪铜5分钟级别K线图，行情时间跨度为2024年7月19日到2024年7月25日。如图中所示，将空单止损设置在B点上方。

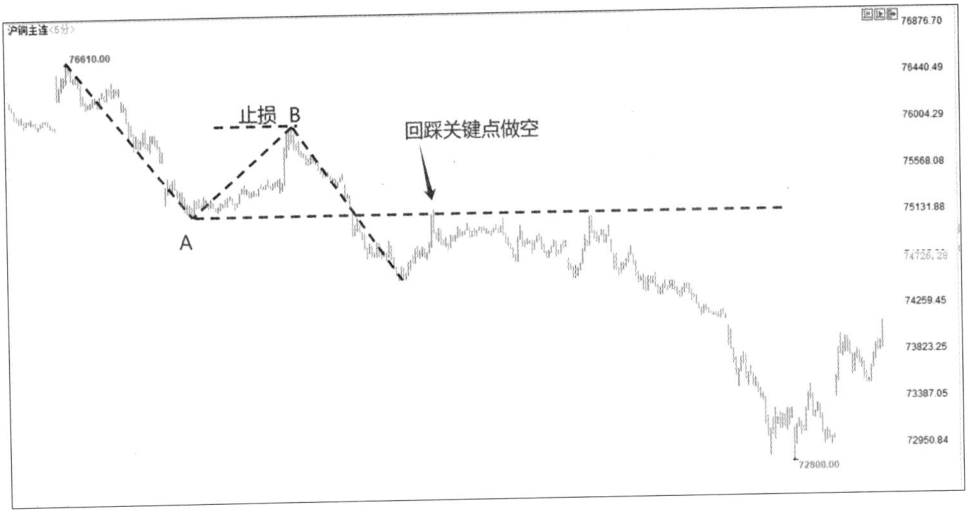

图4-63

图4-64为美股苹果日线级别K线图，行情时间跨度为2024年8月8日到2024年8月20日。如图中所示，将多单止损设置在B点下方。

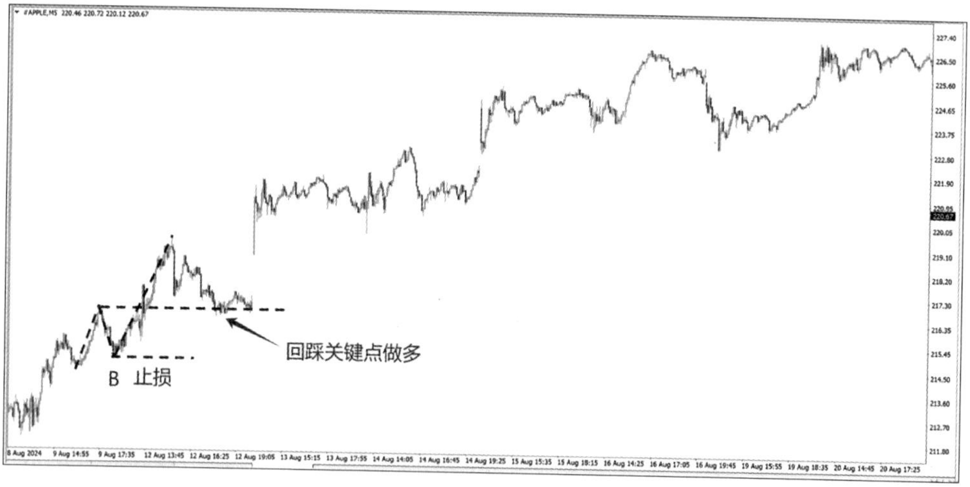

图4-64

3.目标

行情回踩后，往往会启动大级别行情，尤其行情处在相对低位或高位的时候，所以应当采用追踪止损的方式，让利润奔跑。

图4-65为沪铜5分钟级别K线图，行情时间跨度为2024年7月19日到2024年7月25日。行情处在相对高位，所以采用追踪止损的方式，每当价格创新低的时候，就把止损移动到前一轮高点上方。等行情掉头打掉最后一次追踪止损的时候，获利出局。通过追踪止损的方式，这笔短线空单轻松赚超1600点。

图4-66为美股苹果日线级别K线图，行情时间跨度为2024年8月8日到2024年8月20日。价格不断振荡上涨，待价格创出新高时，就将止损移动至前一轮行情的最低点下方，直至行情下跌打掉追踪止损。

从图4-66中可见，行情下跌打掉追踪止损后，又很快回归涨势，但这种虚破情况是做短线无法避免的。交易不能做到完美，任何交易者只能赚到准则以内的钱。如果想规避虚破止损的情况，可以扩大操作周期。在中长线交易里，采用二挡止损原则，可以留出足够的空间来滤过杂波，很好地规避虚破止损，尽可能地扩大收益。

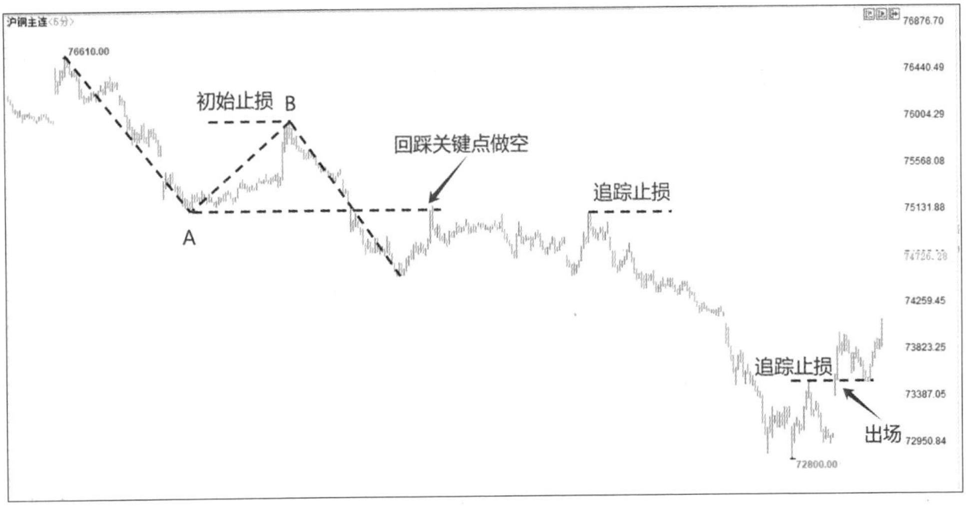

图4-65

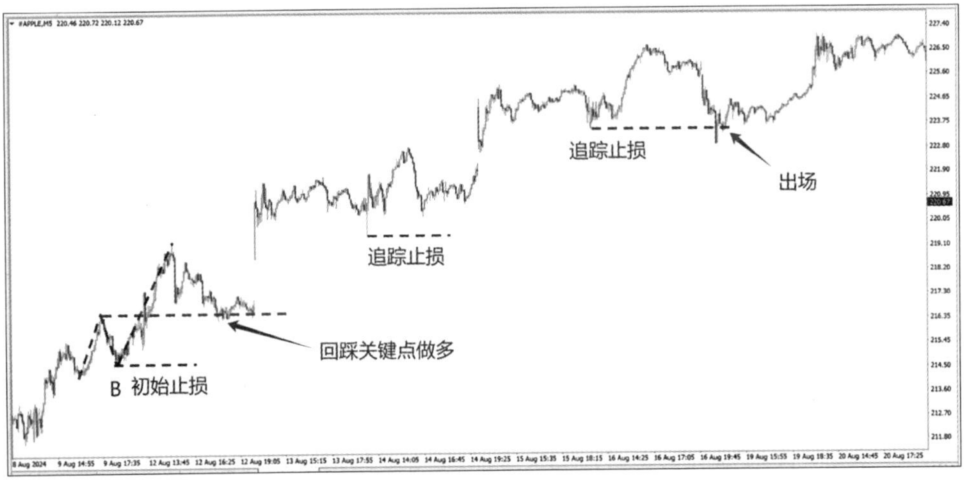

图4-66

4.3.5　回踩关键点实战案例

1.外汇：欧元兑美元

下面以欧元兑美元为例，对回踩关键点短线做空的交易步骤进行讲解。

第一步：行情跌破关键点，并继续小幅下跌后，一旦价格向上回踩至关键点附近，就可以开仓做空。

图4-67为欧元兑美元5分钟级别K线图，行情时间跨度为2024年8月27日到2024年9月2日。价格跌破关键点A（1.11340），并继续小幅下滑，随后向上回踩至关键点A，此时可以直接开仓做空。虽然行情小幅上破关键点，但很快回落，形成虚破。

图4-67

第二步：将止损设置在前一轮反弹行情的高点上方。

图4-68为欧元兑美元5分钟级别K线图，行情时间跨度为2024年8月27日到2024年9月2日。将欧元兑美元空单的初始止损设置在B点（1.11580）上

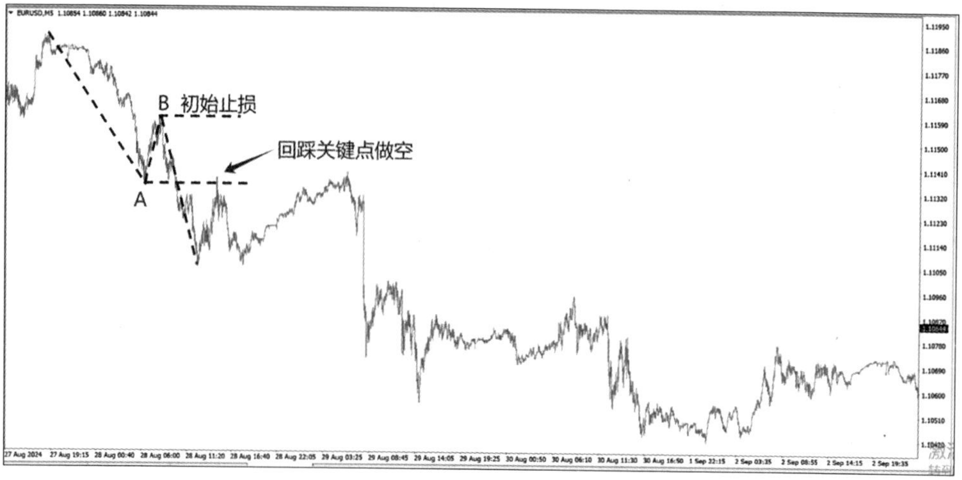

图4-68

方。虽然价格二次反弹且越过A点，但最后开始掉头下跌，距离止损点比较远，说明用前一轮行情的高点作为止损依据是比较有效的。

第三步：用追踪止损的方式止盈出场。

图4-69为欧元兑美元5分钟级别K线图，行情时间跨度为2024年8月27日到2024年9月2日。价格在下跌过程中，有多次比较大的反弹，但交易者可以一直追踪前一轮行情的高点进行止损，在降低风险的同时，又让利润不断奔跑。最后行情反转打掉最后一次追踪止损（1.10560），自动获利出局，盈亏比近3.3倍。

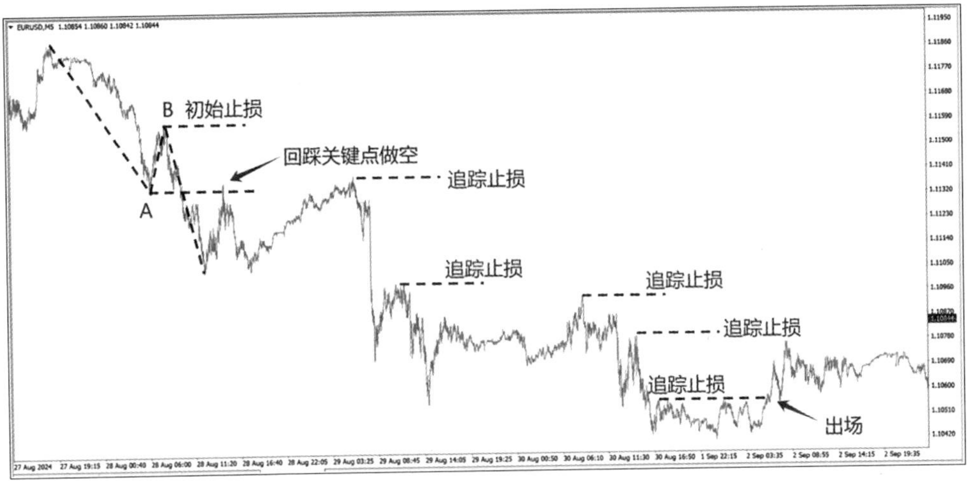

图4-69

2.期货：菜粕

下面以期货菜粕为例，对回踩关键点短线做多的交易步骤进行讲解。

第一步：行情突破关键点，并继续小幅上涨后，一旦价格向下回踩至关键点附近，就可以开仓做多。

图4-70为菜粕主连5分钟级别K线图，行情时间跨度为2024年8月13日到2024年8月16日。价格突破关键点A（2148元）后，先向下回抽，然后小幅创新高，但没涨多少，行情就向下回踩关键点，此时可以开仓做多。

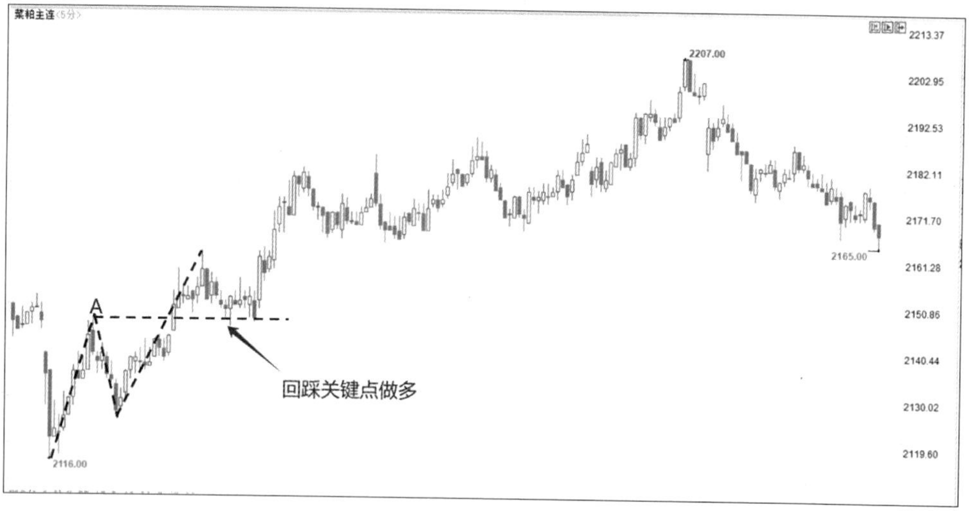

图4-70

第二步：将止损设置在前一轮下跌行情的低点下方。

图4-71为菜粕主连5分钟级别K线图，行情时间跨度为2024年8月13日到2024年8月16日。将菜粕多单的初始止损设置在B点（2126元）下方。从图中可见，价格只是略微虚破关键点，然后立即回升，在B点止损非常安全。其实在实战过程中，虚破是比较多的，但从历史经验来看，将止损设置在前一轮下跌行情的低点下方，取胜的概率比较大。

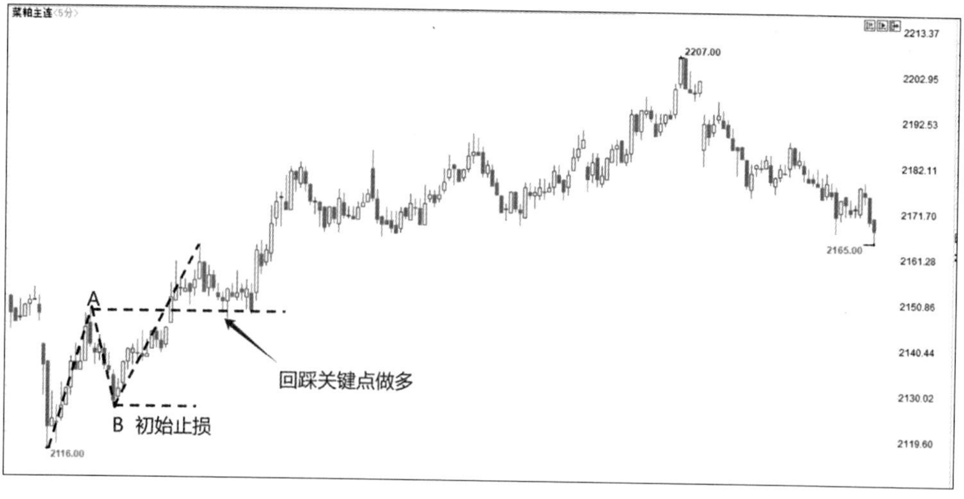

图4-71

第三步：主要采用追踪止损的方式止盈出场。如果行情涨幅很大，一旦出现看跌形态，就要随时离场，防止利润大幅回吐。

图4-72为菜粕主连5分钟级别K线图，行情时间跨度为2024年8月13日到2024年8月16日。价格在上涨过程中，可以不断追踪止损。当价格上涨到高位时，如果马上掉头大跌，出现“看跌吞没”K线形态，就要快速平仓出局了，因为这很可能是高潮衰竭的现象。

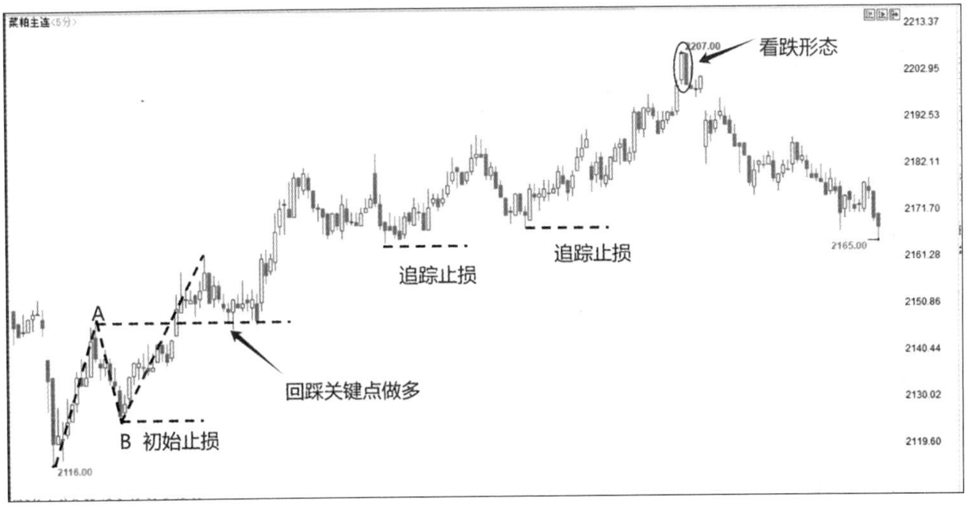

图4-72

注意：必须要在大阴线收盘前夕，几乎确定为“看跌吞没”形态时，交易者才能平仓出局。如果过早平仓，看似“看跌吞没”形态的大阴线可能很快被拉回去，从而变成长下影线。同时也不能等下一根K线开盘确认“看跌吞没”形态后再平仓，因为行情有可能直接跳空暴跌。因此，交易者在交易中要重点注意对操作细节的处理，无论方法再好，操作不当也容易亏损，成败在于细节！“在收盘前夕采取行动”，这个原则在股票一字涨停板的打板中也能起到重要作用。

3.美股：谷歌

下面以美股谷歌为例，对回踩关键点短线做多的交易步骤进行讲解。

第一步：行情突破关键点，并继续小幅上涨后（需要注意上涨的幅度不能太大），一旦价格向下回踩至关键点附近，就可以开仓做多。

图4-73为谷歌5分钟级别K线图，行情时间跨度为2024年7月1日到2024年7月9日。价格连续上升突破关键点A（183.9美元），连回抽都没有，说明多头很强势。随后行情突然跳水回踩A点，并且精准地在关键点处受到支撑转为上涨，收了一根长下影线，再次验证了多头强势，交易者可以在价格触及关键点A的那一刻直接开仓做多。

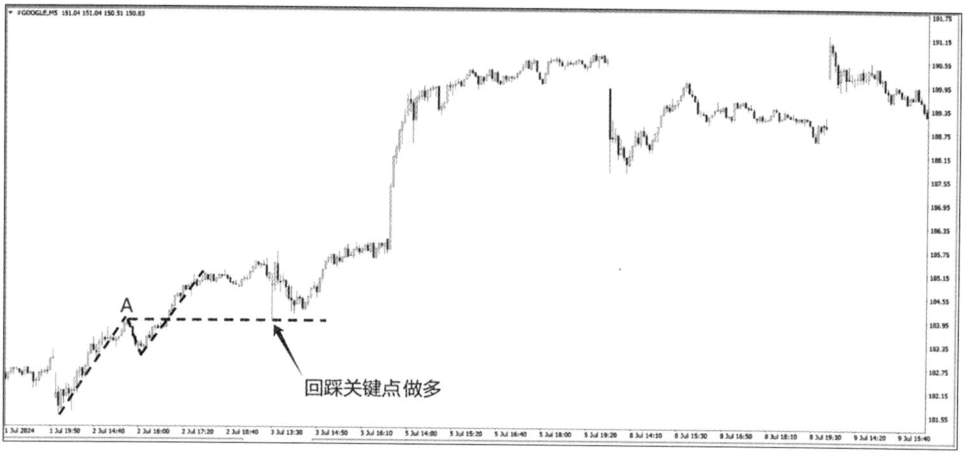

图4-73

第二步：将止损设置在前一轮下跌行情的低点下方。

图4-74为谷歌5分钟级别K线图，行情时间跨度为2024年7月1日到2024年7月9日。如图中所示，将多单止损设置在前一轮行情低点B（183美元）的下方。

第三步：主要采用追踪止损的方式止盈出场。但当行情大幅上升，出现滞涨的时候，就要把止损设置得更加紧凑一些，避免行情突然掉头。

图4-75为谷歌5分钟级别K线图，行情时间跨度为2024年7月1日到2024年7月9日。回踩关键点后，价格缓慢上涨，然后直线飙升。随后价格在高位开始滞涨，此时就要把追踪止损设置得更加紧凑一些。随后行情果然见顶跳空暴跌，并且价格直接跳过最后一次追踪止损，交易者只能在向下跳空的那一刻（190.2美元）自动平仓出局，不过盈亏比也有约7倍，对于短线交易者来说盈利还是非常可观的。

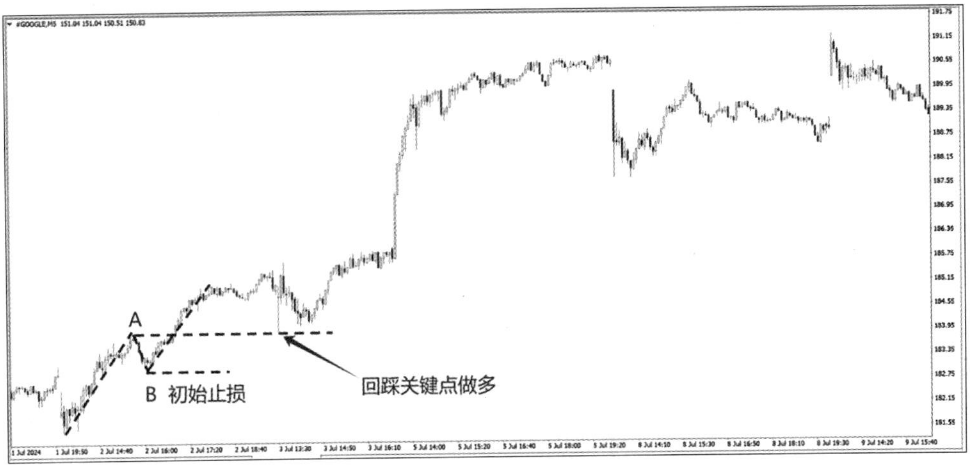

图4-74

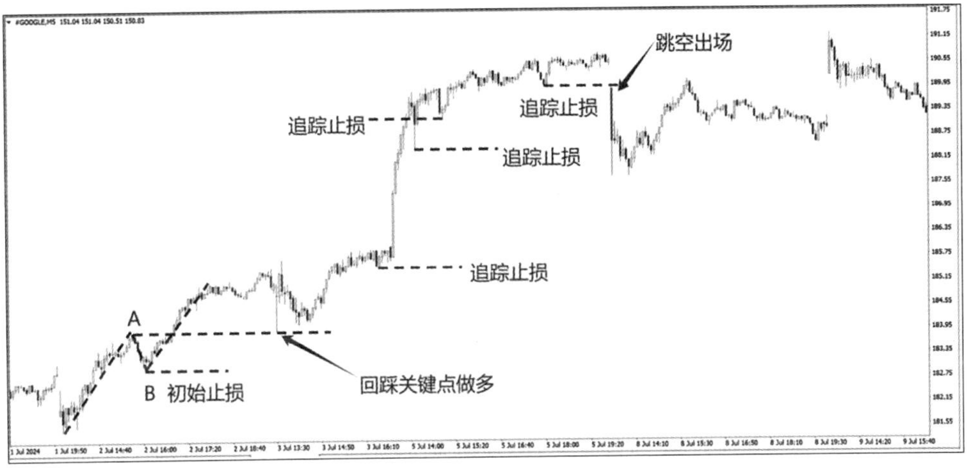

图4-75

4.4 折回关键点

4.4.1 折回关键点的定义

上一节内容中讲过，在实际行情中，行情回踩并不是都能抵达关键点。有时候回踩刚好抵达关键点附近，有时候远远达不到关键点，甚至有时候会短暂性地虚破关键点。行情一旦完成回踩动作，即使后市再度大幅回调，关键点也很难再次触碰。那么什么情况下，会再次触碰关键点呢？

如图4-76所示，在上涨行情中，价格突破关键点后，有时会出现回抽关键点，之后还会向下回踩关键点。当价格经历大幅上涨后，再次向下折回到回踩关键点，往往会受到强劲的支撑，此时就称为折回关键点。

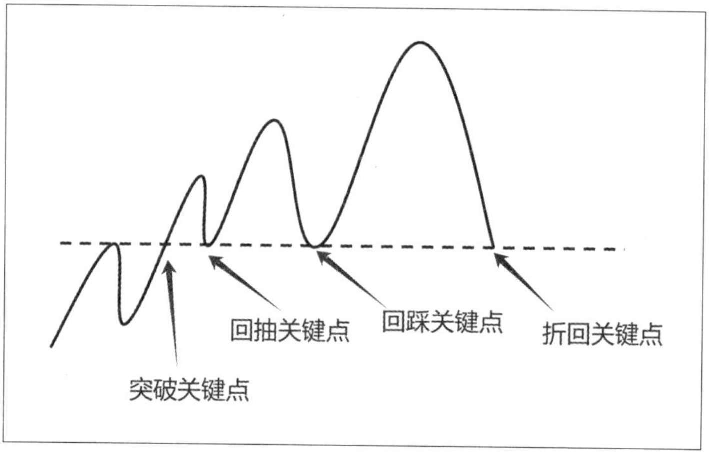

图4-76

如图4-77所示，在下跌行情中，价格跌破关键点后，有时会出现回抽关键点，之后还会向上回踩关键点。当价格经历大幅下跌后，再次向上折回到回踩关键点，往往会受到强劲的阻力，此时就称为折回关键点。

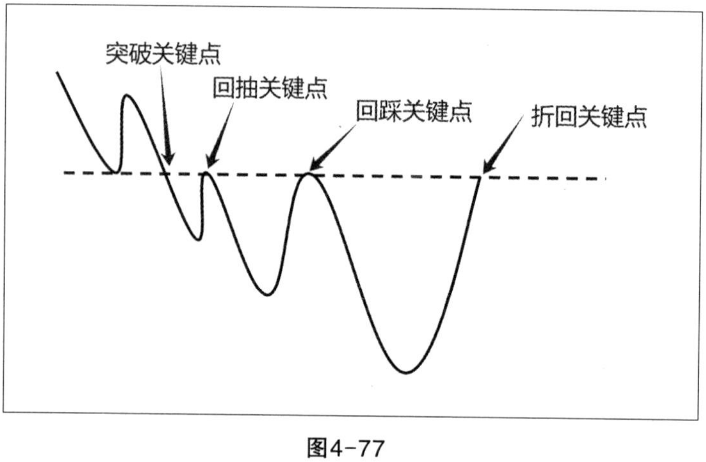

图4-77

4.4.2 折回关键点的作用

折回关键点对股价起到多空分水岭的作用，是对趋势能否继续的考验。一旦折回关键点被有效跌破（或突破），则会宣告原先的趋势结束。如果折回关键点未能有效跌破（或突破），则表示会按照原先的趋势启动更大的行情。

回踩关键点不一定能够刚好抵达此前的突破关键点，回踩关键点可以在突破关键点的上方、下方或刚好与突破关键点重合。折回关键点与回踩关键点在同一价位，所以折回关键点有时候也达不到突破关键点，如图4-78所示。有时候刚好抵达突破关键点，甚至有时候会刺穿突破关键点，如图4-79所示。

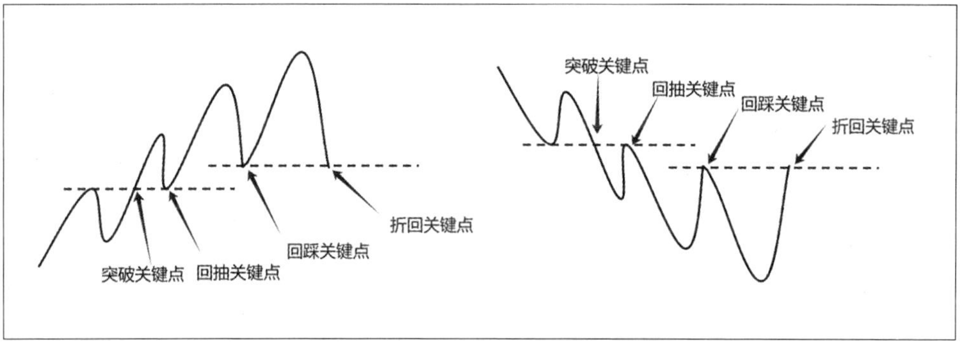

图4-78

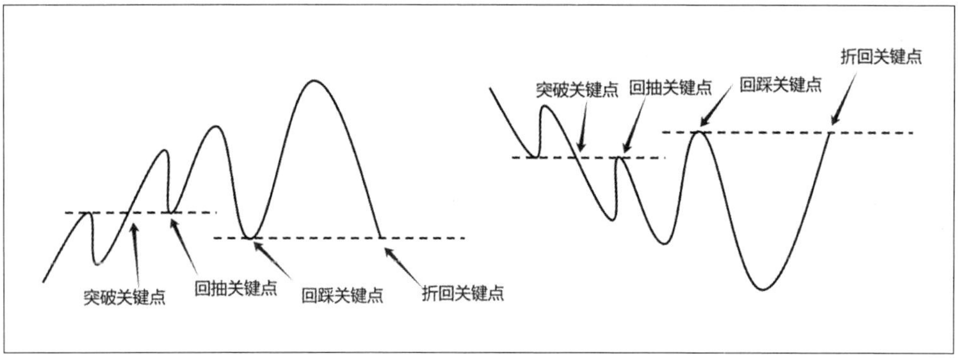

图4-79

4.4.3 折回关键点的价格行为原理

在上涨趋势中，价格经历大幅上扬之后，在上方某个重要的价位受阻。此时短线交易者会逢高卖出，而中长线投资者也因为有了大量利润倾向于获利了结。因此该价位会产生巨大的压力，导致行情大幅下跌至回踩关键点，所以折回关键点回挡幅度一般都比较大。

在此前上涨的过程中，行情回踩关键点，给了多头一次宝贵的上车机会。现在价格又向下折回至回踩关键点，一方面先前在回踩关键点买进的交易者，由于在该点位赚了钱，所以倾向于在该价位再次买进。这一买入行为是由人性决定的，好比第一次在回踩关键点他们获得了利润，那么人性就倾向于再次在相同的价位去获取利润。另一方面，此前错过回踩关键点的交易者，一度非常后悔错过行情，当行情再次给出机会的时候，他们会毫不犹豫地冲进市场，生怕又一次错过而遗憾。

所以在折回关键点上，会有大量交易者集中买进，因此大概率会产生明显的反弹行情，而且这个价位也是后市行情的多空分水岭。一旦行情跌破折回关键点，那么上涨趋势就有可能结束了。如果折回关键点没有被跌破，那么价格就有可能向上发起二次冲锋，进入新的上涨趋势。下跌趋势同理。

图4-80为黄金5分钟级别K线图，行情时间跨度为2024年8月28日到2024年8月29日。回踩关键点在突破关键点之下，行情经历大幅上涨后，快速向下暴跌。等价格跌至回踩关键点时，即为折回关键点，此时价格往往会受到支撑而上涨。从图中可见，价格折回至回踩关键点附近，随后快速反弹，开启新的上涨趋势，并且很快又创新高。

图4-81为白银5分钟级别K线图，行情时间跨度为2024年7月18日到2024年7月22日。回踩关键点在突破关键点下方一点点，行情经历大幅下跌后，不断向上回升。等价格升至回踩关键点时，即为折回关键点，此时价格往往会受到压力而下跌。从图中可见，行情小幅越过回踩关键点，随后承压再次回落。

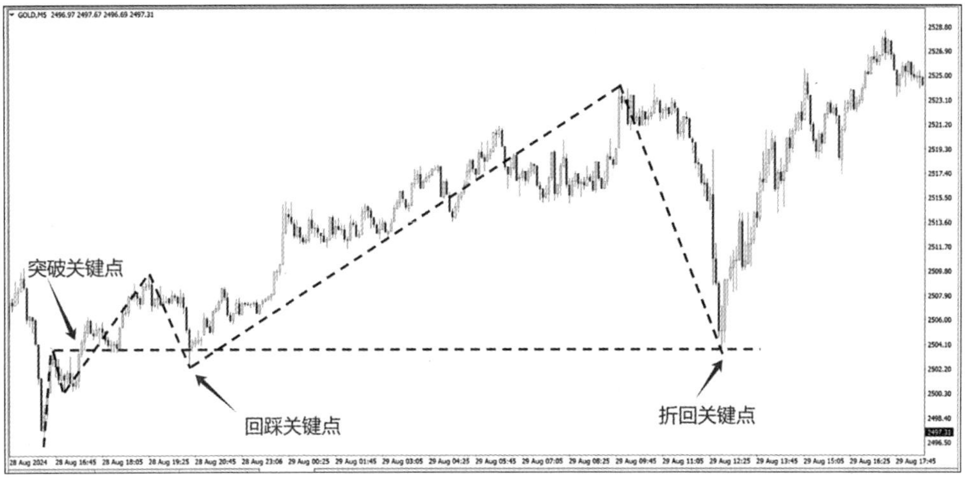

图4-80

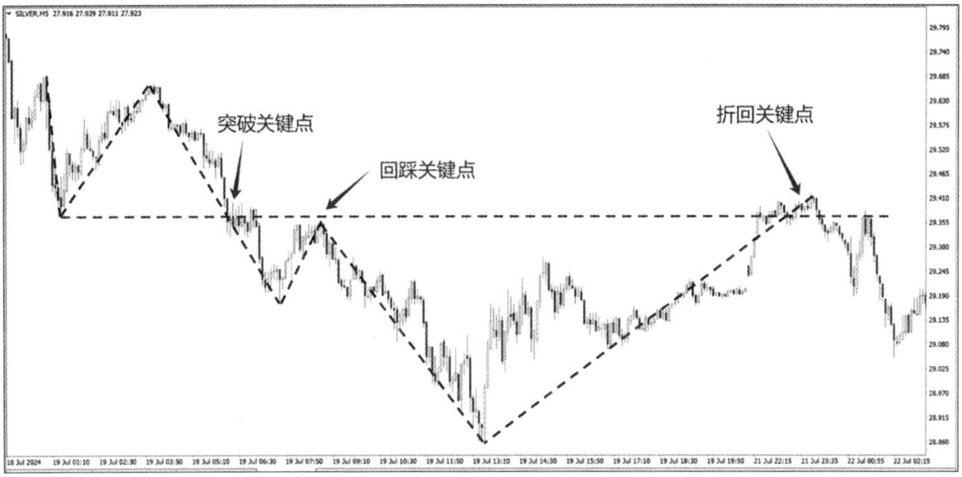

图4-81

需要重点强调的是：在上涨趋势中，不一定有很大的涨幅才出现折回关键点，但一定是价格运行很长一段时间才出现的。

图4-82为苹果5分钟级别K线图，行情时间跨度为2024年7月26日到2024年8月1日。价格回踩未能触及突破关键点，随后行情也未能继续大跌，而是长期振荡，最终价格折返至回踩关键点附近。从图中可见，折回关键点虽然虚破回踩关键点，但也未能触及突破关键点，因此要注意的是，折回关键点

锚定的是回踩关键点进行交易，而不是突破关键点。

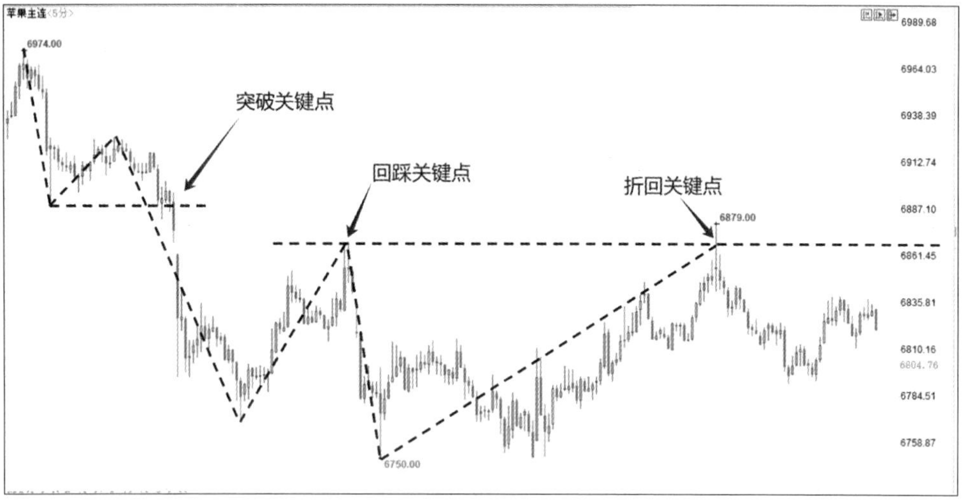

图4-82

图4-83为豆一主连5分钟级别K线图，行情时间跨度为2024年9月3日到2024年9月6日。行情突破关键点后快速回抽，紧接着出现回踩关键点。行情随后并没有大幅上涨，而是通过横盘长久地振荡，最终使得价格再次折返。即便如此，在折回关键点做多，短线一样能够立买立赚。

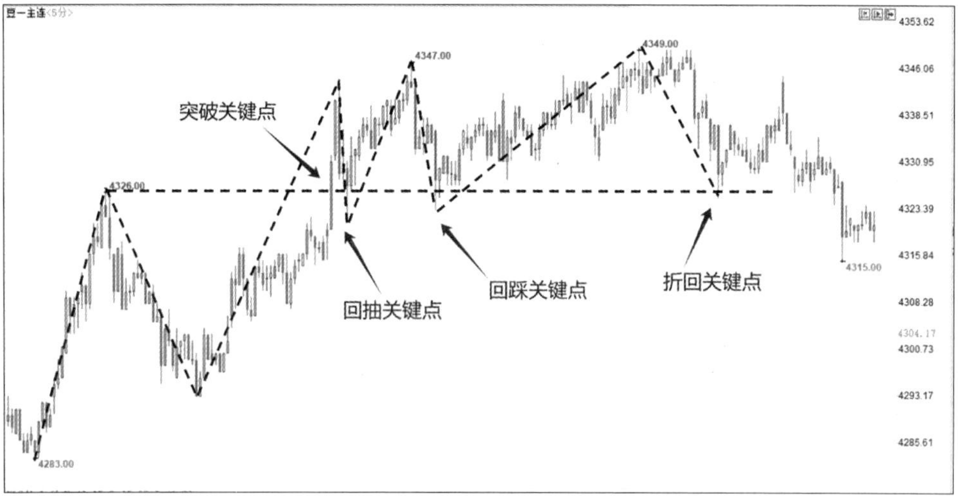

图4-83

4.4.4 折回关键点的用法

折回关键点是后市行情的多空分水岭。交易者虽然并不能准确知道趋势能否延续，但是有大量交易者会锚定折回关键点进行交易，所以行情在折回关键点上大概率都会回挡。因此，对于短线交易来说，在折回关键点上做交易获胜的概率非常高。

下面讲解折回关键点的交易步骤。

1.入场

折回关键点要锚定回踩关键点进行交易。在下跌趋势中，当价格经过长期运行后，反弹至回踩关键点，即出现折回关键点时，可以果断进场做空；在上涨趋势中，当价格经过长期运行后，调整到回踩关键点，即出现折回关键点时，可以立即进场做多。

图4-84为纳斯达克股指期货5分钟级别K线图，行情时间跨度为2024年8月22日到2024年8月23日。价格回踩关键点后继续创新低，然后经历漫长的反弹，行情才抵达折回关键点，此时就可以立即开仓做空。

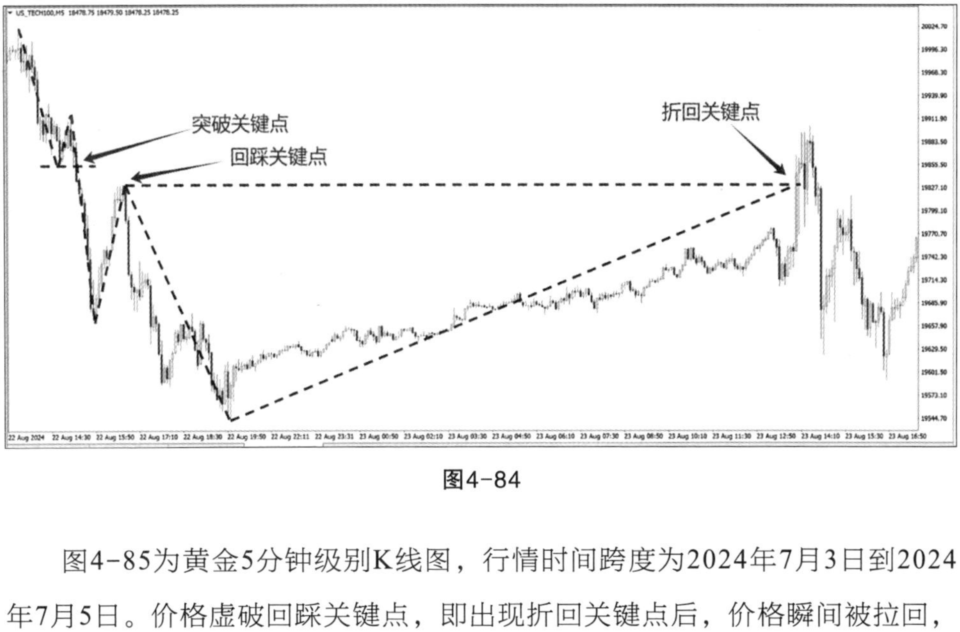

图4-84

图4-85为黄金5分钟级别K线图，行情时间跨度为2024年7月3日到2024年7月5日。价格虚破回踩关键点，即出现折回关键点后，价格瞬间被拉回，

形成一根长长的下影线。这种走势说明在折回关键点上有大量多头逢低做多，后市将展开新的上涨趋势。

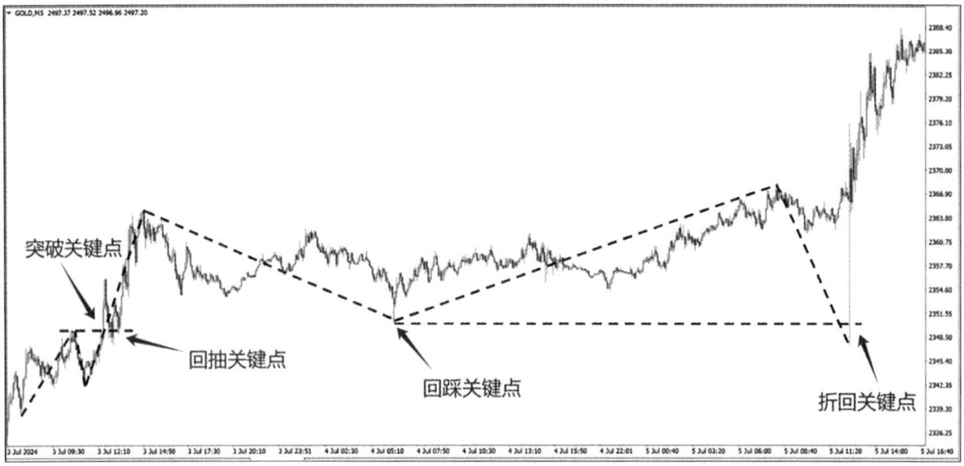

图4-85

2.止损

下跌趋势中，在折回关键点做空时，将止损设置在突破关键点前的高点上方；上涨趋势中，在折回关键点做多时，将止损设置在突破关键点前的低点下方。

折回关键点是后市行情的多空分水岭，一旦行情反转，趋势就将结束，因此在折回关键点上交易，一定不能抗单，必须严格止损。

需要注意的是：下跌趋势中，在行情向上折回的时候，买盘的力量是非常大的，由于行情的惯性作用，刺穿虚破回踩关键点的情况时有发生；上涨趋势中，在行情向下折回的时候卖压是非常大的，由于行情的惯性作用，跌穿虚破回踩关键点的情况时有发生。

图4-86为纳斯达克股指期货5分钟级别K线图，行情时间跨度为2024年8月22日到2024年8月23日。将止损设置在B点上方，虽然价格虚破折回关键点，但并未触发止损，指数随后大幅下跌。

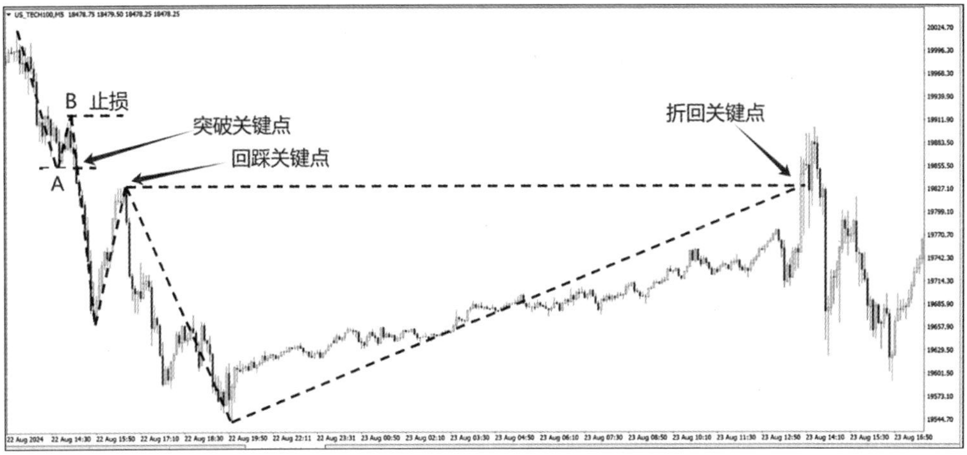

图4-86

图4-87为黄金5分钟级别K线图，行情时间跨度为2024年7月3日到2024年7月5日。将止损设置在B点下方，此后虽然价格虚破折回关键点，但并未触发止损，随后价格大幅上涨。

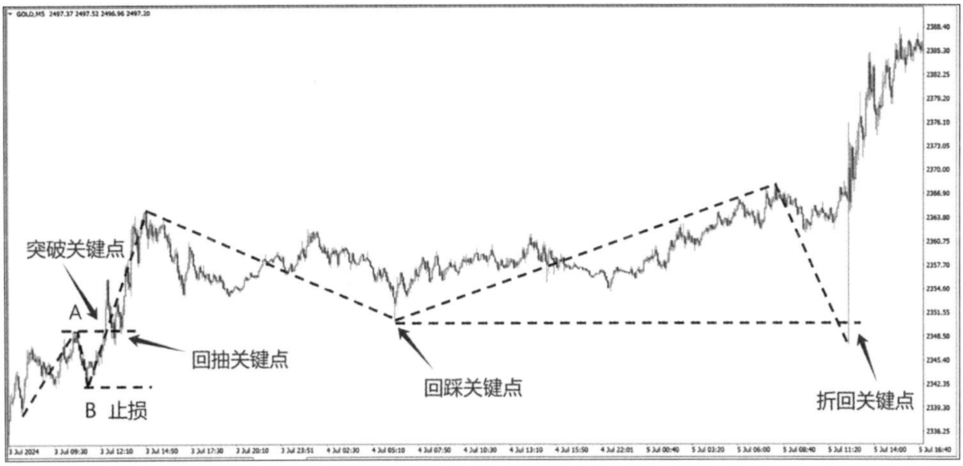

图4-87

3.目标

在折回关键点上，行情趋势可能反转，也可能延续。因此，建议短线交易保守操作，采用1:1盈亏比的方式，获利就出，落袋为安。由于行情在折回关键点大概率会发生回挡，因此是能够稳定获利的。然而对于中长线投资者来说，由于折回关键点是后市的多空分水岭，如果能够接受低胜率，也可以采用追踪止损的方式放大获利。

图4-88为纳斯达克股指期货5分钟级别K线图，行情时间跨度为2024年8月22日到2024年8月23日。按照1:1盈亏比设置止盈目标，行情也顺利来到此处，可获利出场。

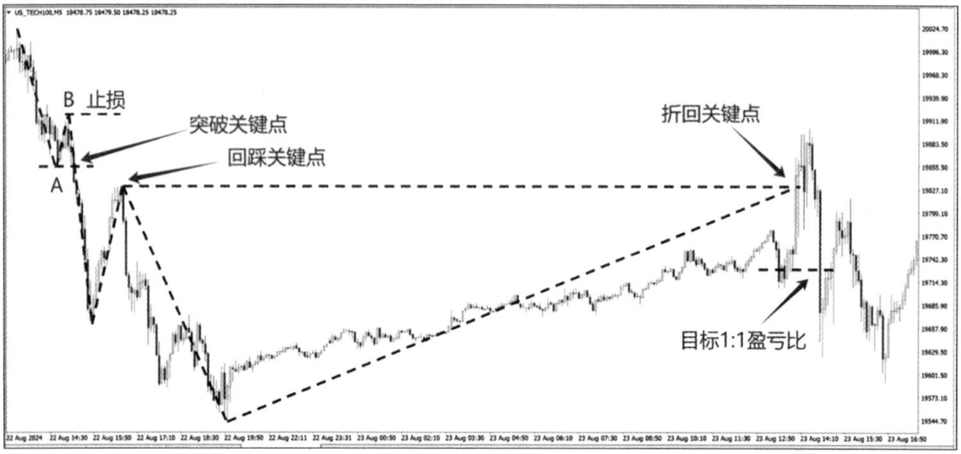

图4-88

图4-89为黄金5分钟级别K线图，行情时间跨度为2024年7月3日到2024

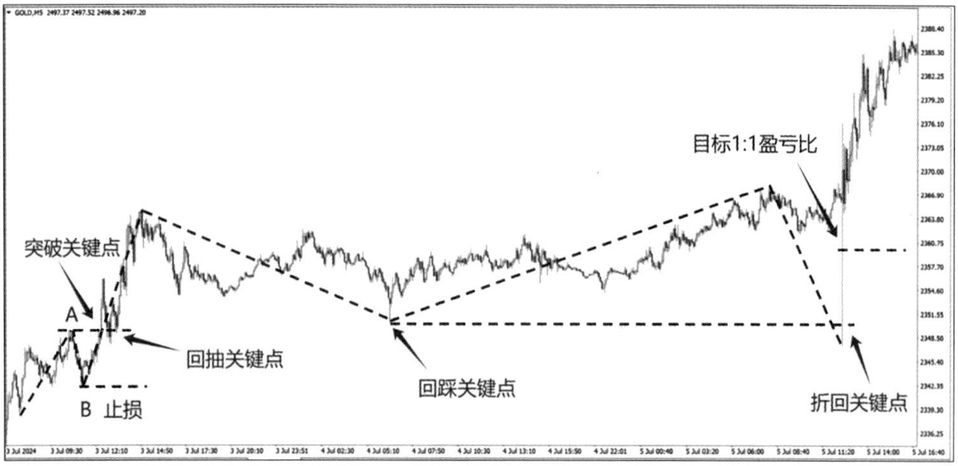

图4-89

年7月5日。短线操作可以按照1:1盈亏比的方式获利出场。行情拉出了一根长长的下影线，这是看涨形态，预示价格将强烈上涨。所以，对于中长线投资者来说，也可以先把止损移动到下影线的最低点，然后不断追踪止损，让利润奔跑。

4.4.5　折回关键点实战案例

1.贵金属：黄金

下面以黄金为例，对折回关键点短线做空的交易步骤进行讲解。

第一步：由于折回关键点和回踩关键点在同一价位，因此在下降趋势中，一旦出现回踩关键点，就可以确定折回关键点的位置。当价格经历一轮下跌之后，重新向上反弹，抵达折回关键点时，就可以立即开仓做空。

图4-90为黄金5分钟级别K线图，行情时间跨度为2024年5月23日到2024年5月27日。回踩关键点虽然在突破关键点之上，但随后价格精准反弹至折回关键点（2347.5美元），此时可以立刻做空。

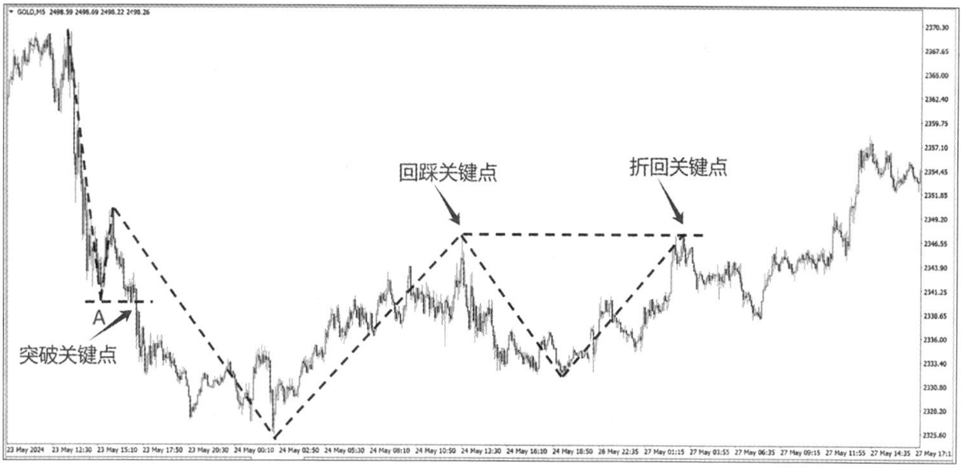

图4-90

第二步：将止损设置在前期高点的上方。

图4-91为黄金5分钟级别K线图，行情时间跨度为2024年5月23日到2024

年5月27日。将空单止损设置在突破关键点前的高点B（2350美元）上方。

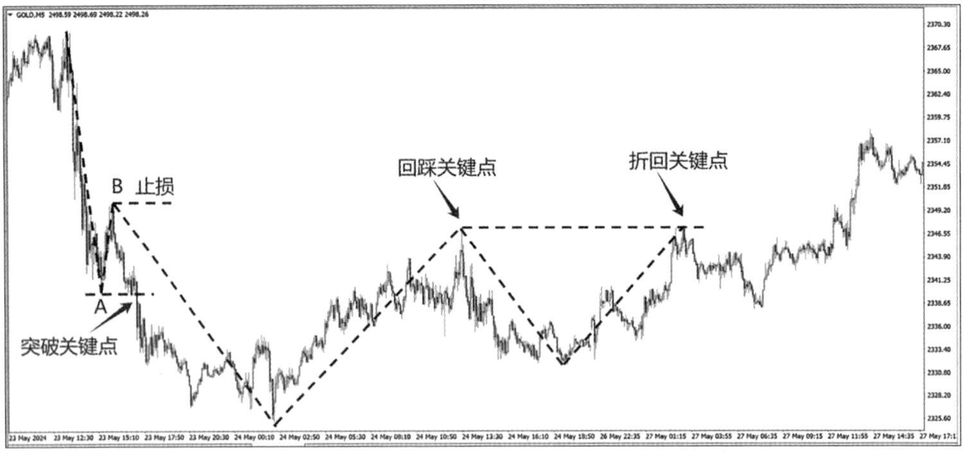

图4-91

第三步：采用1:1盈亏比的方式止盈出局。

图4-92为黄金5分钟级别K线图，行情时间跨度为2024年5月23日到2024年5月27日。由于这笔空单止损较小，并且进场点位又非常精准，所以可以适当扩大获利，可以将获利目标设置在突破关键点（2340美元）处，该价位也是短期行情的支撑（波段高点压力转化为支撑），行情轻松抵达目标。

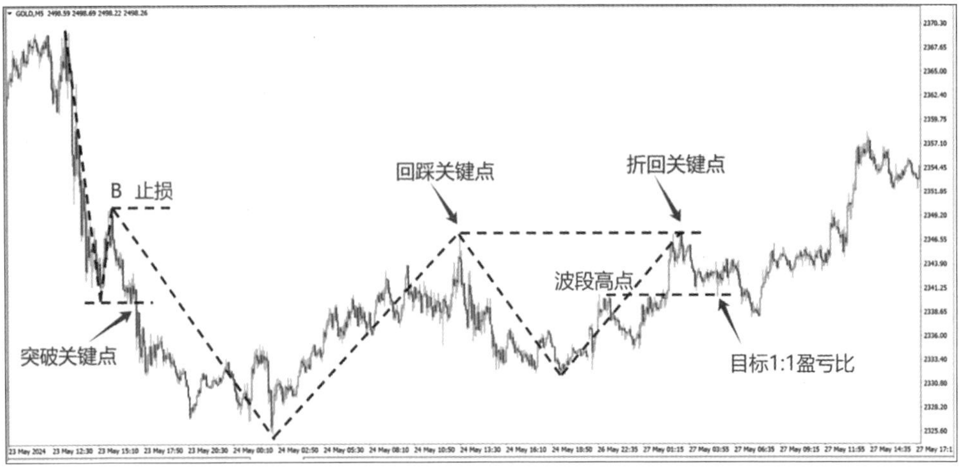

图4-92

2.美股：JP·摩根

下面以美股JP·摩根为例，对折回关键点短线做多的交易步骤进行讲解。

第一步：在上涨趋势中，一旦价格重新回落，抵达折回关键点时，就可以开仓做多。

图4-93为JP·摩根5分钟级别K线图，行情时间跨度为2024年8月22日到2024年9月4日。突破关键点、回踩关键点和折回关键点基本在同一价位，股价精准地触及折回关键点（218.9美元），此时可以开仓做多。

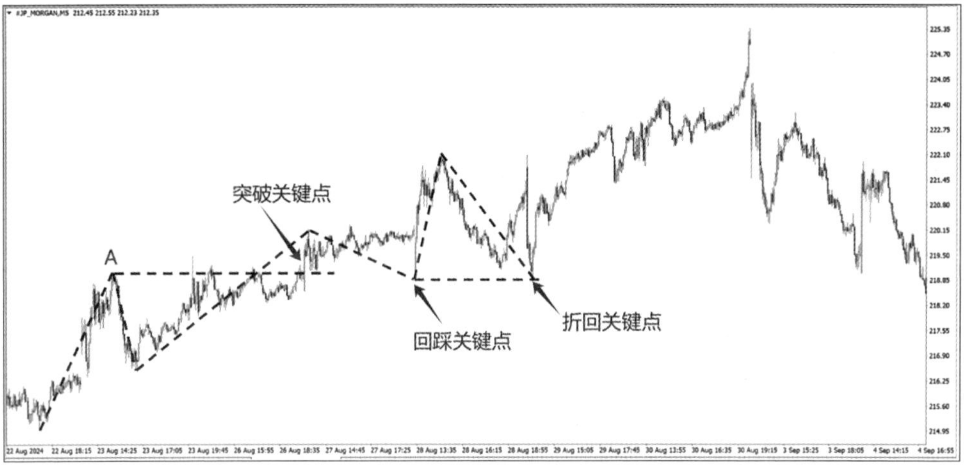

图4-93

第二步：将止损设置在前期低点的下方。

图4-94为JP·摩根5分钟级别K线图，行情时间跨度为2024年8月22日到2024年9月4日。将多单止损设置在前期低点B（216.5美元）的下方，行情精准反弹，根本没有机会触碰止损。

第三步：采用1:1盈亏比的方式止盈出局。

图4-95为JP·摩根5分钟级别K线图，行情时间跨度为2024年8月22日到2024年9月4日。多单在折回关键点进场后，快速反弹创新高，按照1:1盈亏比轻松止盈。

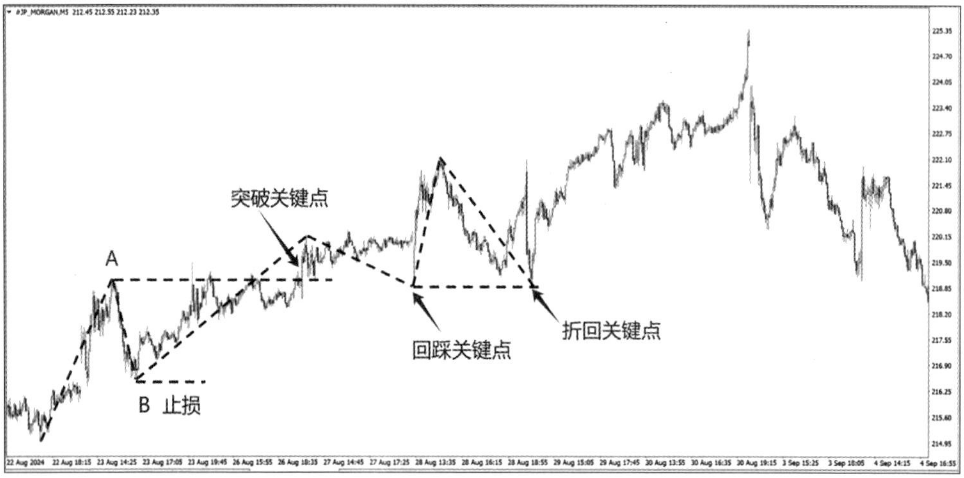

图4-94

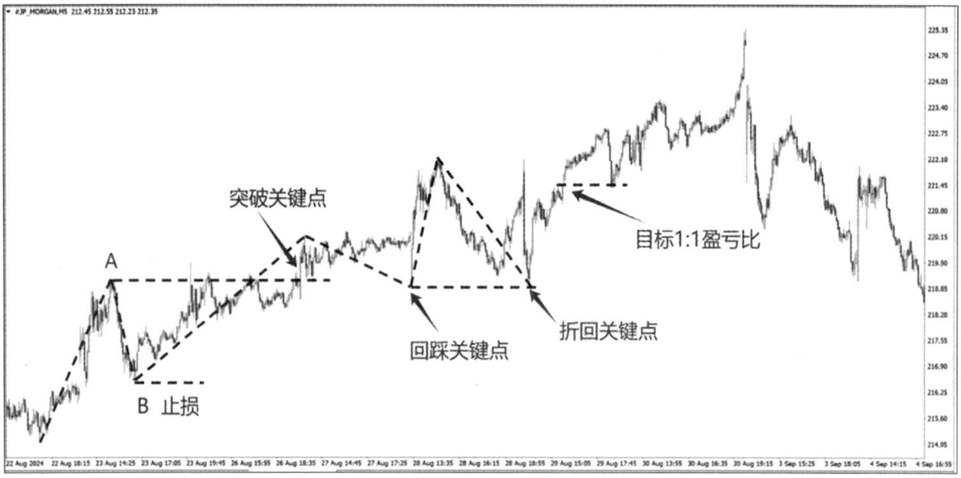

图4-95

3.A股：上海九百

下面以A股上海九百为例，对折回关键点的交易步骤进行讲解。

第一步：股价从回踩关键点向上反弹，然后等行情再度回落抵达折回关键点时，可以买入股票。

图4-96为上海九百日线级别K线图，行情时间跨度为2022年1月17日到2022年10月21日。虽然价格在回踩的时候刺穿了突破关键点，但行情只是虚

破，随后快速大涨，创历史新高。随后行情大幅下跌，在折回关键点（6.44元）附近受到支撑，交易者可以精准地抓到行情的波段低点。

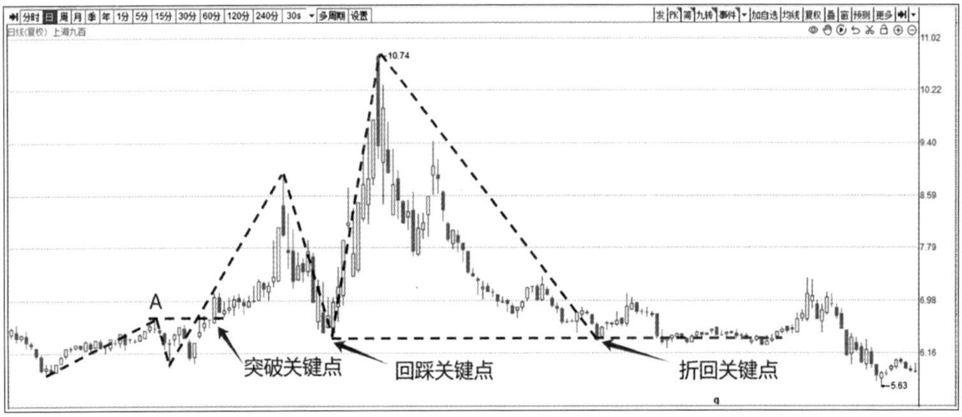

图4-96

第二步：将止损设置在前期低点的下方。

图4-97为上海九百日线级别K线图，行情时间跨度为2022年1月17日到2022年10月21日。将止损设置在前期低点B（5.94元）的下方。

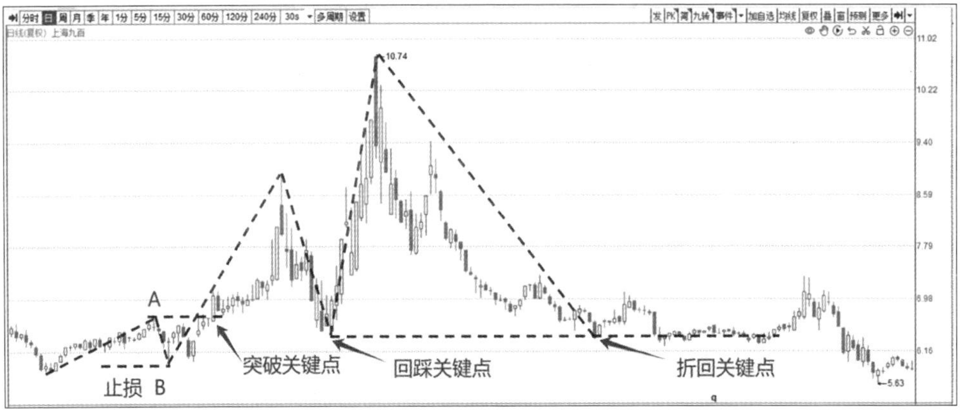

图4-97

第三步：采用1:1盈亏比的方式止盈出局。

图4-98为上海九百日线级别K线图，行情时间跨度为2022年1月17日到2022年10月21日。股价在折回关键点上只是小幅反弹，但是赚取1倍的盈亏

比还是绰绰有余，并且1:1盈亏比的价位也是前期波段高点的压力。

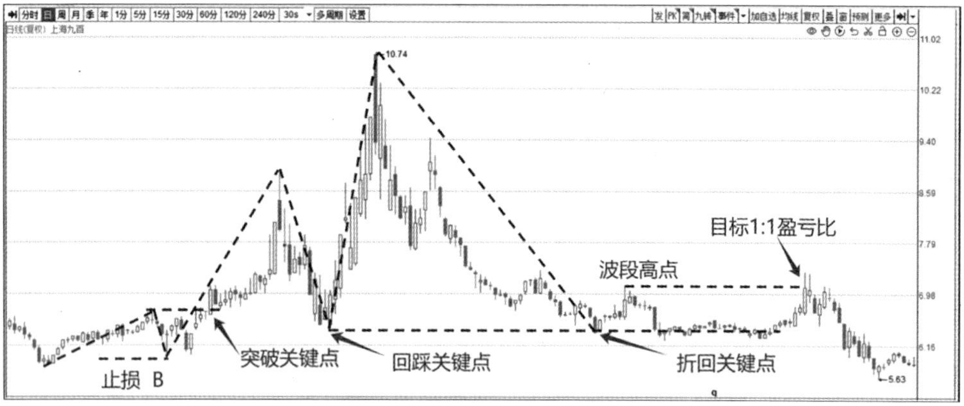

图4-98

需要注意的是：交易者可以从上海九百这只股票的例子中总结出一条交易经验，即行情回落至折回关键点的时候，下跌幅度如果太大，往往预示上涨趋势大概率结束了，但是在折回关键点上依然大概率会反弹，所以交易者可以采取如下应对策略。

（1）如果行情折回的幅度太大，就按照短线来操作，获利就跑，尽量采用1:1盈亏比的方式出场。

（2）如果行情折回的幅度比较小，可以尝试中长线操作，用追踪止损的方式，一边锁住获利，一边让利润奔跑。

第5章

短线交易核心工具——高阶关键点

本章将为大家详细讲解四种高阶关键点，分别为簇拥关键点、结构关键点、联动关键点和情绪（逆向）关键点。高阶关键点的盈利能力远超普通关键点。

5.1 簇拥关键点

5.1.1 簇拥关键点的定义

簇拥关键点属于突破关键点的一种，但属于更高阶的突破关键点。簇拥关键点是对一个面进行分析，而不是单纯对某个点进行分析。当价格向上突破时，簇拥形态的最高点就是簇拥关键点；当价格向下突破时，簇拥形态的最低点就是簇拥关键点。

当大量多头和空头针对某个点位持续争夺，多空双方都不肯让步时，就会在某个狭小的范围之内激烈交火，从而导致价格密集成交，呈现出K线簇拥形态。簇拥形态可以是菱形、矩形、三角形、旗形、窄幅通道，等等，只要呈现的是簇拥形态，任何形状都可以。

图5-1为黄金5分钟级别K线图，行情时间跨度为2024年9月3日到2024年9月5日。当价格跌破簇拥菱形的最低点时，该点称为簇拥关键点。需要注意的是，菱形区间里的价格必须密集成交，才能称为簇拥，成交越密集越好。

图5-2为黄金5分钟级别K线图，行情时间跨度为2024年7月30日到2024年8月1日。当价格突破簇拥通道的最高点时，该点称为簇拥关键点。

图5-3为黄金5分钟级别K线图，行情时间跨度为2024年7月10日到2024年7月12日。行情形成一个不规则的簇拥形态，当价格突破不规则的簇拥形态的最高点时，该点称为簇拥关键点。

图5-1

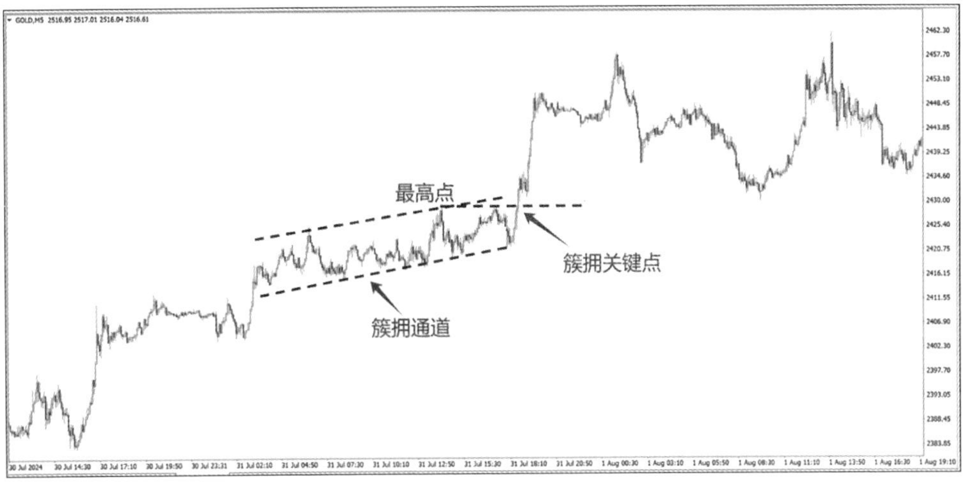

图5-2

其实在簇拥形态中，交易者只需要关心最高点和最低点即可，价格突破最高点或价格跌破最低点时，该点就称为簇拥关键点。可以将一切簇拥形态都近似看作矩形区间，只要锚定最高点和最低点，就可以顺利找到簇拥关键点。

图5-4为黄金5分钟级别K线图，行情时间跨度为2024年7月15日到2024年7月16日。当价格突破簇拥区间最高点时，该点就是簇拥关键点。

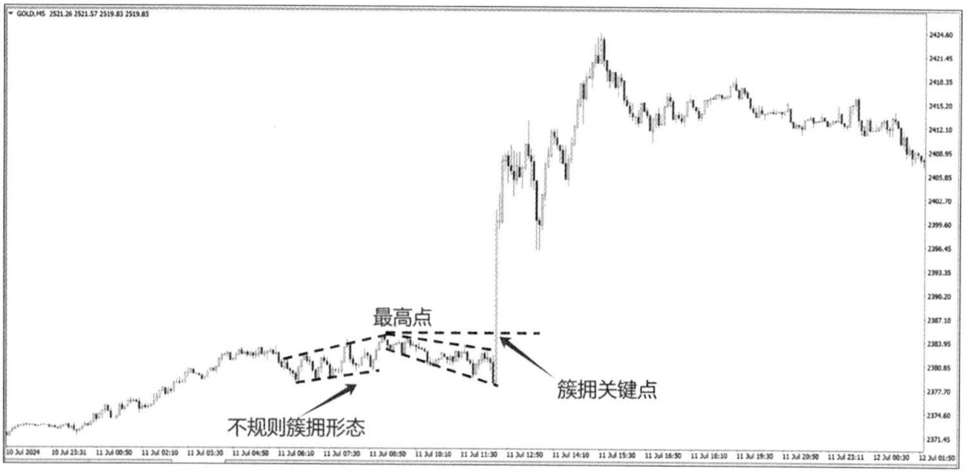

图5-3

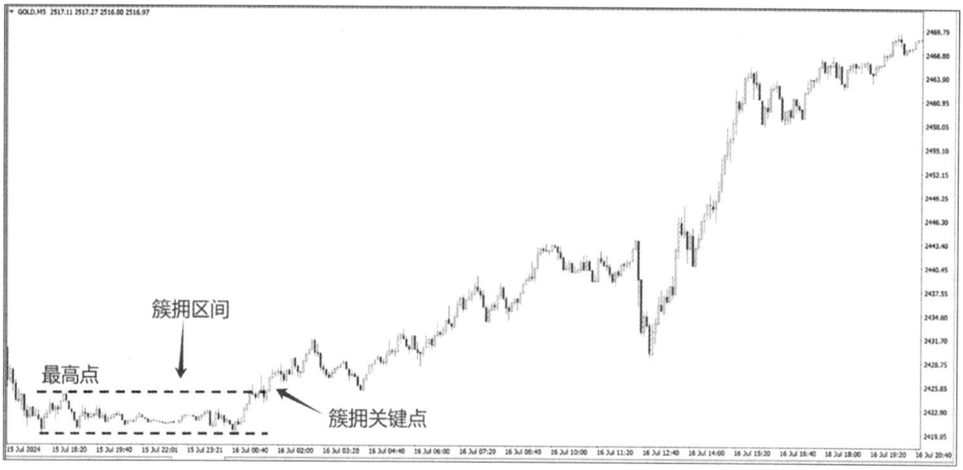

图5-4

5.1.2 簇拥关键点的作用

簇拥关键点是大趋势的启动点，在一轮行情中，会有很多个突破关键点，但是只有价格突破簇拥关键点才最具有意义，回踩关键点和折回关键点往往都是锚定簇拥关键点展开的。也就是说，如果价格回踩或折回到簇拥关键点，其所受到的支撑或压力最强，在这种情况下进行回踩或折回交易会更容易获利。另外，簇拥区间越收敛，且收敛时间越长，簇拥关键点的价值就越大。

图5-5为大富科技日线级别K线图，行情时间跨度为2023年12月15日到2024年9月11日。行情在底部窄幅密集成交形成簇拥区间，然后向上突破簇拥关键点，价格回踩时刚好触及簇拥关键点，随后精准起飞。

图5-5

图5-6为威领股份日线级别K线图，行情时间跨度为2023年3月6日到2023年12月1日。在下跌趋势中，价格转为横盘窄幅运行，形成簇拥区间。股价向下跌破簇拥区间后，行情两度反弹都精准在簇拥关键点受阻，回踩关键点、折回关键点都和簇拥关键点在同一个价位。

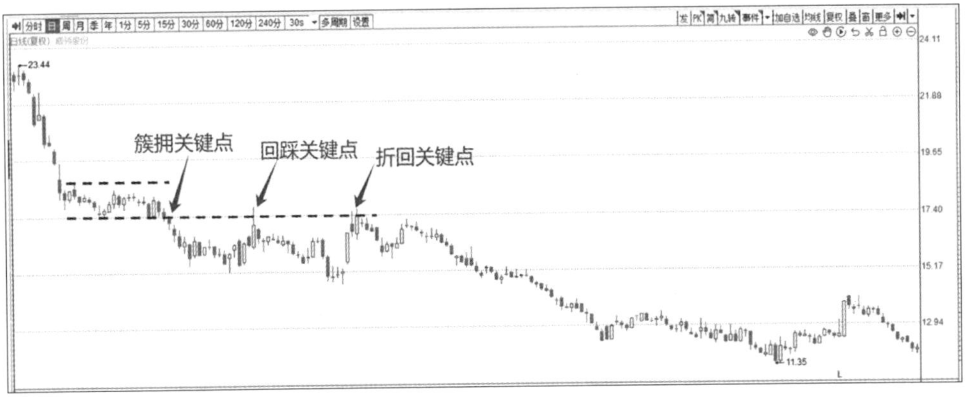

图5-6

图5-7为黄金5分钟级别K线图，行情时间跨度为2004年8月20日到2024年8月22日。回踩关键点、折回关键点都和簇拥关键点几乎同处一个价位。

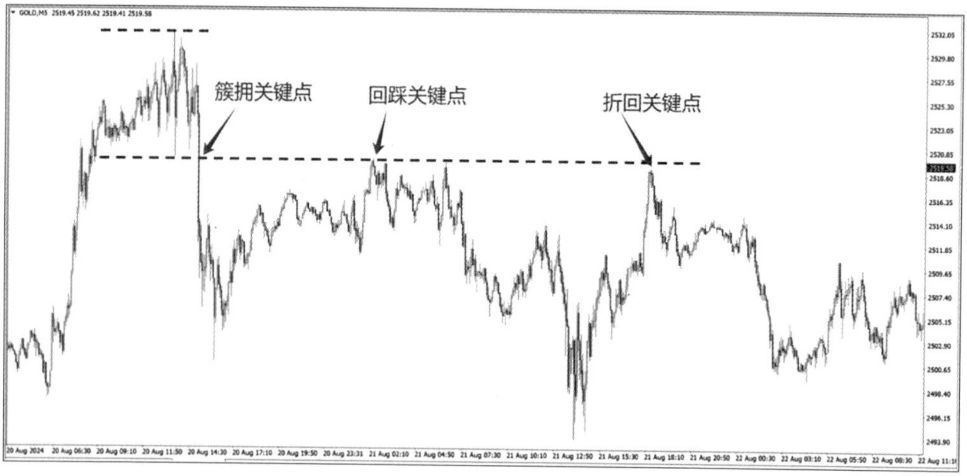

图5-7

图5-8为和科达日线级别K线图，行情时间跨度为2018年2月14日到2019年12月4日。行情在底部形成簇区间，行情突破簇拥关键点后，引发了一轮单边大涨趋势。在价格向下的调整过程中，回踩关键点和折回关键点刚好都精准地落在了簇拥关键点上。

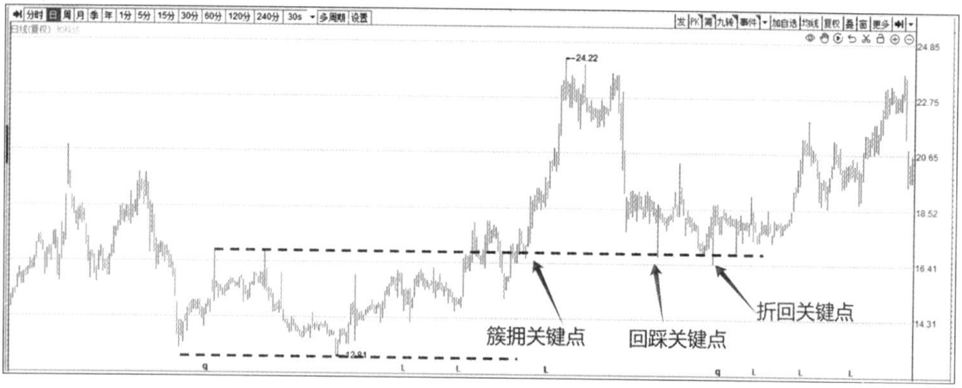

图5-8

趋势只有在簇拥形态突破之后才会有快速进展，没有突破就没有快速进展，胜负依旧难料。所以务必记住，机会是等出来的，而不是抢出来的。簇拥形态没有突破，抢进抢出也没用，只不过徒增交易成本罢了。一旦价格突破簇拥形态，此时入场交易，才能提高获胜的把握。

5.1.3　簇拥关键点的价格行为原理

簇拥形态体现的是大量多头和空头对簇拥关键点进行激烈争夺，一旦某一方拿下该点位，标志着该方胜出，另一方溃败不可避免，行情就会势如破竹地朝着该方向大幅运行。这意味着簇拥形态之后必然出现强烈的趋势，而趋势一旦展开就不易结束，直至能量释放完毕，又会形成新的簇拥形态。

在上涨趋势中，簇拥形态是多空激烈交战的痕迹。一旦后市价格再退回到簇拥关键点，多头会奋起反抗，因为该价位是前期多头击败空头的重要阵地，多方付出了非常巨大的代价才赢得该阵地，所以肯定不会轻易放弃。如果簇拥形态的最低点失守了，那么大量前期在该价位做多的交易者都会发生亏损，且说明空头空前强大，行情有可能发生逆转。下跌趋势同理。

形态越簇拥，价值越大，代表多空双方越不肯退让。双方投入的资金都很大，争夺的时间也很长。一旦突破簇拥形态，后市往往会出现强势的单边行情，越簇拥单边行情越大，而宽松的形态则容易失败。

自始至终一边倒的趋势是不存在的，任何趋势的启动都是以簇拥形态为前提的。先有簇拥形态后有趋势，没有簇拥形态就没有趋势。簇拥形态的出现是因为多空对于某个关键点有分歧。所以，先有关键点后有簇拥形态，没有关键点就没有簇拥形态。因此，分析市场的先后顺序为：关键点—簇拥形态—趋势。

图5-9为大众交通日线级别K线图，行情时间跨度为2003年8月29日到2024年9月11日。该股股价在底部经历了超长期的横盘振荡收敛过程，这样的簇拥形态，价值是非常巨大的，通常能够孕育出十倍、百倍的大行情。从图中可见，股价突破簇拥关键点后，几乎没有任何调整就直线暴涨。

图5-10为埃克森美孚5分钟级别K线图，行情时间跨度为2024年9月6日到2024年9月11日。价格在高位窄幅横盘振荡，跌破簇拥关键点后，出现瀑布式下跌。

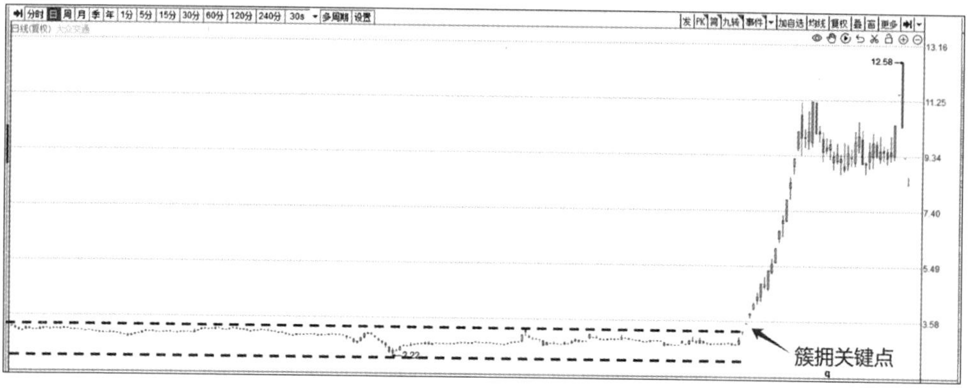

图5-9

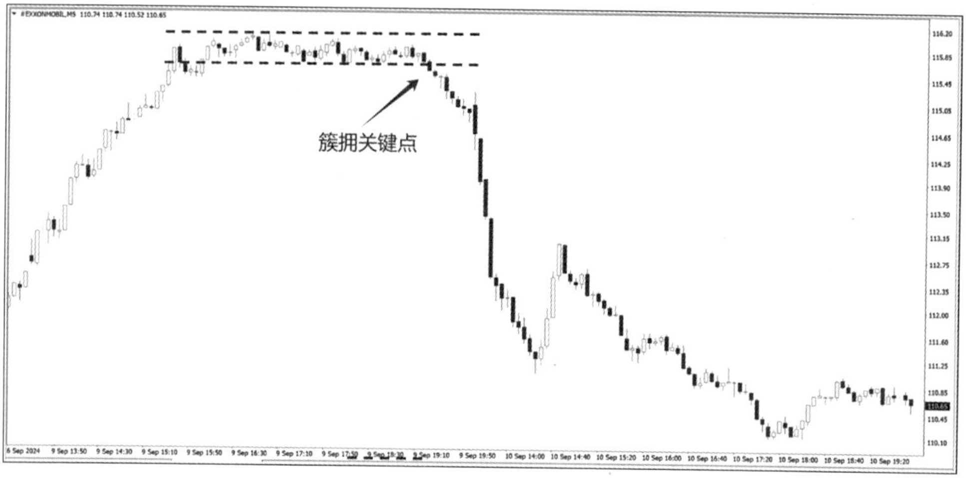

图5-10

图5-11为我爱我家日线级别K线图，行情时间跨度为2000年6月30日到2012年4月18日。价格在底部长期振荡收敛，形成簇拥形态。价格突破簇拥关键点之后，行情超级大爆发，随后暴涨了20多倍。簇拥关键点也是前期下跌趋势中小型振荡区间的低点，所以关键点是在底部大型簇拥形态之前就出现了。超级大牛市结束之后，价格回踩又刚好精准地落在了回踩关键点上。这就验证了行情的规律是先有关键点，然后围绕关键点形成簇拥形态，最后价格突破簇拥形态产生趋势。

对于交易者而言，找到关键点是成功的首要前提。就像利弗莫尔一样，他的每笔交易总是先锚定关键点。市场中的关键点是客观存在的，它就落在行情图表中，是具有确定性的。用技术指标判断出来的行情趋势方向，属于主观意见，具有不确定性。行情到底朝哪个方向走，没有人知道。尤其针对短线交易，锚定关键点往往具有客观性，也更利于稳定心态。

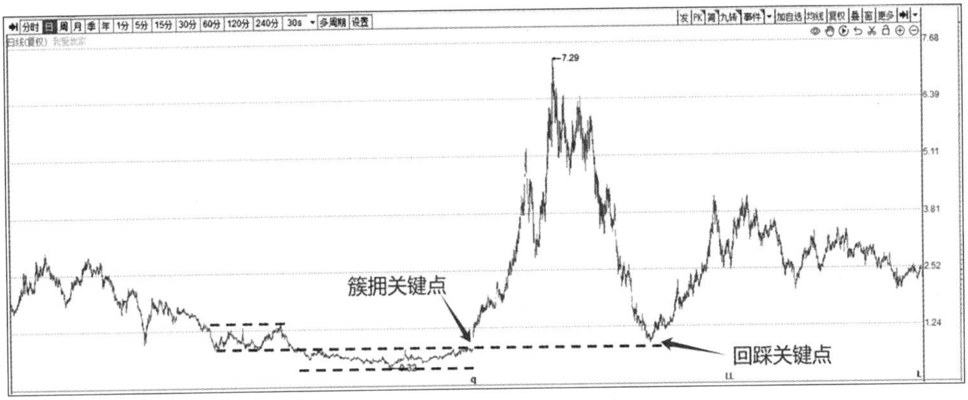

图5-11

5.1.4　簇拥关键点的用法

簇拥关键点的赚钱效应远远超过普通突破关键点，无论是盈利概率还是幅度都比普通突破关键点高。在交易中，交易者应该重点关注簇拥关键点，以及簇拥关键点之后的回抽关键点、回踩关键点和折回关键点，在这些价位进行交易，获胜的概率会更高。

1.入场

当价格向上突破簇拥关键点，等下一根K线开盘在簇拥关键点之上时，进场做多；当价格向下跌破簇拥关键点，等下一根K线开盘在簇拥关键点之下时，进场做空。

图5-12为沪深当月5分钟级别K线图，行情时间跨度为2024年7月8日到2024年7月18日。当价格突破簇拥形态最高点后，等下一根K线开盘在最高点之上时，进场做多。

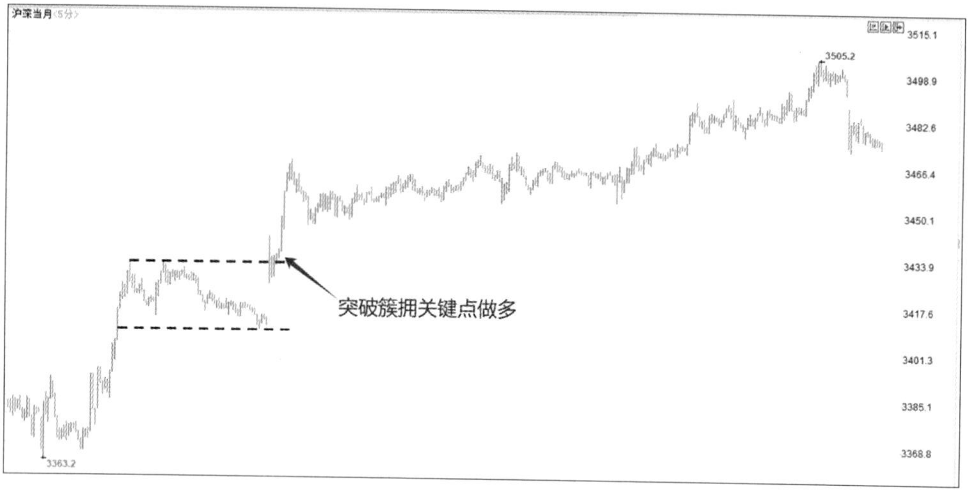

图5-12

图5-13为原油5分钟级别K线图，行情时间跨度为2024年7月31日到2024年8月6日。当价格跌破簇拥形态最低点后，等下一根K线开盘在最低点之下时，进场做空。

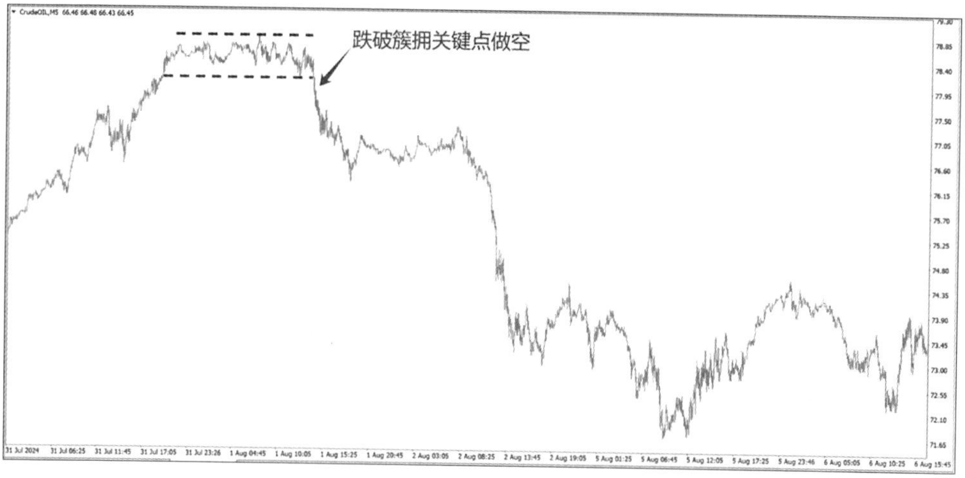

图5-13

2.止损

向上突破簇拥关键点做多时，将止损设置在簇拥形态的最低点下方；向下跌破簇拥关键点做空时，将止损设置在簇拥形态的最高点上方。

图5-14为沪深当月5分钟级别K线图，行情时间跨度为2024年7月8日到2024年7月18日。将多单止损设置在簇拥形态的最低点。

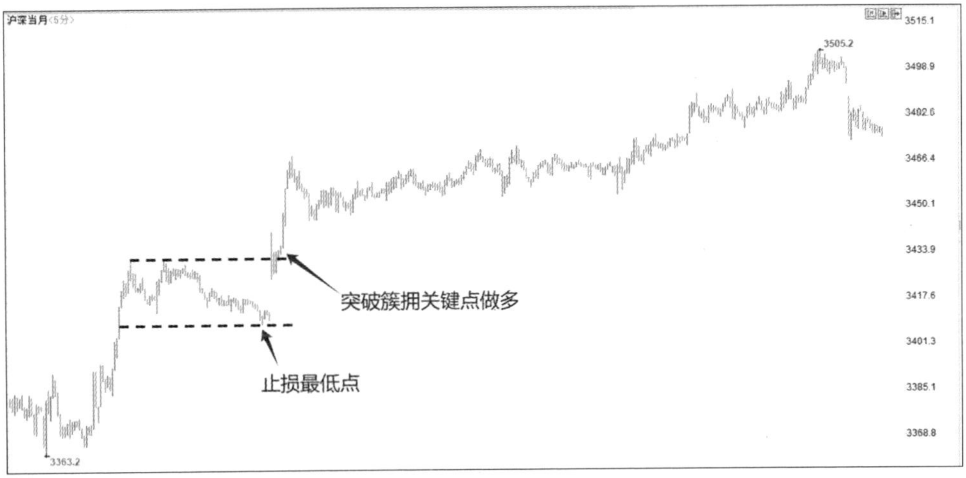

图5-14

图5-15为原油5分钟级别K线图，行情时间跨度为2024年7月31日到2024年8月6日。将空单止损设置在簇拥形态的最高点。

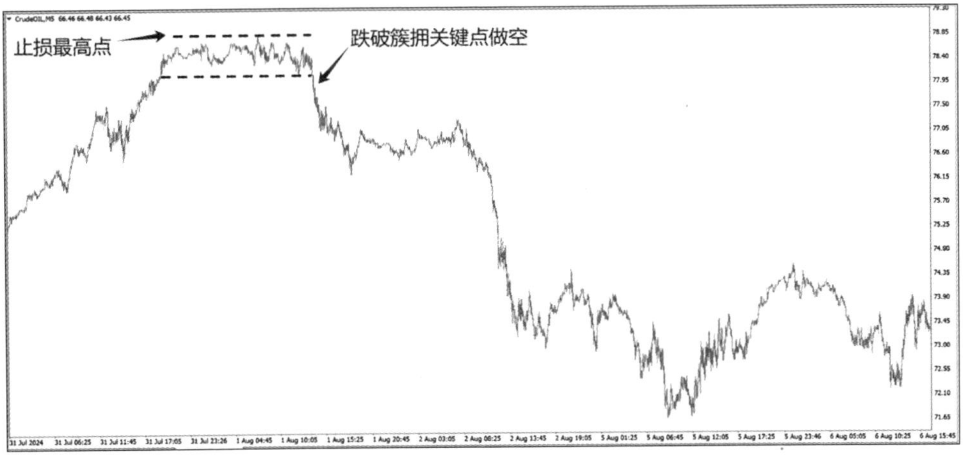

图5-15

3.目标

价格突破簇拥关键点后，往往预示着大级别的趋势行情即将展开。为了尽可能放大利润，交易者可以采用追踪止损的方式获利出场。

图5-16为沪深当月5分钟级别K线图，行情时间跨度为2024年7月8日到2024年7月18日。价格突破簇拥关键点后，行情持续上涨。只要价格创新高，就把止损移动到前一轮行情的低点，最终行情折返打掉追踪止损获利出场，这样就把握住了整轮上涨过程中的绝大部分利润。

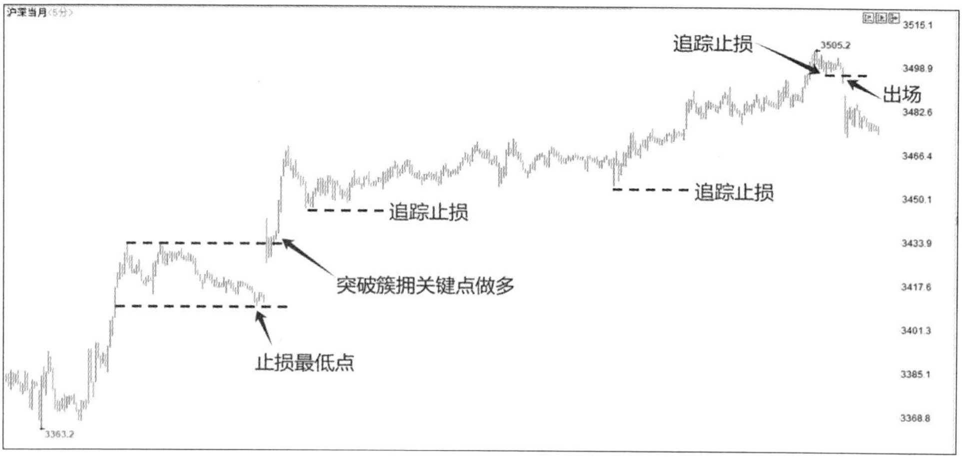

图5-16

图5-17为黄金5分钟级别K线图，行情时间跨度为2024年7月31日到2024年8月6日。行情一路大跌，交易者可以一直追踪波段高点进行止损，最终行

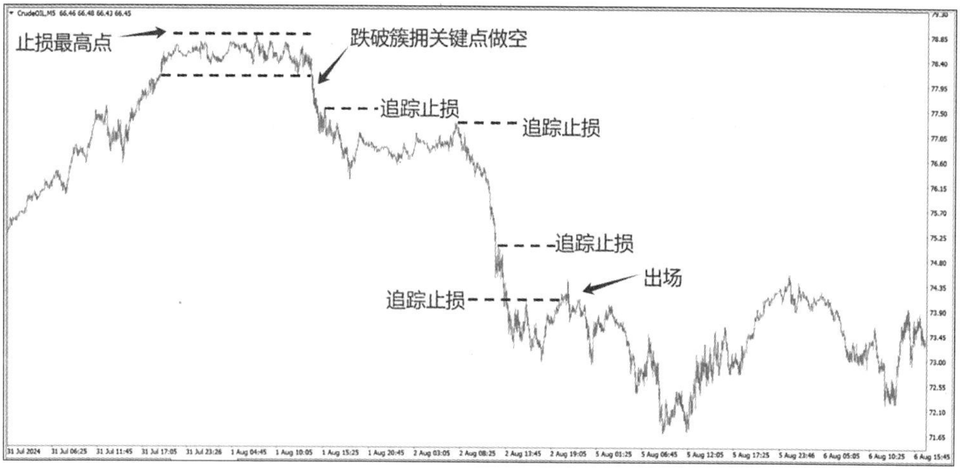

图5-17

情反弹，打掉止损获利出场。虽然这次出场出早了，价格随后又继续下跌，但是持仓过程中，交易者的心态会非常稳定，不用害怕利润丢失，更不用害怕由赚变亏。在行情不出现高潮衰竭的情况下，建议把追踪止损当作出场的首要方式。

5.1.5　簇拥关键点实战案例

1.期货：沪铜

下面以期货沪铜为例，对簇拥关键点短线做空的交易步骤进行讲解。

第一步：寻找簇拥区间，波幅越窄越好，振荡时间越长越好。找到后什么也不需要做，不需要预测涨跌，也不需要关注市场所谓权威的观点，相信自己的眼睛。当看到价格向下突破簇拥关键点时，不要急着追空，而是等下一根K线开盘在簇拥关键点之下时，立刻开立空头头寸。

图5-18为沪铜主连5分钟级别K线图，行情时间跨度为2024年9月2日到2024年9月11日。等价格跌破簇拥关键点，且下一根K线开盘（73390元）在簇拥关键点之下时，才能进场做空。

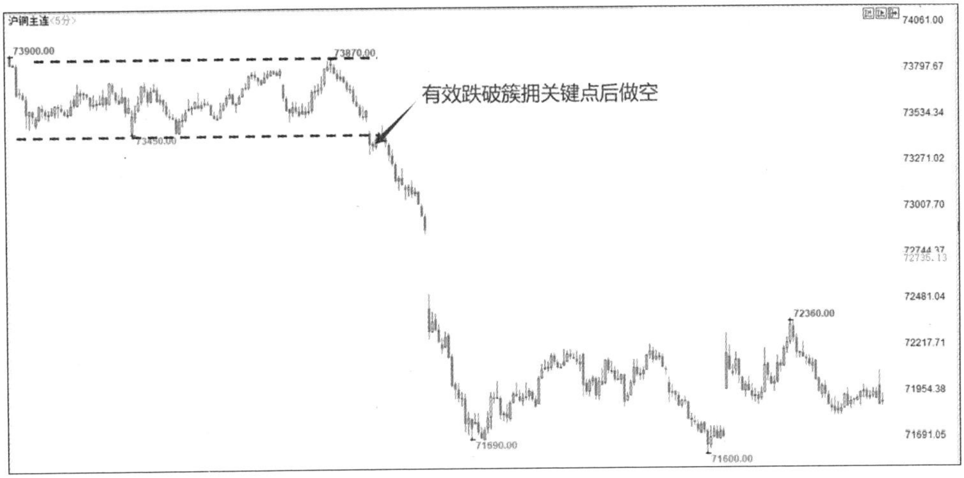

图5-18

第二步：将止损设置在簇拥形态的最高点上方。

图5-19为沪铜主连5分钟级别K线图，行情时间跨度为2024年9月2日到2024年9月11日。将空单止损设置在簇拥形态最高点（73870元）的上方。

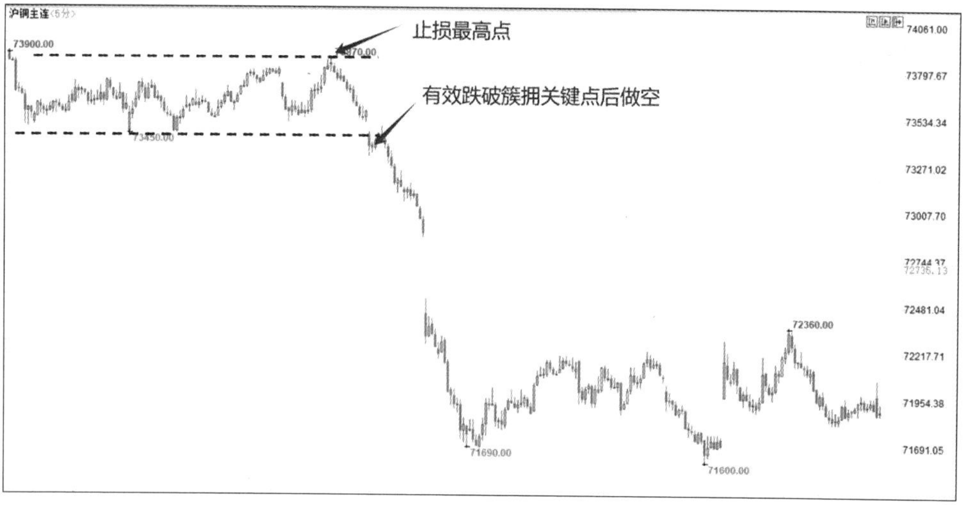

图5-19

第三步：主要采用追踪止损的方式出场，但需要注意以下三点。

（1）在下跌初期，止损需要放宽松一些，避免因杂波止损出局。

（2）当大幅下跌后，止损要保持紧凑，避免超跌反弹蚕食利润。

（3）当行情直线暴跌，高潮衰竭时，可以参考大级别行情，在低点主动出局。

图5-20为沪铜主连5分钟级别K线图，行情时间跨度为2024年9月2日到2024年9月11日。价格单边暴跌，几乎没什么反弹。像这样近乎直线下跌的行情，追踪前一轮行情的高点进行止损显然是不行的。因此，交易者需要借助价格行为学，寻找市场中有效的阻力来作为追踪止损点。比如，在下跌途中价格突然向下跳空，那么跳空缺口就是有效的阻力，长上影线的最高点，以及大阴线的最高点，都是有效的阻力位，交易者可以借助这些点位进行追踪止损。从图中可见，行情在底部大幅反弹，突破最后一次追踪止损（71840元）获利出场。这笔短线空单快速获利，盈亏比逾3.2倍。

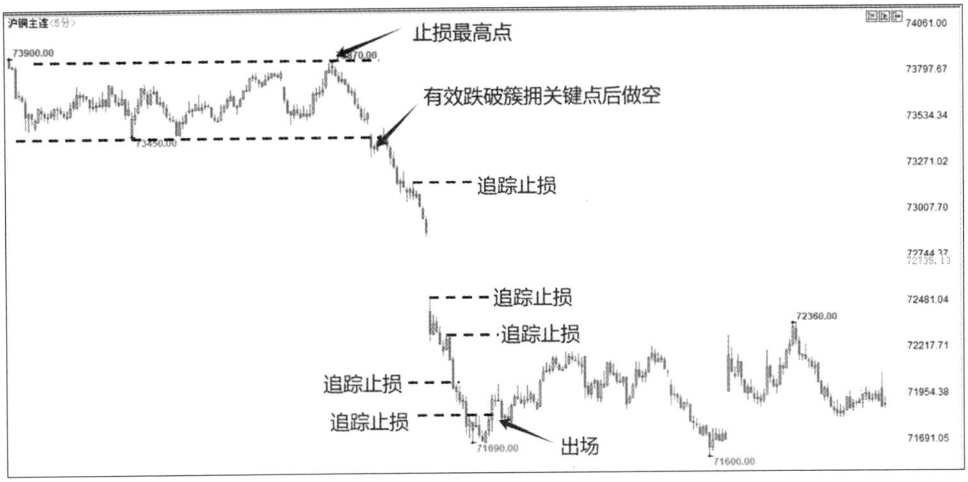

图5-20

2.美股：可口可乐

下面以美股可口可乐为例，对簇拥关键点短线做多的交易步骤进行讲解。

第一步：等价格有效突破簇拥关键点后进场做多。

图5-21为可口可乐5分钟级别K线图，行情时间跨度为2024年8月16日到2024年8月28日。大阳线拉升，价格向上强势突破簇拥关键点。这时基本上可以确定行情为真突破了，但还是要等下一根K线开盘（77.84美元）在簇拥关键点之上时进场做多。

图5-21

第二步：将多单止损设置在簇拥形态的最低点下方。

图5-22为可口可乐5分钟级别K线图，行情时间跨度为2024年8月16日到2024年8月28日。将多单止损设置在簇拥形态的最低点（76.84美元）下方。

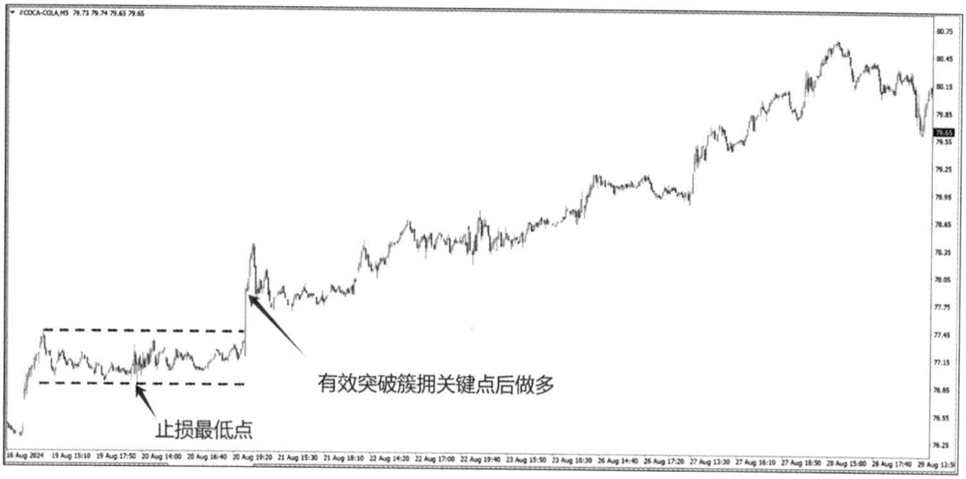

图5-22

第三步：采用追踪止损的方式出场。

图5-23为可口可乐5分钟级别K线图，行情时间跨度为2024年8月16日到2024年8月28日。股价不断上涨，交易者可不断将止损往上移动，针对每一

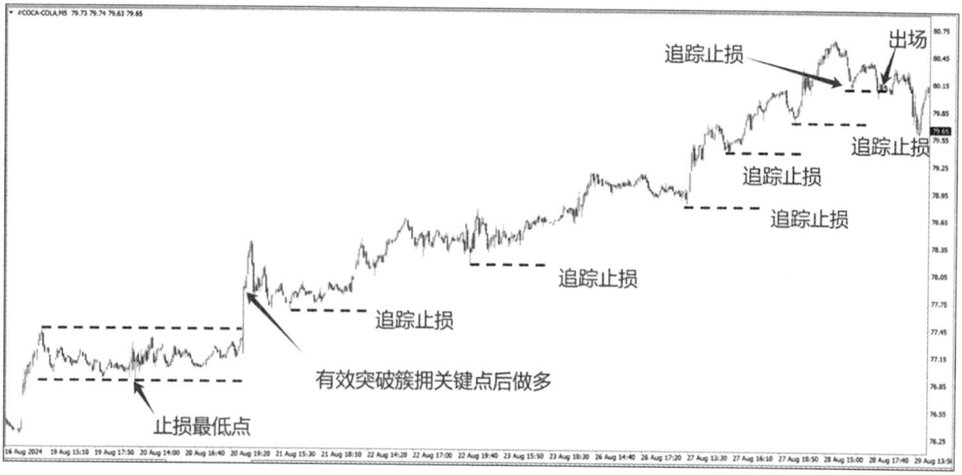

图5-23

轮波段低点追踪止损。之后价格跌破最后一次追踪止损（80.07美元），被动出场，短线大幅获利，盈亏比逾2.2倍。

3.A股：南都电源

下面以A股南都电源为例，对簇拥关键点的交易步骤进行讲解。

第一步：在A股市场寻找在底部长期簇拥的股票，待股价向上突破簇拥关键点，并且下一个交易日开盘也在簇拥关键点之上时，进场买入。

图5-24为南都电源日线级别K线图，行情时间跨度为2019年12月25日到2021年1月13日。价格突破簇拥形态后，次日行情小幅跳空高开，且开盘价（11.38元）处于簇拥关键点之上，此时说明是有效突破，交易者可以立刻进场买入股票。

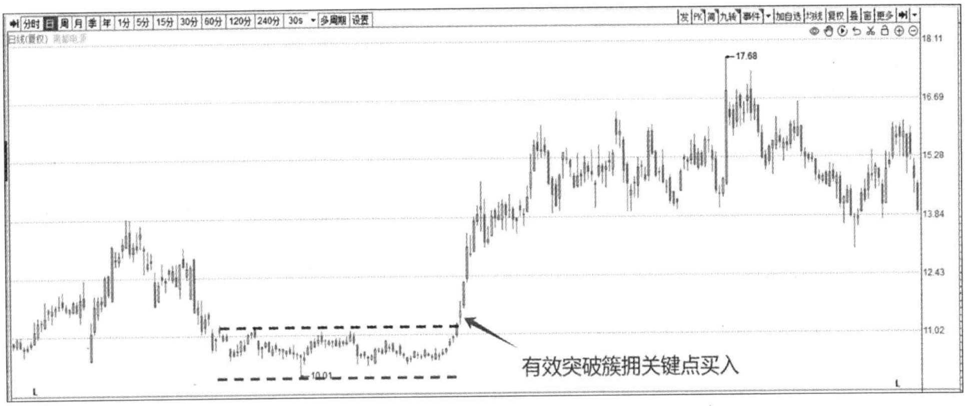

图5-24

第二步：将止损设置在簇拥形态最低点的下方。

图5-25为南都电源日线级别K线图，行情时间跨度为2019年12月25日到2021年1月13日。将止损设置在簇拥形态最低点（10.01元）的下方。

第三步：采用追踪止损的方式出场。

图5-26为南都电源日线级别K线图，行情时间跨度为2019年12月25日到2021年1月13日。行情突破簇拥关键点后，股价开始直线飙升，随后在高位开始滞涨。这个时候交易者要将追踪止损设置得更紧密一些，防止行情掉头

而丢掉大量利润。最终股价反转跌破最后一次追踪止损（15.75元），持仓被动出局，盈亏比近3.2倍。

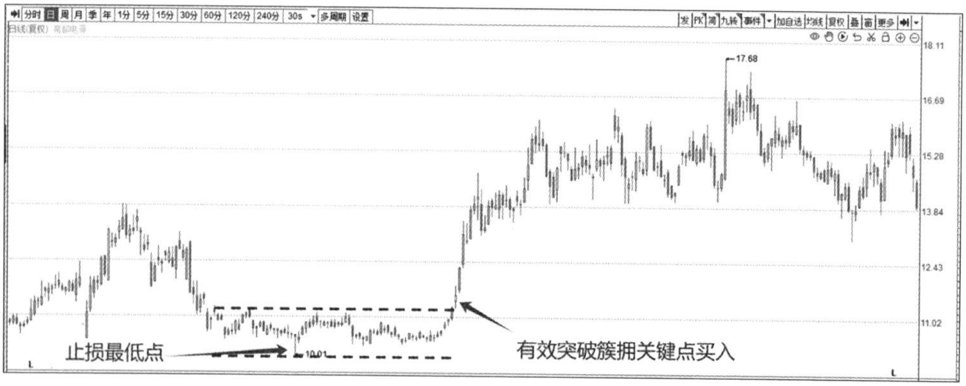

图5-25

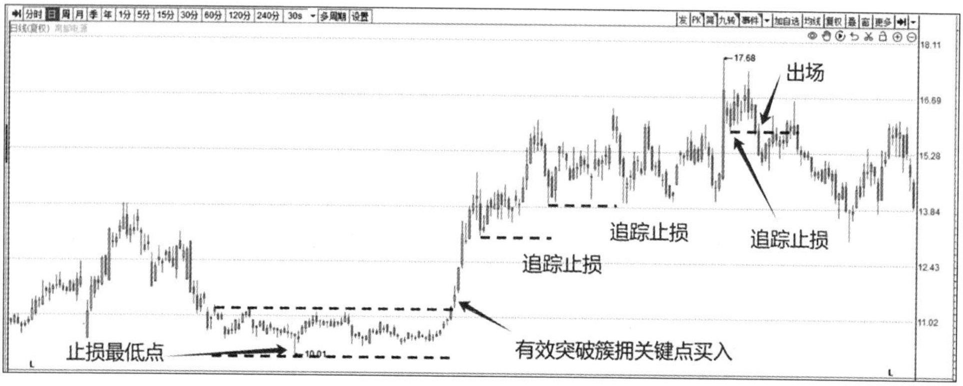

图5-26

5.2 结构性关键点

5.2.1 结构性关键点的定义

结构性关键点，指普通关键点与大型结构性技术买卖点重合的点位。普通关键点只是针对某个点，稳定性不够强。如果大型结构性技术买卖点与之共振，能够大幅提升关键点的获利能力。比如，回踩关键点与布林中轨起涨点共振、折回关键点与斐波那契数共振，等等。在交易过程中，交易者应先找到关键点，然后再用大型结构性技术对其进行佐证。

本节将为读者介绍四种结构性关键点，分别是鳄鱼关键点、扇形关键点、中轨关键点、上下轨关键点。

5.2.2　鳄鱼关键点

鳄鱼线指标是由比尔·威廉姆提出的一种技术分析工具，由三条不同时间周期的移动平均线组成，分别代表鳄鱼的下颌、牙齿和嘴唇。当这些线收敛时，表明鳄鱼正在睡觉；当它们分散时，意味着鳄鱼正在醒来，准备狩猎。鳄鱼关键点是指鳄鱼线指标的买卖点与关键点共振的点，分为鳄鱼回踩关键点和鳄鱼折回关键点。

鳄鱼线指标调用方法：在通达信软件中输入公式名“Alligator”，或通过技术指标菜单选择“比尔·威廉姆斯”分类下的鳄鱼线，即可调出该指标。或者在MT4/MT5软件中点击“技术指标”→“比尔·威廉姆斯”→“Alligator”调出，指标参数可以调整，默认周期为颚线13日、牙齿线8日、嘴唇线5日。该指标适用于A股、港股、期货等多个市场。

1.鳄鱼回踩关键点

鳄鱼回踩关键点是指鳄鱼买卖点与回踩关键点共振的点。鳄鱼回踩关键点分为两种：鳄鱼回踩做多关键点和鳄鱼回踩做空关键点。

（1）鳄鱼回踩做多关键点。

第一步：寻找回踩关键点做多信号。

图5-27为黄金4小时级别K线图，行情时间跨度为2024年8月6日到2024年9月10日。价格突破关键点A后，进一步加速上涨。随后又掉头下跌至B点，此时就是回踩关键点做多信号。

图5-27

第二步：在其他行情周期里，用鳄鱼线对回踩关键点进行佐证。如果鳄鱼买点和回踩关键点同时显示为做多信号，那么该价位就是鳄鱼回踩做多关键点。

图5-28为黄金日线级别K线图，行情时间跨度为2024年6月12日到2024年9月9日。在三条线组成的鳄鱼线指标中，B点刚好位于鳄鱼嘴唇附近，此时鳄鱼张口向上吃牛市，所以B点是鳄鱼线指标的买点。

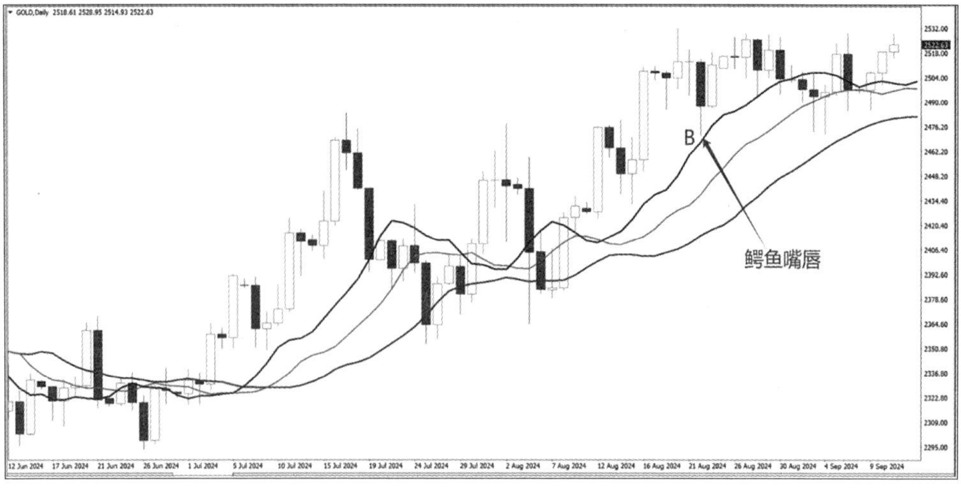

图5-28

第三步：确定鳄鱼线指标买点和回踩关键点共振后，可以放心进场做多。

如图5-27和图5-28所示，鳄鱼嘴唇买点和回踩关键点在B点共振。多单进场后，虽然价格小幅虚破回踩关键点，但又被鳄鱼嘴唇支撑起来，随后迅速回升，大涨48个点。

（2）鳄鱼回踩做空关键点。

第一步：寻找回踩关键点做空信号。

图5-29为原油1小时级别K线图，行情时间跨度为2024年9月3日到2024年9月11日。价格大阴线暴跌，强势跌破关键点A，很快反弹回升至B点，此时就是回踩关键点做空信号。

图5-29

第二步：在其他行情周期里，用鳄鱼线指标对回踩关键点进行佐证。如果鳄鱼线指标卖点和回踩关键点同时显示为做空信号，那么该价位就是鳄鱼回踩做空关键点。

图5-30为原油4小时级别K线图，行情时间跨度为2024年8月7日到2024年9月10日。B点刚好位于鳄鱼嘴唇，此时鳄鱼是向下张口吃熊肉，所以B点为鳄鱼线指标卖点。

图5-30

第三步：确定鳄鱼线指标卖点和回踩关键点共振后，就可以放心进场做空。

如图5-29和图5-30所示，鳄鱼线指标卖点和回踩关键点在B点共振，空单进场后，价格精准下跌。

2.鳄鱼折回关键点

鳄鱼折回关键点是指鳄鱼线指标买卖点与折回关键点共振的点。鳄鱼折回关键点分为两种：鳄鱼折回做多关键点和鳄鱼折回做空关键点。

（1）鳄鱼折回做多关键点。

第一步：寻找折回关键点做多信号。

图5-31为黄金4小时级别K线图，行情时间跨度为2024年6月26日到2024年7月30日。价格大阳线拉升突破关键点A，随后两次向下回挡都精准跌至A点附近，因此在折回关键点C点处出现做多信号。

第二步：在当前周期或者其他周期里，用鳄鱼线指标对折回关键点进行佐证。如果鳄鱼线指标买点和折回关键点同时显示为做多信号，那么该价位就是鳄鱼折回做多关键点。

图5-32为黄金日线级别K线图，行情时间跨度为2024年6月13日到2024年9月10日。C点刚好位于鳄鱼牙齿附近，此时鳄鱼张口向上吃牛市，所以C

点是鳄鱼线指标的买点。

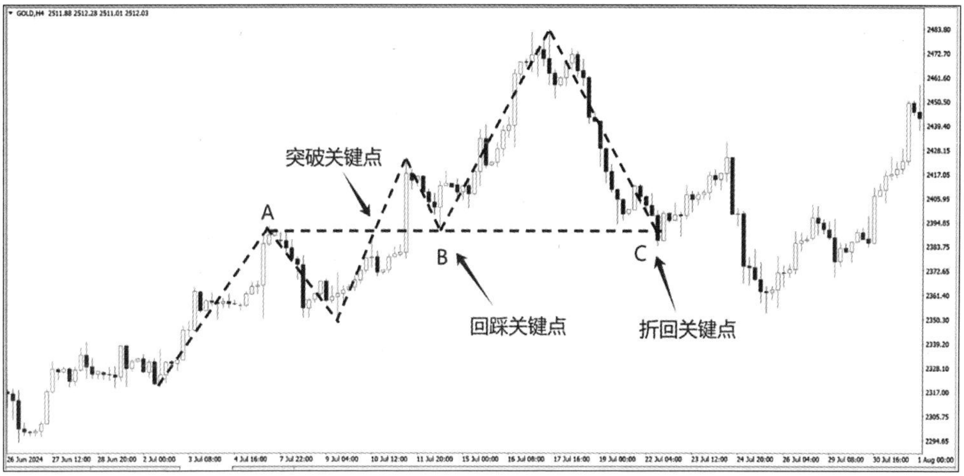

图5-31

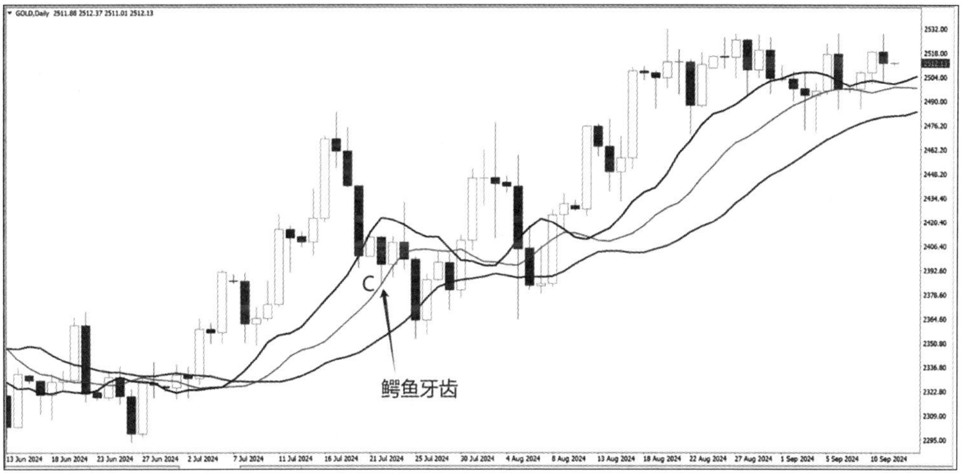

图5-32

第三步：确定鳄鱼线指标买点和折回关键点共振后，就可以放心进场做多。

如图5-31和图5-32所示，鳄鱼线指标买点和折回关键点在C点共振。多单进场后，虽然价格小幅虚破折回关键点，但刚好又精准在鳄鱼牙齿处受到支撑，随后精准反弹，大涨40多个点。

（2）鳄鱼折回做空关键点。

第一步：寻找折回关键点做空信号。

图5-33为原油1小时级别K线图，行情时间跨度为2024年9月3日到2024年9月11日。价格大阴线跌破关键点A，随后价格两次精准反弹至A点附近，因此在折回关键点C点处出现做空信号。

图5-33

第二步：在其他行情周期里，用鳄鱼线指标对折回关键点进行佐证。如果鳄鱼线指标卖点和折回关键点同时显示为做空信号，那么该价位就是鳄鱼折回做空关键点。

图5-34为原油4小时级别K线图，行情时间跨度为2024年8月7日到2024年9月10日。C点刚好位于鳄鱼牙齿附近，此时鳄鱼向下张口吃熊肉，所以C点为鳄鱼线指标卖点。

第三步：确定鳄鱼线指标卖点和折回关键点共振后，就可以放心进场做空。

如图5-33和图5-34所示，鳄鱼线指标卖点和折回关键点在C点共振，空单进场后，价格很快大幅下跌。

图5-34

5.2.3　扇形关键点

扇形关键点是指斐波那契扇形线的买卖点与关键点共振的点。扇形关键点分为扇形回踩关键点和扇形折回关键点。

1.扇形回踩关键点

扇形回踩关键点是指斐波那契扇形线的买卖点与回踩关键点共振的点。扇形回踩关键点分为两种：扇形回踩做多关键点和扇形回踩做空关键点。

（1）扇形回踩做多关键点。

第一步：寻找回踩关键点做多信号。

图5-35为黄金1小时级别K线图，行情时间跨度为2024年7月24日到2024年8月2日。价格加速拉升，突破簇拥关键点。随后向下回落跌至B点，A点与B点在同一价位，因此B点为回踩关键点。

第二步：用斐波那契扇形线对回踩关键点进行佐证，如果斐波那契扇形线的买点和回踩关键点同时显示为做多信号，那么该价位就是扇形回踩做多关键点。

图5-36为黄金1小时级别K线图，行情时间跨度为2024年7月24日到2024

年8月2日。在斐波那契扇形线中，回踩关键点B刚好落在扇形第一条趋势线附近，因此B点是扇形的买点。

图5-35

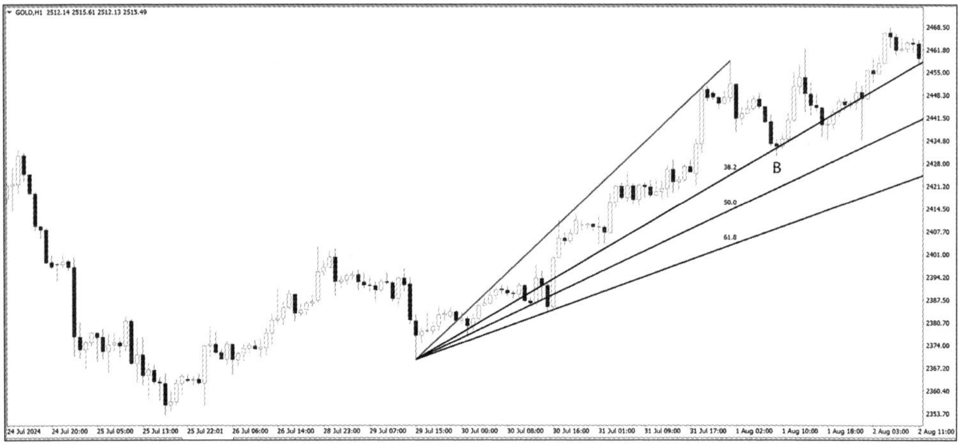

图5-36

第三步：确定扇形买点和回踩关键点共振后，可以放心进场做多。

如图5-35和图5-36所示，扇形买点和回踩关键点在B点共振。多单进场后，虽然小幅虚破扇形买点，但价格很快大幅回升30多个点。

（2）扇形回踩做空关键点。

第一步：寻找回踩关键点做空信号。

图5-37为美元兑日元1小时级别K线图，行情时间跨度为2024年7月4日到2024年8月12日。价格持续振荡下行，并跌破关键点A，随后又反弹至B点。B点位于A点附近，所以B点是回踩关键点。

图5-37

第二步：用斐波那契扇形线对回踩关键点进行佐证，如果斐波那契扇形线的卖点和回踩关键点同时显示为做空信号，那么该价位就是扇形回踩做空关键点。

图5-38为美元兑日元1小时级别K线图，行情时间跨度为2024年7月4日

图5-38

到2024年8月12日。B点刚好落在扇形第二条趋势线附近，因此B点是扇形的卖点。

第三步：确定扇形卖点和回踩关键点共振后，可以放心进场做空。

如图5-37和图5-38所示，扇形卖点和回踩关键点在B点共振。空单进场后，价格连续跳水，空单轻松获利。

2.扇形折回关键点

扇形折回关键点是指斐波那契扇形线的买卖点与折回关键点共振。扇形折回关键点分为两种：扇形折回做多关键点和扇形折回做空关键点。

（1）扇形折回做多关键点。

第一步：寻找折回关键点做多信号。

图5-39为日经指数股指期货1小时级别K线图，行情时间跨度为2024年2月14日到2024年3月26日。价格突破关键点A后，行情第一次回踩至B点，第二次又折回至C点，B点和C点均位于A点附近。因此，C点就是折回关键点。

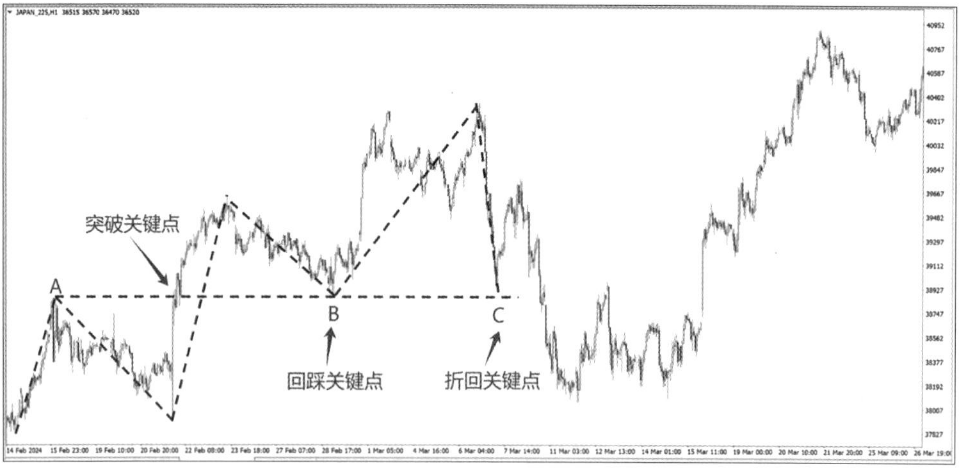

图5-39

第二步：用斐波那契扇形线对折回关键点进行佐证，如果斐波那契扇形线的买点和折回关键点同时显示为做多信号，那么该价位就是扇形折回做多关键点。

图5-40为日经指数股指期货1小时级别K线图，行情时间跨度为2024年2

月14日到2024年3月26日。C点刚好落在扇形第三条趋势线附近，因此，C点是扇形买点。

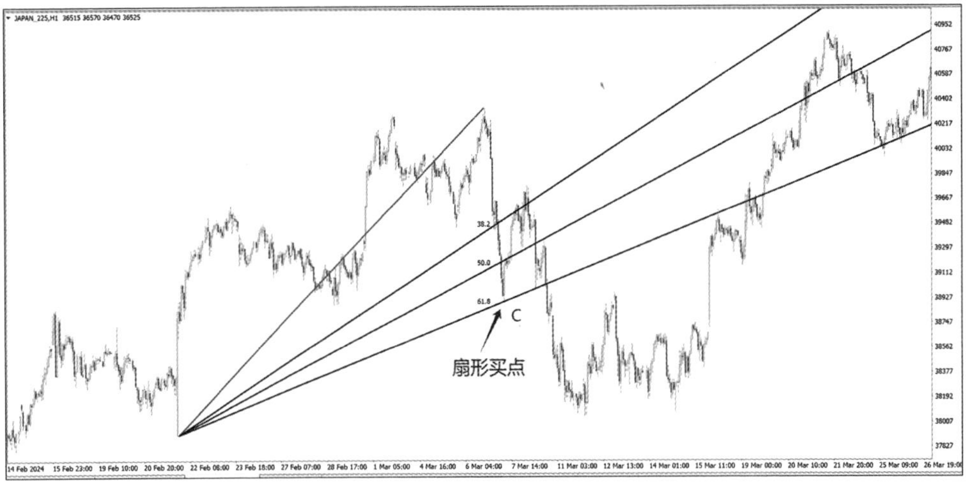

图5-40

第三步：确定扇形买点和折回关键点共振后，可以放心进场做多。

如图5-39和图5-40所示，扇形买点和折回关键点在C点附近共振。多单进场后，价格V形反弹，短线大涨近1000点。

（2）扇形折回做空关键点。

第一步：寻找回踩关键点做空信号。

图5-41为纳斯达克股指期货1小时级别K线图，行情时间跨度为2024年8月21日到2024年9月10日。价格跌穿关键点A后，行情只是小幅下滑，随后两次回挡至突破关键点的位置，分别是B点回踩关键点和C点折回关键点。

第二步：用斐波那契扇形线对回踩关键点进行佐证，如果斐波那契扇形线的卖点和回踩关键点同时显示为做空信号，那么该价位就是扇形回踩做空关键点。

图5-42为纳斯达克股指期货1小时级别K线图，行情时间跨度为2024年8月21日到2024年9月10日。C点刚好落在扇形第三条趋势线附近，因此，C点是扇形卖点。

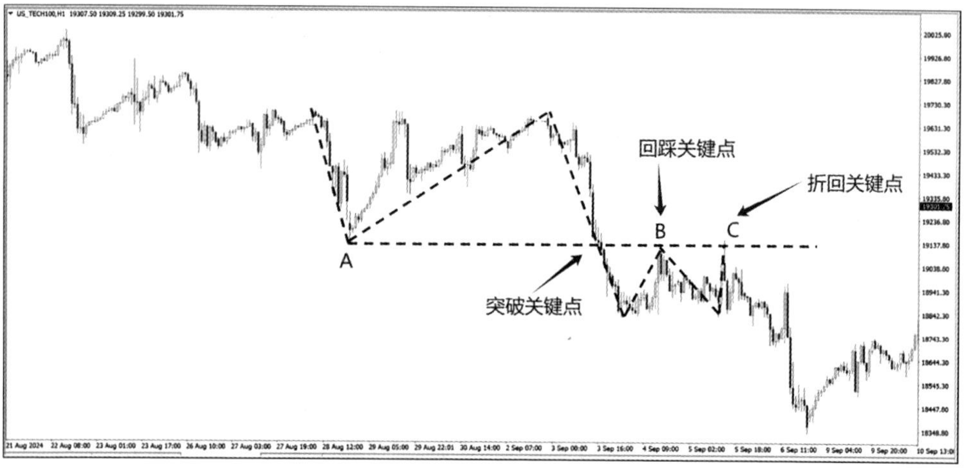

图5-41

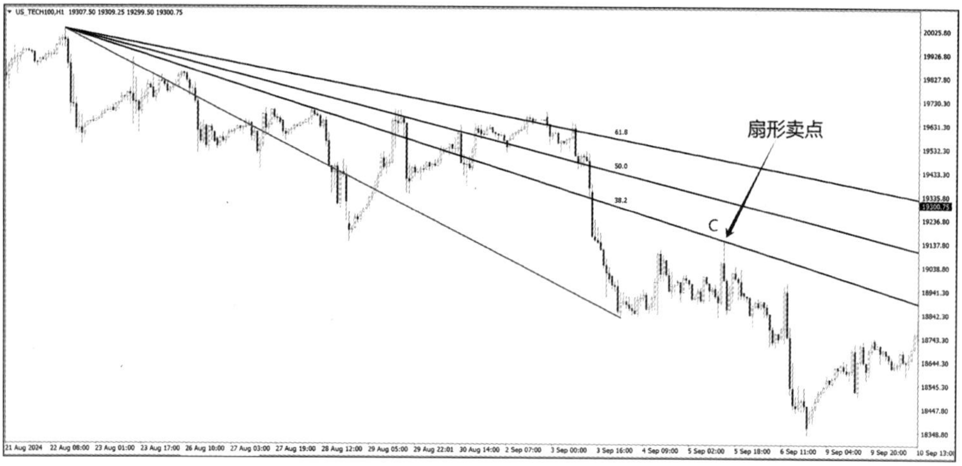

图5-42

第三步：确定扇形卖点和折回关键点共振后，可以放心进场做空。

如图5-41和图5-42所示，扇形卖点和折回关键点在C点附近共振。空单进场后，马上获利，并且价格随后进一步大幅跳水。

5.2.4 中轨关键点

中轨关键点是指布林中轨买卖点与关键点共振的点，分为中轨回踩关键点和中轨折回关键点。其中，布林中轨买卖点是指布林中轨起跌点和布林中轨起涨点。

1.中轨回踩关键点

中轨回踩关键点是指布林中轨买卖点与回踩关键点共振的点。中轨回踩关键点分为两种：中轨回踩做多关键点，即布林中轨起涨点与回踩关键点共振；中轨回踩做空关键点，布林中轨起跌点与回踩关键点共振。

（1）中轨回踩做多关键点。

第一步：寻找回踩关键点做多信号。

图5-43为铜1小时级别K线图，行情时间跨度为2024年8月6日到2024年8月26日。行情突破后回落，精准触及关键点A，因此B点为回踩关键点。

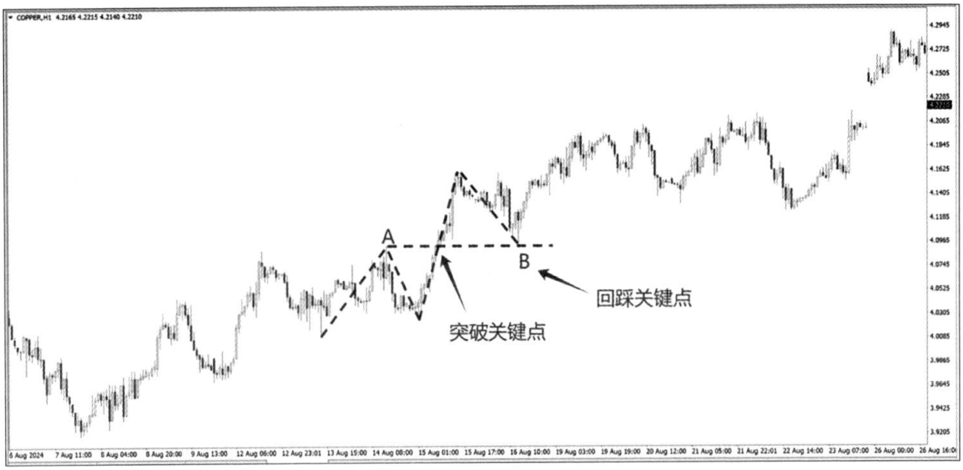

图5-43

第二步：用布林中轨起涨点对回踩关键点进行佐证，如果布林中轨起涨点和回踩关键点同时显示为做多信号，那么该价位就是中轨回踩做多关键点。

图5-44为铜4小时级别K线图，行情时间跨度为2024年7月2日到2024年9月12日。B点刚好落在布林带中轨。B点之前布林带略微缩口，随后价格向上直线拉升，使得布林带朝上开口。但之后价格振荡回落，第一次触及布林带中轨B点。此时布林带中轨朝上运行，斜率非常大，所以B点是布林带中

轨起涨点。更详尽的布林带用法见《像利弗莫尔一样交易——买在起涨点》一书。

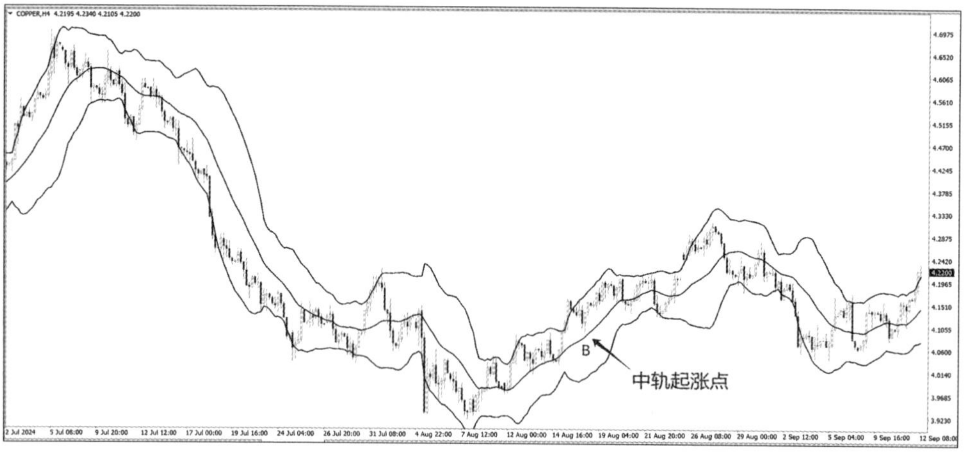

图5-44

第三步：确定布林中轨起涨点和回踩关键点共振后，可以放心进场做多。

如图5-43和图5-44所示，中轨起涨点和回踩关键点在B点附近共振，大大提高了回踩关键点的获利能力。多单进场后，价格精准回升，一买就赚。

（2）中轨回踩做空关键点。

第一步：寻找回踩关键点做空信号。

图5-45为纳斯达克股指期货1小时级别K线图，行情时间跨度为2024年7月17日到2024年8月6日。价格跌破簇拥关键点后，行情宽幅振荡，随后又反弹至B点，此时就是回踩关键点做空信号。

第二步：用布林中轨起跌点对回踩关键点进行佐证，如果布林中轨起跌点和回踩关键点同时显示为做空信号，那么该价位就是中轨回踩做空关键点。

图5-46为纳斯达克股指期货日线级别K线图，行情时间跨度为2024年4月3日到2024年9月12日。B点刚好落在布林带中轨。B点之前布林带略微缩口，随后价格大幅下挫，使得布林带朝下开口。之后价格快速回升，第一次

触及布林带中轨B点，且布林带中轨此时朝下运行，斜率非常大，所以B点是布林带中轨起跌点。

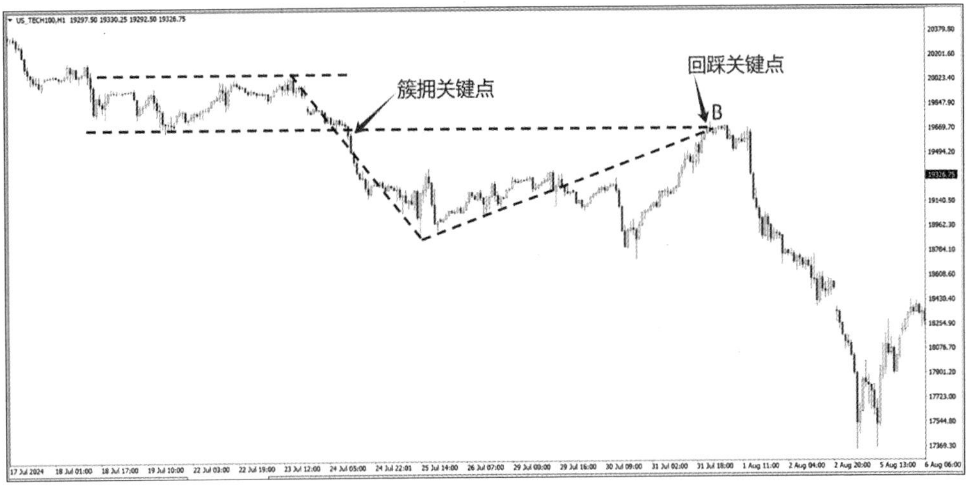

图5-45

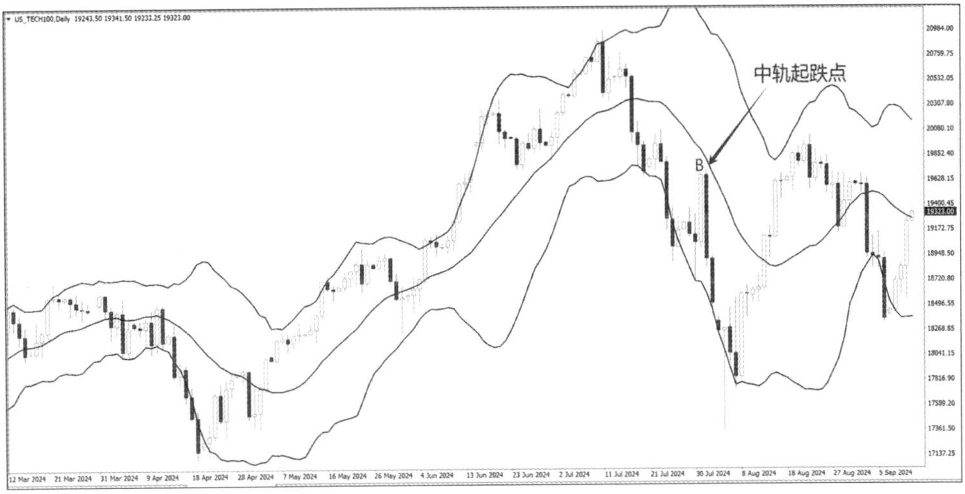

图5-46

第三步：确定布林中轨起跌点和回踩关键点共振后，可以放心进场做空。

如图5-45和图5-46所示，中轨起跌点和回踩关键点在B点附近共振，大幅增强了回踩关键点的获利能力，并且簇拥形态也预示着大行情即将到来。

空单进场后，价格直接瀑布式下跌。

2.中轨折回关键点

中轨折回关键点是指布林中轨买卖点与折回关键点共振。中轨折回关键点分为两种：中轨折回做多关键点，即布林中轨起涨点与折回关键点共振；中轨折回做空关键点，即布林中轨起跌点与折回关键点共振。

（1）中轨折回做多关键点。

第一步：寻找折回关键点做多信号。

图5-47为标普股指期货1小时级别K线图，行情时间跨度为2024年2月13日到2024年3月22日。价格连续拉升，轻松击穿关键点A，预示上涨趋势即将展开。但是在趋势启动之前，价格两度下探至关键点，并且都是精准反弹上涨，B点为回踩关键点，C点为折回关键点。

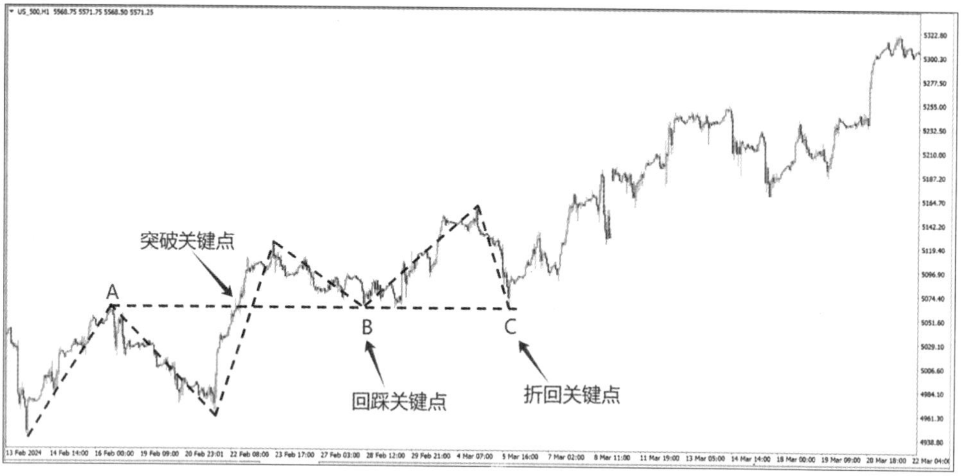

图5-47

第二步：用布林中轨起涨点对折回关键点进行佐证，如果布林中轨起涨点和折回关键点同时显示为做多信号，那么该价位就是中轨折回做多关键点。

图5-48为标普股指期货日线级别K线图，行情时间跨度为2024年1月18日到2024年7月24日。C点刚好落在布林带中轨，C点之前布林带虽然只是微

微缩口，但是中轨斜率非常大，按照布林带中轨起涨点原则，可以将C点近似看作中轨起涨点。

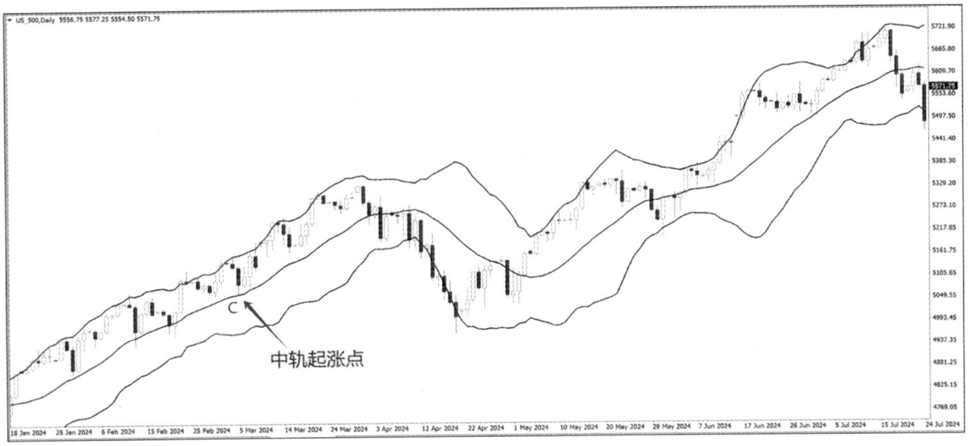

图5-48

第三步：确定布林中轨起涨点和折回关键点共振后，可以放心进场做多。

如图5-47和图5-48所示，中轨起涨点和折回关键点在C点附近共振，此时进场做多获胜的把握会更大。多单进场后，价格立即上涨，精准获利。

（2）中轨折回做空关键点。

第一步：寻找折回关键点做空信号。

图5-49为钯金1小时级别K线图，行情时间跨度为2024年7月2日到2024年8月8日。价格连续下跌，轻松击穿关键点A，之后价格两度反弹至关键点，B点为回踩关键点，C点为折回关键点。

第二步：用布林中轨起跌点对折回关键点进行佐证，如果布林中轨起跌点和折回关键点同时显示为做空信号，那么该价位就是中轨折回做空关键点。

图5-50为钯金日线级别K线图，行情时间跨度为2023年9月4日到2024年8月26日。C点刚好落在了布林中轨，且C点也为布林中轨起跌点，布林中轨朝下的斜率非常大，因此更具有赚钱效应。

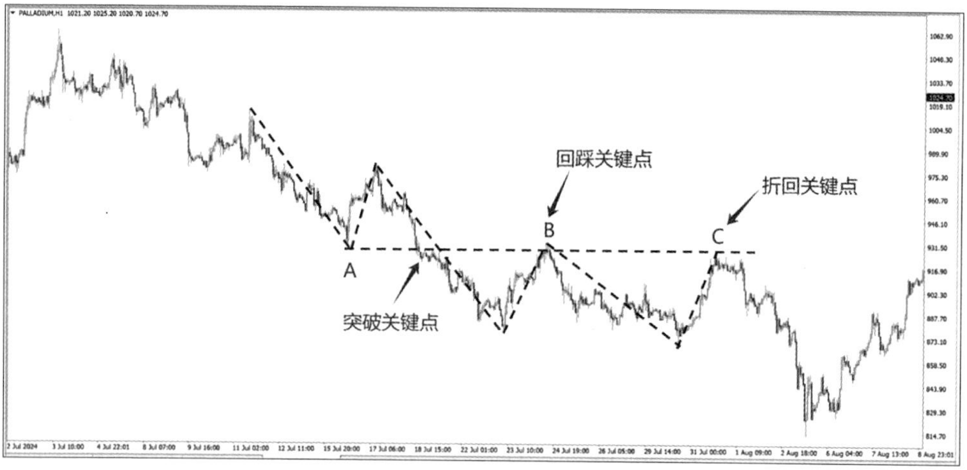

图5-49

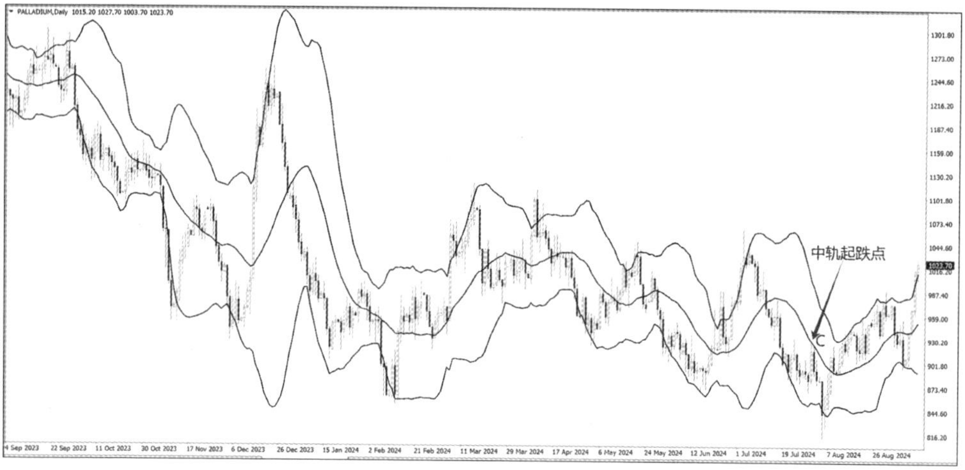

图5-50

第三步：确定布林中轨起跌点和折回关键点共振后，可以放心进场做空。

如图5-49和图5-50所示，中轨起跌点和折回关键点在C点附近共振，此时进场做空获胜的把握会更大。空单进场后，价格立刻下跌，轻松获利。

5.2.5 上下轨关键点

上下轨关键点是指布林上下轨买卖点与关键点共振。布林上下轨买卖点是指布林上轨起跌点和布林下轨起涨点。

1.下轨关键点

下轨关键点是指布林下轨起涨点与回踩关键点、折回关键点共振的点，分别称为下轨回踩关键点和下轨折回关键点。

（1）下轨回踩关键点。

第一步：寻找回踩关键点做多信号。

图5-51为原油1小时级别K线图，行情时间跨度为2023年8月30日到2024年9月19日。价格直线飙升，强势突破簇拥关键点，随后又快速回落至簇拥关键点，所以B点就是回踩关键点。

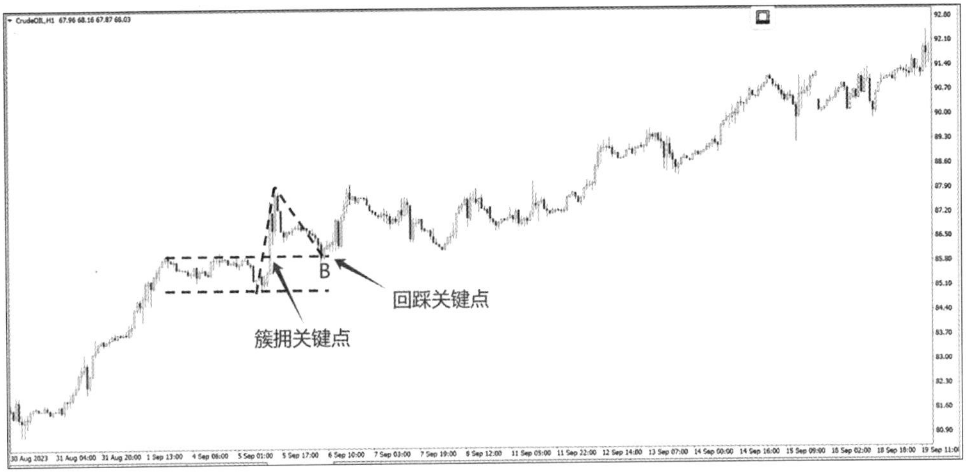

图5-51

第二步：用布林下轨起涨点对回踩关键点进行佐证，如果布林下轨起涨点和回踩关键点同时显示为做多信号，那么该价位就是下轨回踩关键点。

图5-52为原油1小时级别K线图，行情时间跨度为2023年8月30日到2024年9月19日。B点刚好落在布林下轨。B点之前布林带缩口，随后价格向上猛冲，使得布林带朝上开口。但价格快速回落，第一次触及布林带下轨B点，且布林带下轨此时朝上运行，所以B点是布林带下轨起涨点。

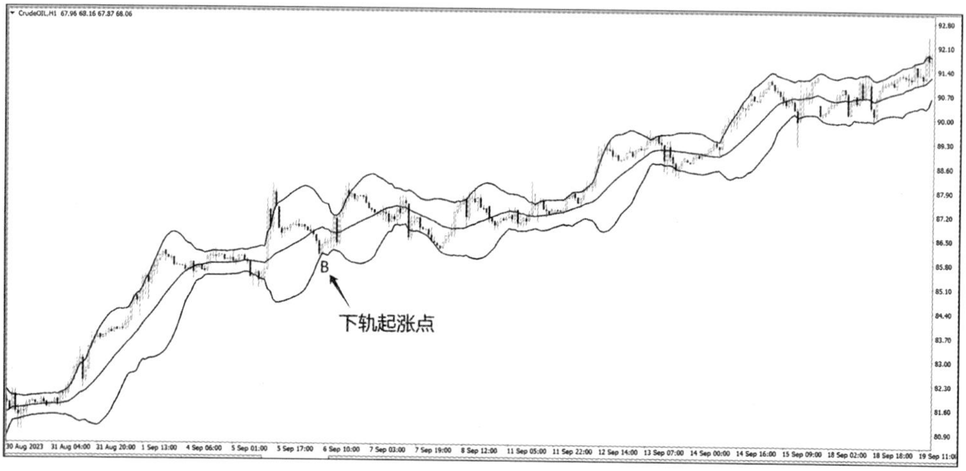

图5-52

第三步：确定布林下轨起涨点和回踩关键点共振后，可以放心进场做多。

如图5-51和图5-52所示，下轨起涨点和回踩关键点在B点附近共振，并且簇拥关键点往往伴随的是暴涨暴跌行情，所以多单进场后，价格持续暴涨，获利丰厚。

（2）下轨折回关键点。

第一步：寻找折回关键点做多信号。

图5-53为纳斯达克股指期货1小时级别K线图，行情时间跨度为2024年5月22日到2024年8月8日。价格跳空突破簇拥关键点，随后大幅暴涨。第一次回踩至B点，第二次折回至C点，C点为折回关键点。

第二步：用布林下轨起涨点对折回关键点进行佐证，如果布林下轨起涨点和折回关键点同时显示为做多信号，那么该价位就是下轨折回关键点。

图5-54为纳斯达克股指期货日线级别K线图，行情时间跨度为2024年3月12日到2024年9月5日。C点刚好落在布林下轨，且C点也是布林下轨起涨点。

第三步：确定布林下轨起涨点和折回关键点共振后，可以放心进场做多。

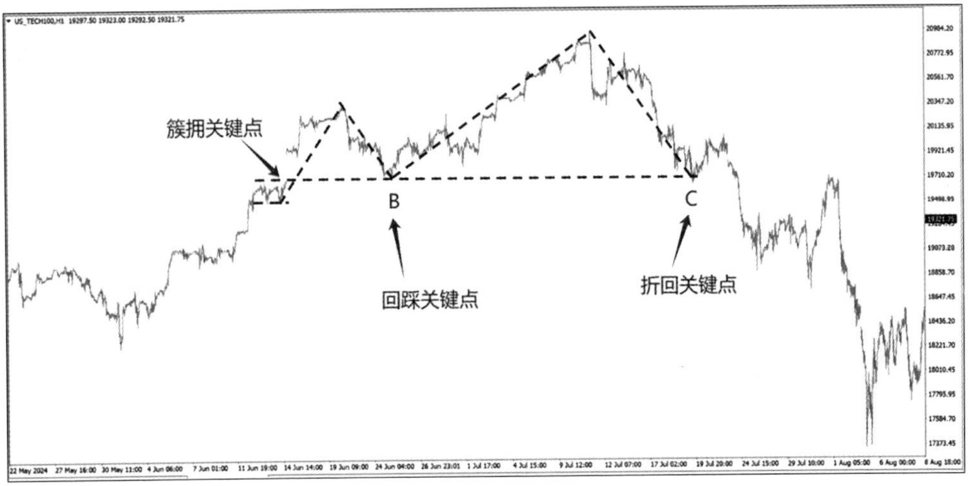

图5-53

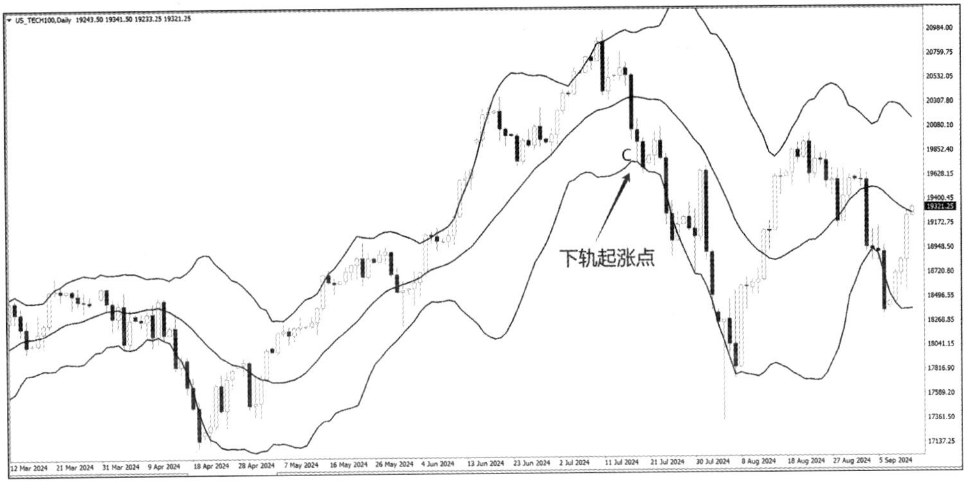

图5-54

如图5-53和图5-54所示，下轨起涨点和折回关键点在C点附近共振，增强了获利把握。虽然价格在C点之上只是小幅反弹，但非常精准，而且上涨了380多点，对于短线交易来说，盈利非常丰厚了。

2.上轨关键点

上轨关键点是指布林上轨起跌点与回踩关键点、折回关键点共振的点，分别称为上轨回踩关键点和上轨折回关键点。

（1）上轨回踩关键点。

第一步：寻找回踩关键点做空信号。

图5-55为布伦特原油1小时级别K线图，行情时间跨度为2023年11月2日到2023年12月18日。价格跌破关键点A后，在下方宽幅振荡，最后又反弹至回踩关键点B。

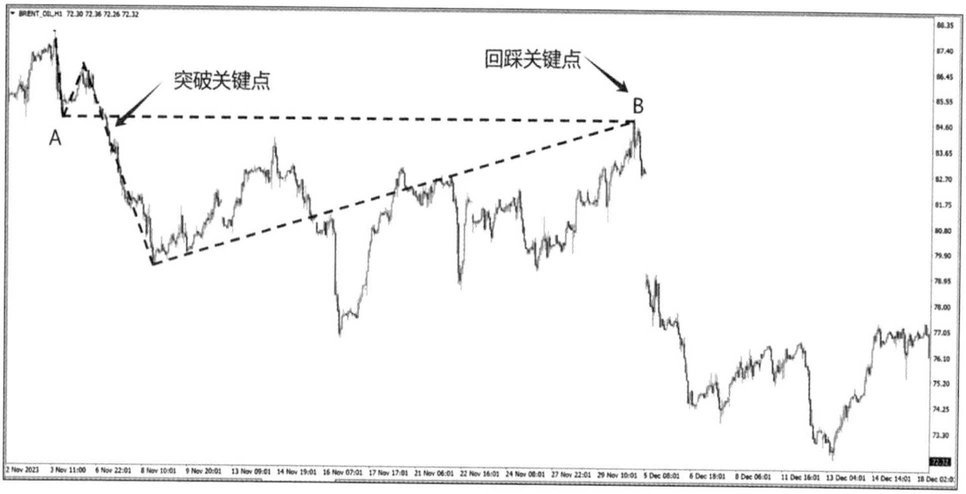

图5-55

第二步：用布林上轨起跌点对回踩关键点进行佐证，如果布林上轨起跌点和回踩关键点同时显示为做空信号，那么该价位就是上轨回踩关键点。

图5-56为布伦特原油日线级别K线图，行情时间跨度为2023年6月1日到2024年8月30日。B点刚好落在布林上轨。B点之前布林带缩口，随后价格大幅下挫，使得布林带朝下开口。价格反弹回升第一次触及布林带上轨B点时，布林带上轨朝下运行，斜率非常大，所以B点是布林带上轨起跌点。

第三步：确定布林上轨起跌点和回踩关键点共振后，可以放心进场做空。

如图5-55和图5-56所示，上轨起跌点和回踩关键点在B点附近共振，此时再去做空，获胜概率更高。之后价格在B点精准断崖式暴跌。

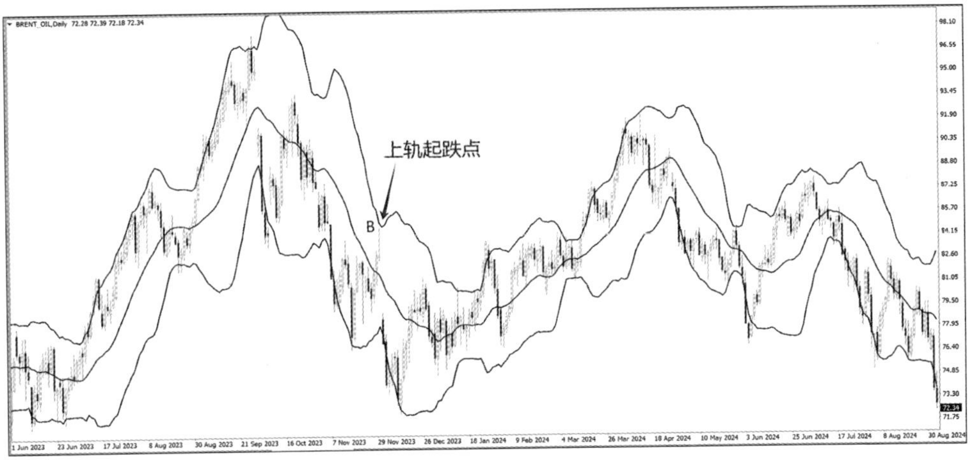

图5-56

（2）上轨折回关键点。

第一步：寻找折回关键点做空信号。

图5-57为棉花1小时级别K线图，行情时间跨度为2024年4月10日到2024年6月11日。价格突破关键点A后，第一次回踩至B点。行情在B点附近小幅振荡，然后向下大幅回落，最终再一次反弹至折回关键点C。

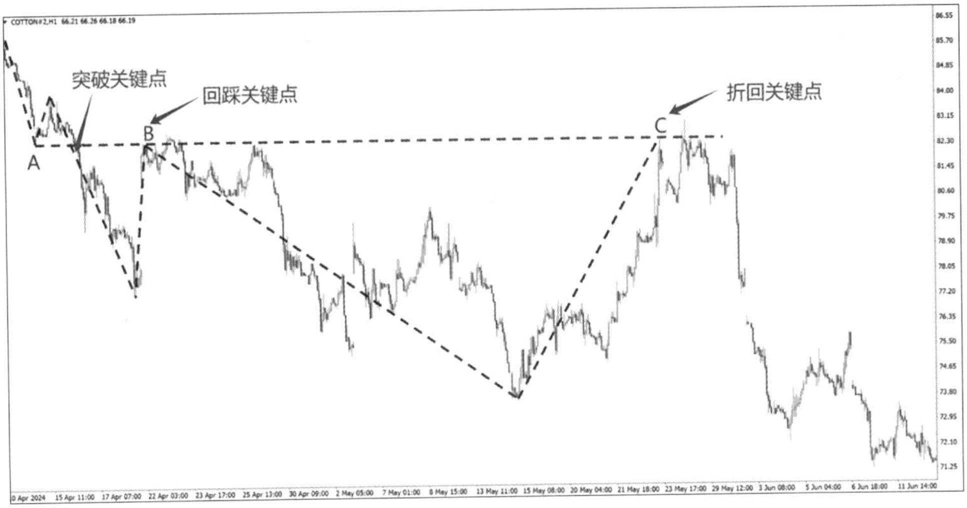

图5-57

第二步：用布林上轨起跌点对折回关键点进行佐证，如果布林上轨起跌点和折回关键点同时显示为做空信号，那么该价位就是上轨折回关键点。

图5-58为棉花日线级别K线图，行情时间跨度为2024年5月8日到2024年9月11日。C点刚好触及布林上轨，并且C点也是布林上轨起跌点。

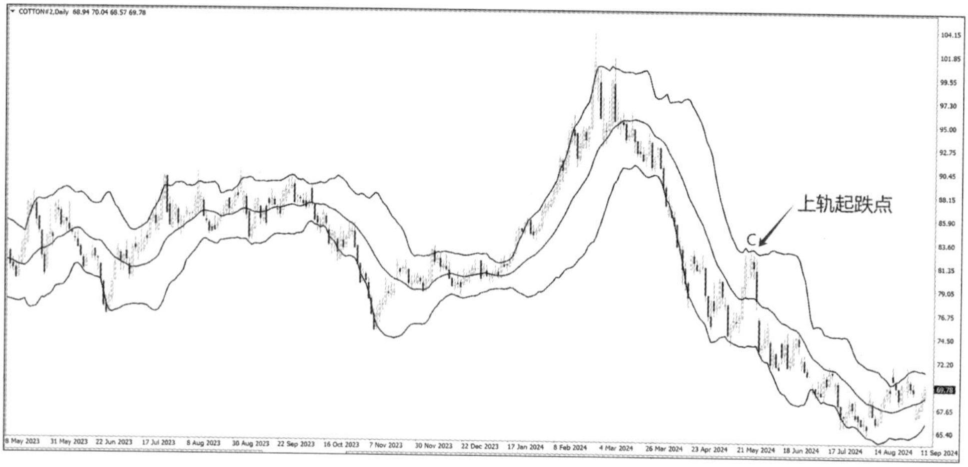

图5-58

第三步：确定布林上轨起跌点和回踩关键点共振后，可以放心进场做空。

如图5-57和图5-58所示，上轨起跌点和折回关键点在C点附近共振，能极大地提升关键点的赚钱胜率。之后价格反弹至C点后精准受阻，随后行情直线暴跌。

5.3 联动关键点

5.3.1 联动关键点的定义

在金融市场里，联动现象十分普遍。由于各类交易产品和经济行为彼此关联，当某一事物发生运动或变化时，其他关联的事物也会随之发生运动或变化。比如，在贵金属领域，黄金价格上涨时，白银价格通常也会随之上涨；在原油市场，美国原油价格上升，布伦特原油价格往往也会跟涨；在农产品范畴，若一段时间内大豆价格持续上涨，玉米价格通常也会升高；美元与黄金关联，一般来说美元价格上涨，黄金价格基本会下跌。

利弗莫尔早在一百年前就懂得利用联动性进行交易。1925年，利弗莫尔用小麦和黑麦两个相关的产品进行联动交易，大赚300万美元。在利弗莫尔的市场分析法中，他把联动关键点看作重要的交易时机。

利弗莫尔在交易中会采用一种独特的策略：将同一板块中两只股票的关键点相结合，形成组合价格，作为联动关键点。他认为，这种方法能够避免单一依赖某一只股票而陷入假信号的风险。通过综合两只股票的走势，可以构建更可靠的交易依据——当市场趋势发生变动时，这种联动关键点会明确验证趋势的真实性，为交易决策提供基本保障。

5.3.2　联动关键点的用法

联动关键点是利弗莫尔在《股票大作手操盘术》中提出的组合价格概念，指两个具有正向关联的交易产品在同一时刻出现的关键点。由于属性相同的产品通常会同向变动，利弗莫尔认为通过观察这类组合的联动表现，可以更精准地判断市场趋势。

常见的具有正向关联的产品组合有如下几类。

- 贵金属：黄金与白银
- 能源：美国燃油与布伦特原油
- 白酒行业：贵州茅台与五粮液
- 农产品：大豆与玉米
- 股指：纳斯达克指数与标普500指数

1.贵金属联动关键点

贵金属联动关键点主要指黄金和白银在同一时刻出现的关键点。

黄金和白银均属于贵金属，历史上相当长的时期内，黄金与白银共同以货币形式存在，均具有避险属性。黄金和白银之间大多数是同涨同跌的，黄金价格的升跌会带动白银价格的起落，两者之间价格相关系数高达90%左右。

图5-59为黄金5分钟级别K线图，行情时间跨度为2024年6月23日到2024年7月12日。2024年7月3日7时，黄金向上突破了横盘振荡区间。

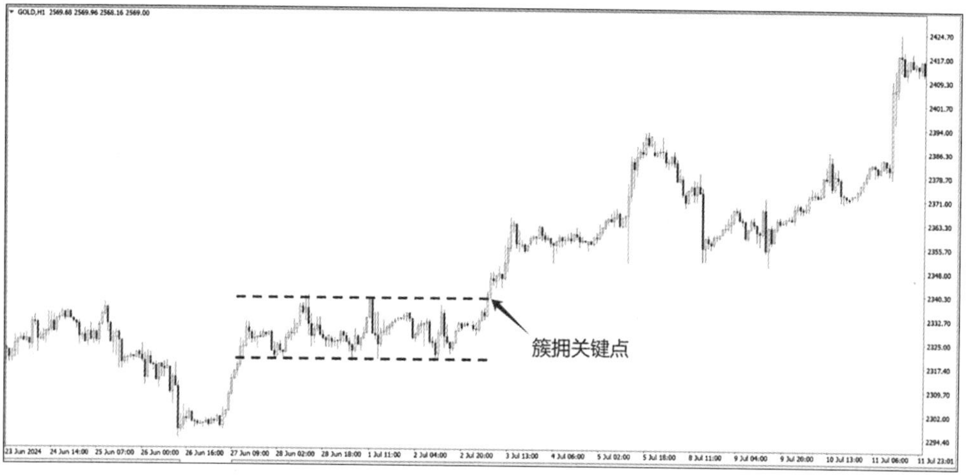

图5-59

图5-60为白银5分钟级别K线图，行情时间跨度为2024年6月23日到2024年7月12日。2024年7月3日7时，白银向上突破了价格通道的最高点。

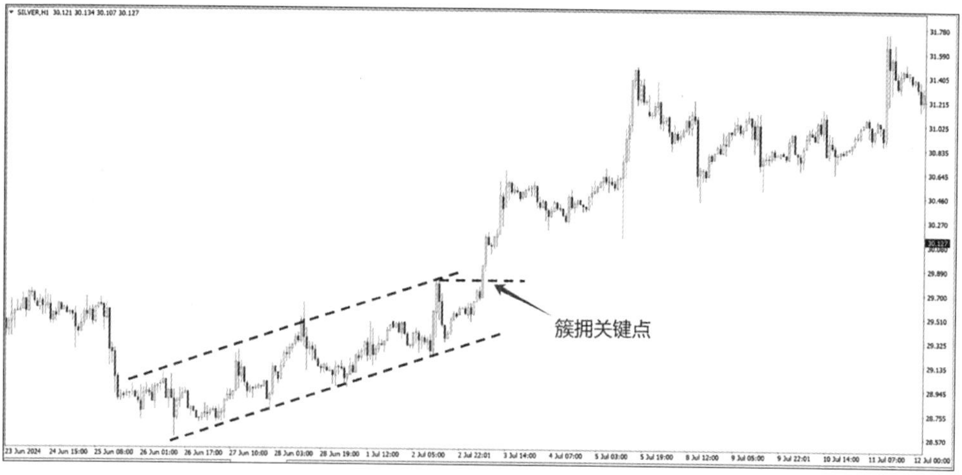

图5-60

如图5-59和图5-60所示，在同一时刻金银分别向上突破，出现了联动关键点，而且金银都是突破簇拥形态，预示价格即将暴涨，此时再进场做多，获胜的把握非常大。

2.能源联动关键点

能源联动关键点是指不同的能源产品，其价格在同一时间出现关键点。美国原油、布伦特原油、汽油和美燃油等都属于能源产品，它们之间具有正向关系。

下面以布伦特原油和美燃油为例，对能源联动关键点进行详细讲解。布伦特原油因出产于北大西洋北海布伦特地区而命名，布伦特原油的交易单位是“美元/桶”，是伦敦洲际交易所的期货交易品种，也是市场油价的标杆之一。美燃油即取暖油，被称为第二号燃油，一桶原油中大约有25％的产出是取暖油，是继汽油之后的第二大成品油。美燃油的交易单位是“美元/加仑”，交割地是美国的金融中心纽约港。

原油是指“未被加工的”石油，即直接从地下开采出来的原料，也称为石油。美燃油是指任何闪点不低于37.8℃的可燃烧的液态或可液化的石油产品，它既可以是残渣燃料油，也可以是馏分燃料油。因此，原油和美燃油二者的价格走势通常会保持高度正向性。

图5-61为布伦特原油日线级别K线图，行情时间跨度为2022年5月26日到2022年12月23日。2022年7月5日，布伦特原油价格向下跌破关键点，并于2022年7月11日向上回踩关键点。

图5-62为美燃油日线级别K线图，行情时间跨度为2022年5月26日到2022年11月29日。2022年7月5日，美燃油价格向下跌破关键点，并且于2022年7月11日向上回踩关键点。

如图5-61和图5-62所示，布伦特原油和美燃油在同一时刻分别向下突破，出现了联动突破关键点。随后又向上反弹，在同一时刻反弹至关键点，出现了联动回踩关键点。布伦特原油和美燃油相互印证，这时进场做空，往往能稳定获利。

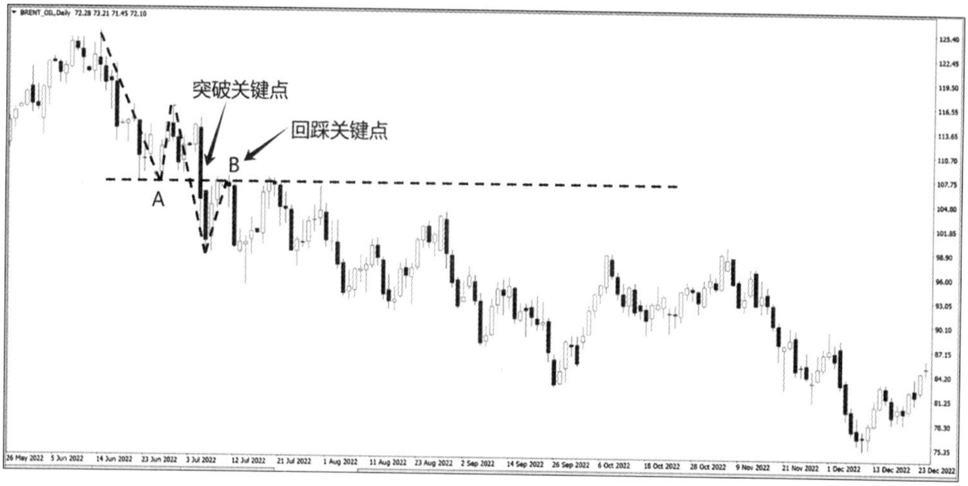

图5-61

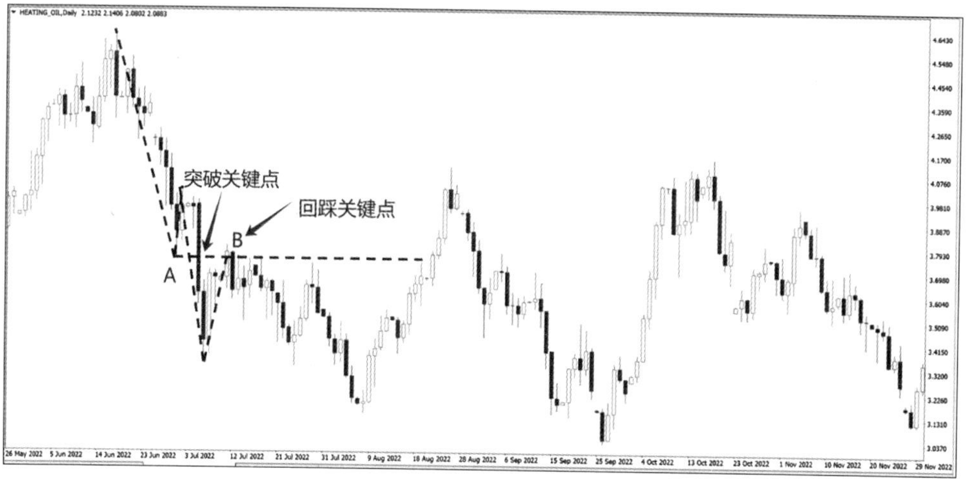

图5-62

3.A股联动关键点

A股联动关键点是指在A股市场中，某种相关联的股票在同一时刻出现的关键点。

相同行业的股票，它们之间具有高度正相关性，经常会同向变动。比如，中国银行和工商银行、比亚迪和宁德时代、中国石油和中国石化、赤峰黄金和湖南白银等。

下面以白酒行业为例，对联动关键点进行讲解。白酒行业涌现出众多品牌，其中贵州茅台和五粮液最为知名。这两大品牌堪称白酒行业的“双雄”，曾分别占据沪深股市市值榜首。作为行业巨头，二者的股价常呈现同涨同跌的高度联动性，是联动关键点理论在实战中的典型标的。

图5-63为贵州茅台周线级别K线图，行情时间跨度为2018年8月31日到2021年2月26日。2020年3月20日所在的周线显示，贵州茅台在突破关键点后第二次向下运行，回到突破关键点价位，形成折回关键点。

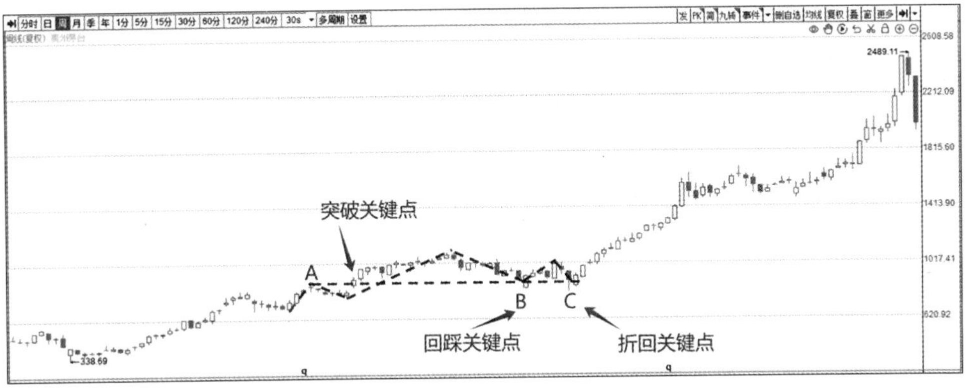

图5-63

图5-64为五粮液周线级别K线图，行情时间跨度为2018年8月31日到2021年2月26日。2020年3月20日所在的周线显示，五粮液价格也向下运行，形成折回关键点。

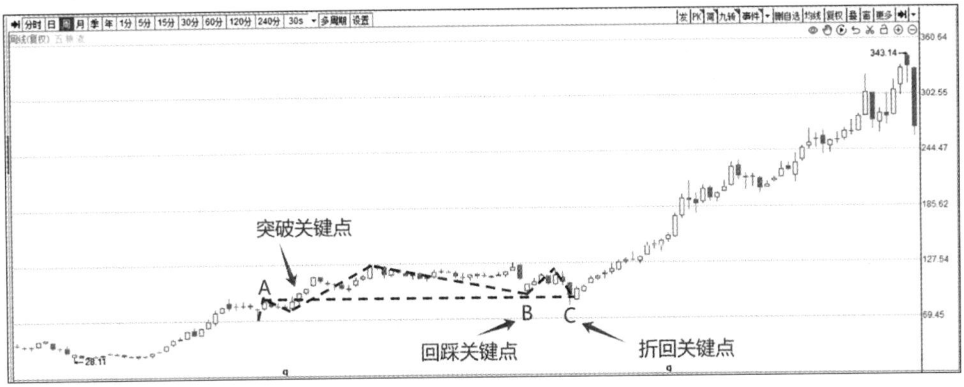

图5-64

如图5-63和图5-64所示，贵州茅台和五粮液在同一周期甚至是同一天折回至关键点，出现了联动折回关键点，此时就是投资者抄底白酒的最佳机会。贵州茅台和五粮液两只股票的价格随后双双暴涨。

4.农产品联动关键点

农产品联动关键点是指不同的农产品，其价格在同一时刻出现的关键点。

农产品具有需求稳定的特点，但其产量易受生长周期、天气等因素的影响。同时，农产品的生产和出口高度集中于美国、巴西、阿根廷等国家，这使得价格常受自然灾害、经济波动等外部因素的冲击。因此，大豆、玉米、小麦、棉花等农产品价格往往呈现高度正相关性。

作为全球需求量庞大的农产品，大豆及其衍生品（如大豆油、豆粕）在食品加工、饲料生产及生物燃料领域占据关键地位。其交易量占全球农业贸易总值的10%以上，是农产品期货的代表性品种。受联动效应影响，其他农产品的价格走势通常与大豆价格呈正相关性。

图5-65为大豆周线级别K线图，行情时间跨度为2017年12月26日到2023年5月14日。2020年3月20日所在的周线显示，大豆一举向上突破前期持续振荡的簇拥区间。

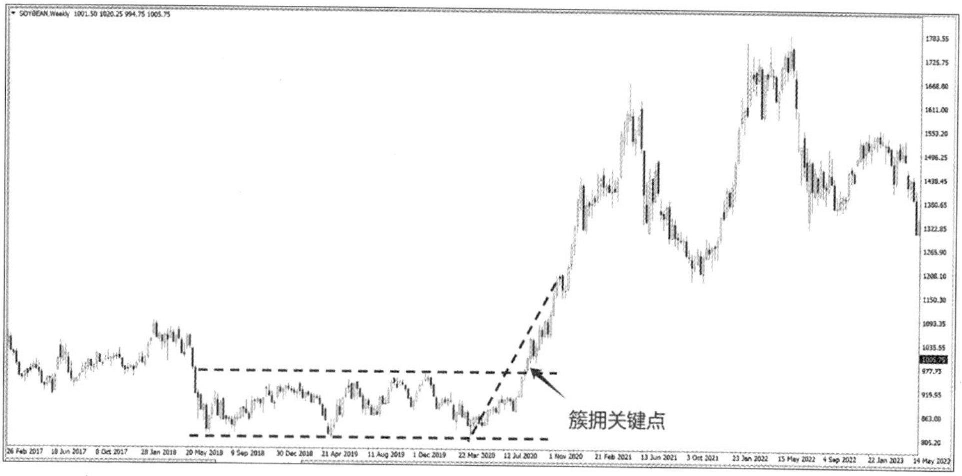

图5-65

图5-66为玉米周线级别K线图，行情时间跨度为2017年12月26日到2023年4月16日。2020年3月20日所在的周线显示，玉米向上成功突破簇拥关键点。

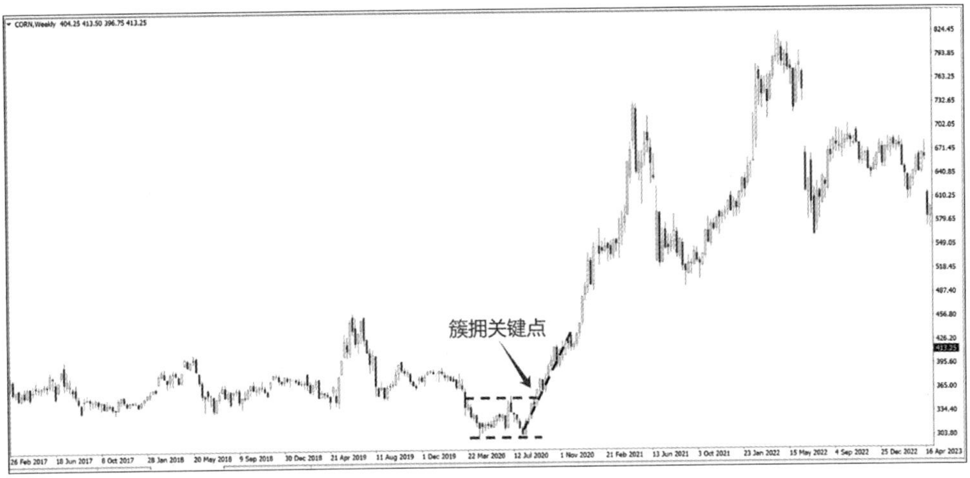

图5-66

如图5-65和图5-66所示，在2020年3月20日所在的周线中，玉米价格向上突破簇拥关键点时，交易者可以查看大豆的价格走势，发现大豆也在同一时间向上突破了簇拥关键点，那么二者就出现了联动关键点。这可以提高交易者判断玉米成功筑底的把握。此时，可以放心地做多玉米，并长期持有。从后续行情可知，二者价格大幅上涨，多单获利颇丰。

5.股指联动关键点

股指联动关键点是指不同的股票指数在同一时刻出现的关键点。

在经济全球化背景下，各大股票指数总体呈现同向波动趋势。比如，当美国爆发经济危机时，常引发其他资本主义国家陷入经济困境；当美国走出金融危机后，这些国家也往往随之逐步摆脱危机。美国的货币政策对全球也具有“溢出效应”，实施紧缩性货币政策时，其他资本主义国家通常会跟进收紧银根；转向宽松性货币政策时，其他资本主义国家也会放宽货币流动性。因此，一些股指会与美国的股指呈同向变动。比如，日本日经指数和美国纳斯达克指数，二者走势大部分时间是同涨同跌的。

图5-67为纳斯达克100指数日线级别K线图，行情时间跨度为2023年12月1日到2024年6月7日。2024年4月19日，纳斯达克100指数精准回撤至B点，该价位是回踩关键点。

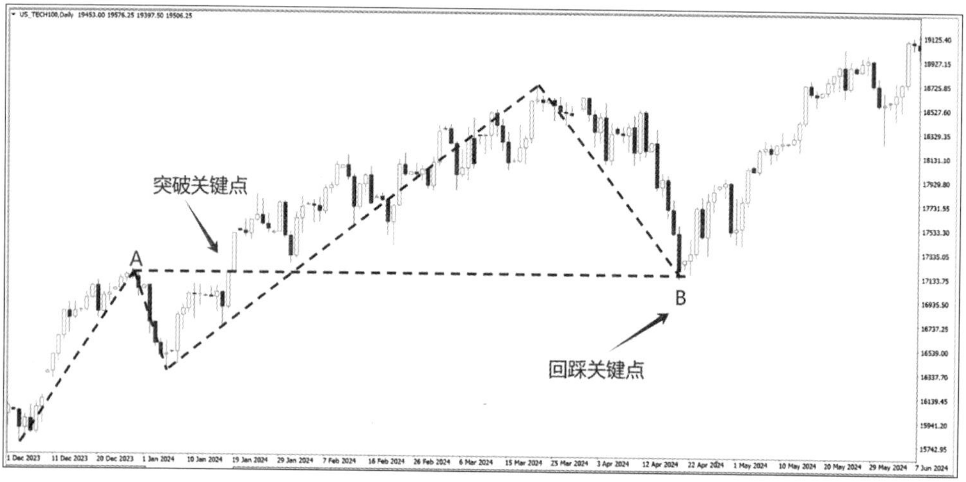

图5-67

图5-68为日经指数日线级别K线图，行情时间跨度为2023年12月1日到2024年7月12日。2024年4月19日，日经指数精准回撤至B点，该价位是回踩关键点。

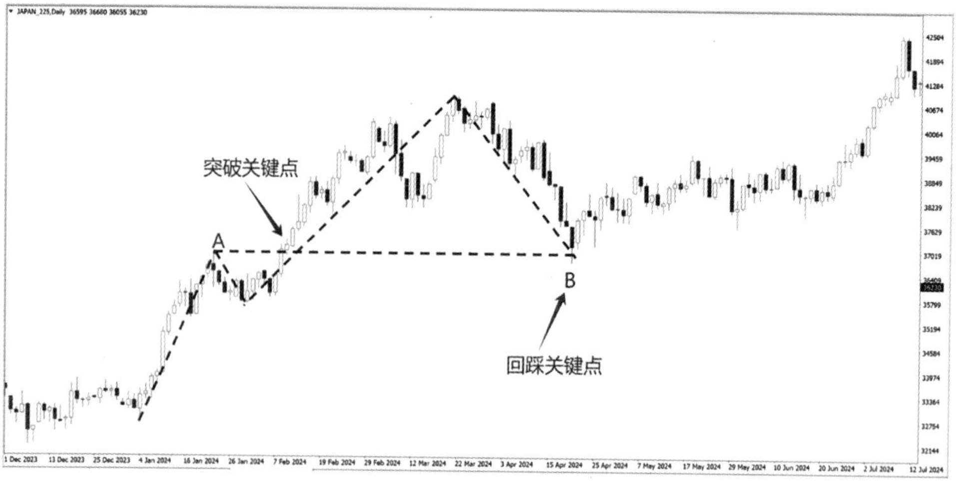

图5-68

如图5-67和图5-68所示，虽然日经指数和纳斯达克指数的价格走势不完全相同，但在同一天精准回踩关键点，加强了市场触底的可能性。因此，在二者关键点联动的时候抄底买入，获利的机会更大。从后续走势可知，日经指数和纳斯达克指数双双见底上行。

6.货币联动关键点

货币联动关键点是指不同的货币对在同一时刻出现的关键点。

下面以澳元和纽元为例对货币联动关键点进行讲解。澳元和纽元同为商品货币，与商品价格联系较紧密。其中澳元与黄金联系紧密，市场焦点在商品价格时，对非商品货币趋势表现趋向一致。澳元作为商品货币的代表，主要是其经济结构以及地缘政治等方面的影响决定了其商品货币的属性。澳大利亚的经济支柱主要是农产品、矿产等，澳元走势跟大宗商品的相关性很强。纽元由于地缘以及经济等方面与澳洲关系密切，所以纽元与澳元的正相关性很高，二者正相关性高达80%以上，基本维持一种同涨同跌的状况。一般情况下，纽元是跟随者，这就为交易者依据联动关键点交易提供了较好的入场策略。

图5-69为纽元兑日元日线级别K线图，行情时间跨度为2024年6月19日到2024年9月16日。2024年7月31日，纽日汇率向下突破关键点。

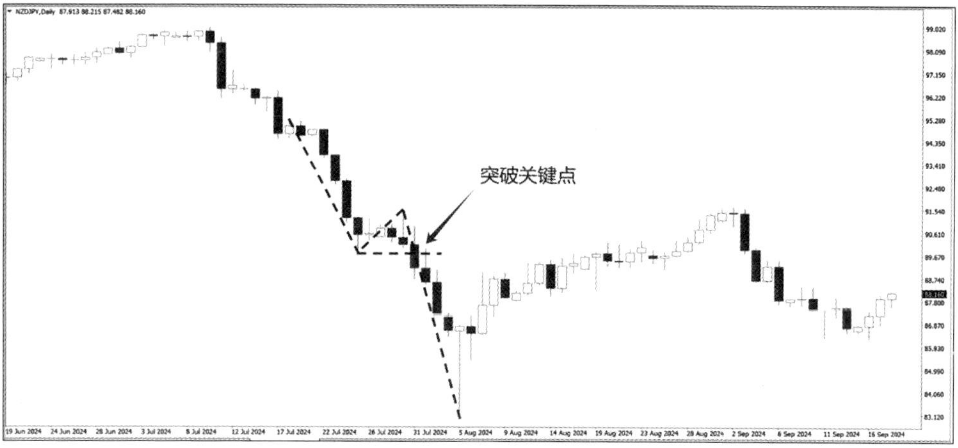

图5-69

图5-70为澳元兑日元日线级别K线图，行情时间跨度为2024年6月19日到2024年9月16日。2024年7月31日，澳日汇率向下突破关键点。

图5-70

如图5-69和图5-70所示，纽日和澳日在同一天向下突破关键点，且次日都开盘在关键点以下，说明二者双双跌破了重要支撑位，出现了联动关键点，交易者可以立刻开仓做空，随后行情也是继续大幅跳水。

5.3.3 高阶联动关键点

1.反向联动关键点

反向联动关键点是指市场中两个具有负向关联的产品在同一时刻出现的关键点。

以黄金与美元为例，二者在大部分时间呈反向变动关系。这是因为世界黄金市场通常以美元标价，美元与各种货币的汇率势必会影响金价。假设金价本身价值没有变动，而美元上涨，那么持有黄金的投资者会因为黄金是不孳息资产，倾向于抛售黄金，换取高价值的美元，从而可以兑取更多其他货币，获得收益。黄金遭到抛售就会导致价格下跌。因此美元上涨，就容易压制黄金价格，导致下跌。相反，美元下跌，就容易推升黄金价格上涨。

美元与黄金的负向联动性，本质上是汇率机制、资产替代性与市场预期共同作用的结果，也是反向联动关键点理论的典型案例。

图5-71为美元指数1小时级别K线图，行情时间跨度为2024年9月4日到2024年9月13日。2024年9月12日13时，美元指数向下跌破簇拥关键点。

图5-71

图5-72为黄金1小时级别K线图，行情时间跨度为2024年9月5日到2024年9月13日。2024年9月12日13时，黄金价格向上突破簇拥关键点。

图5-72

如图5-71和图5-72所示，2024年9月12日13时，交易者可以先从盘面上发现黄金价格突破了簇拥关键点，然后在美元指数行情图中又可以发现，指数在同一时刻向下跌破了簇拥关键点。因为黄金和美元是反向变动关系，所以二者的交易信号能够相互印证，形成了反向联动关键点，此时交易者再去做多黄金，就会多一分把握。后市行情也果然如此，黄金价格是真突破，头也不回地大涨。

2.板块联动关键点

板块联动关键点是指个股和其所属的板块在同一时刻出现的关键点。

股票板块指的是有某一共同特征而被人为地归类在一起。板块的划分是多样的，如按照行业划分，有证券板块、金融板块、房地产板块等；按照地理分类，有江苏板块、广东板块等；按照业绩分类，有绩优板块、亏损板块等。

在股市中，个股和板块是有一定关联的，一般板块走势比较好，会带动同一板块的个股价格上扬；板块走势不好，个股价格也可能会下跌。

图5-73为浙商银行日线级别K线图，行情时间跨度为2023年12月12日到2024年6月25日。2024年3月4日，股价下跌至回踩关键点。

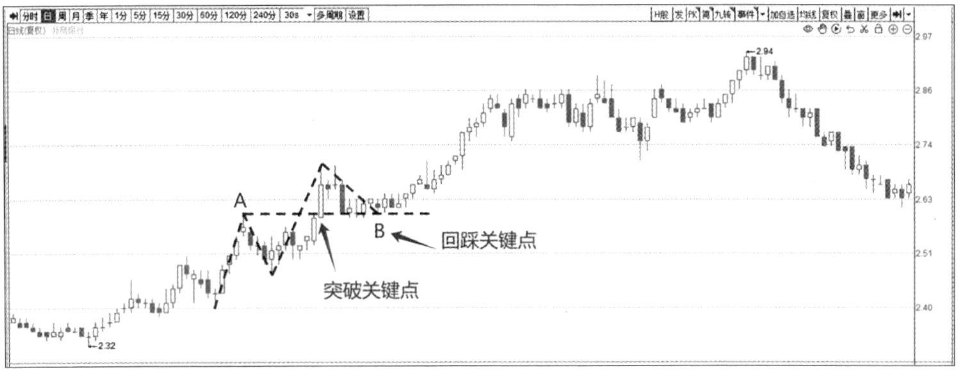

图5-73

图5-74为银行板块日线级别K线图，行情时间跨度为2023年11月12日到2024年7月1日。2024年3月4日，指数下跌至回踩关键点。

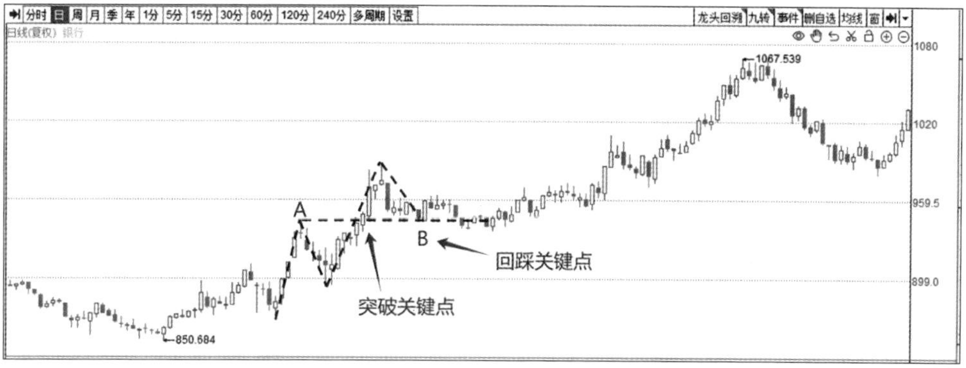

图5-74

如图5-73所示，2024年3月4日，浙商银行股价经历上涨之后，向下调整至回踩关键点。由于此时银行板块的市场环境比较好，赚钱效应也很不错，银行板块指数的上涨趋势依然完好，所以投资者可以逢低买入浙商银行。

个股往往受板块的带动，如果此时银行板块指数也处于重要的关键点，一旦回调结束转而上涨，就会更容易带动浙商银行股价上升。从图5-74中可以看到，当天银行板块指数精准地落在了回踩关键点上，等于出现了板块联动关键点。此时更能说明浙商银行的股价即将开始上涨，应该及时买进，抓住重要的做多时机。从后市的行情图中也可以看到，价格随后振荡大涨，一买就赚，精准获利。

3.大盘联动关键点

大盘联动关键点是指个股和大盘在同一时刻出现的关键点。

大盘指数是由个股加权平均计算出来的，因此一般情况下，大盘与个股是成正向关系的，即大盘上涨，个股也会上涨；大盘下跌，个股也会下跌。其中，权重股对大盘指数的涨跌起着重要作用，比如证券业、钢铁业、银行业等，而一些小盘股的价格可能跟大盘的走势关联性不大。因此，在交易权重股的时候，采用大盘联动关键点效果会更加显著。

虽然权重股的走势并非完全和大盘走势相同，很多时候权重股上涨，大盘指数下跌。但如果权重股的关键点显示股价上涨，并且大盘指数的关键点也同时显示指数要上涨，二者叠加起来，权重股即将上涨的可能性更大。

图5-75为中国人寿日线级别K线图，行情时间跨度为2022年9月29日到2023年7月5日。2023年2月6日，中国人寿股票价格下跌至回踩关键点。

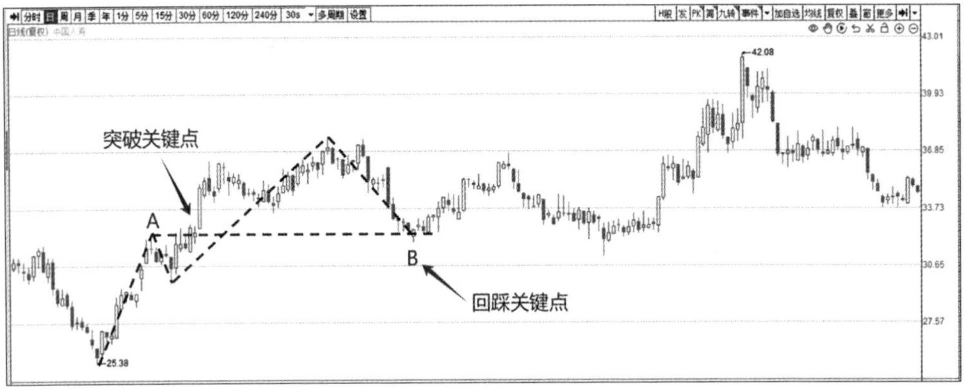

图5-75

图5-76为上证指数日线级别K线图，行情时间跨度为2022年9月29日到2023年6月21日。2023年2月6日，指数下跌至回踩关键点。

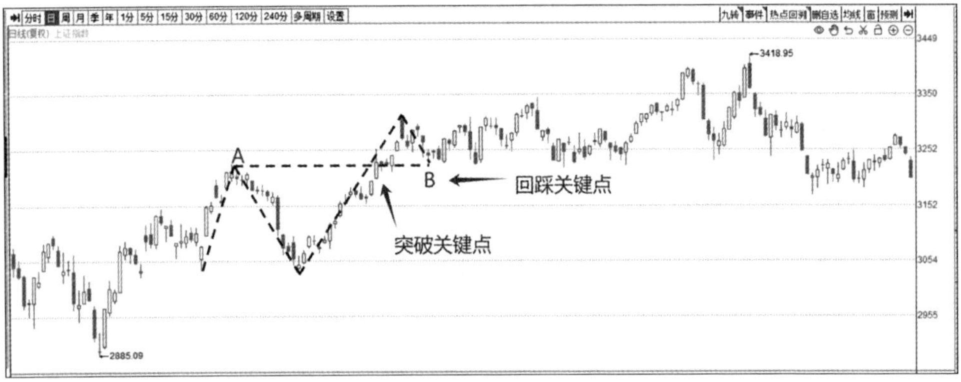

图5-76

如图5-75所示，2023年2月6日，中国人寿突破关键点A后，没有持续上行，而是振荡下跌，随后首次触及回踩关键点。此时，交易者不必忙于买进，应当再继续查看上证指数的走势，从中寻找大盘联动的关键点。如果有大盘联动关键点进行佐证，那么中国人寿这只股票上涨的概率会进一步加大。

从图5-76中可以发现，当天上证指数精准回踩关键点，即出现了大盘联动关键点，这时交易者可以大胆买进。随后该股股价精准反转，一买就赚。

5.4　情绪（逆向）关键点

5.4.1　情绪关键点的定义

乔治·索罗斯曾说过，市场始终处于不确定和波动的状态，而赚钱的方法就是忽略显而易见的因素，并将赌注押在出人意料的事情上。

情绪关键点是指市场在极端情绪之下，极短时间内引发暴涨暴跌，直接一步抵达市场中极其重要的关键点。情绪关键点可以帮助交易者快速获利。

交易是由多空双方共同完成的，每个投资者都会根据自己的思想在市场中交易。但人是非理性的，心中的思想往往会变成一种情绪，比如恐惧、贪婪、希望和后悔等，从而导致投资者丧失客观性，陷入情绪化的交易之中。市场价格受到情绪的影响，可以由于恐惧、高兴甚至仅仅是不合理的行为和想法而波动。

市场情绪是所有市场参与者情绪的叠加，人有情绪起伏，市场同样也有情绪好坏。市场情绪受市场表现影响，与此同时，参与者根据情绪做出的操作又会影响市场的走势。

索罗斯的“反射理论”（Theory of Reflexivity）很好地阐述了这一点。他认为交易者认识市场时会产生情绪，而情绪的高低又可能在一定程度上影响决策，使决策不再完全客观，决策后的行动又会改变市场，改变后的市场进一步左右交易者的认知和情绪。这样循环反馈的效果会导致交易者过度乐观或过度悲观，从而进一步加剧市场的波动。

简言之，交易者情绪会引发市场情绪过度反应，对股市来说是个加速器，既会加速上涨，也会加速下跌。

聪明的交易者总是会用未来的眼光来看待市场，而普通投资者往往根据适应性预期理论，错误地依据自己眼中能看到的已经发生的事情进行交易，所以市场就会发生从众效应。

当市场暴跌的时候，从众效应会引发交易者无休止地看空，进而导致行情非理性下跌；当行情暴涨的时候，从众效应会引发交易者无休止地看涨，进而导致行情非理性暴涨。但是聪明的投资者会利用“买预期，卖事实”进行反向操作，因为市场最终必然会回归理性。短期价格受情绪主导，但是长期价格受价值决定。因此，逆情绪操作，往往能赚到超额收益。

切不可随大流，要“别人贪婪我恐惧，别人恐惧我贪婪”“卖在人声鼎沸时，买在无人问津处”。市场保持非理性的时间可能远远超过你能坚持不爆仓的时间，因此，过早地入场不但不能赚到钱，反而会蒙受巨大的损失。找到情绪关键点至关重要，在情绪关键点上反市场操作，往往能抓住千载难逢的机遇，几乎无风险地获利。

情绪关键点主要分三种，分别是恐惧关键点、贪婪关键点和希望关键点。

5.4.2 恐惧关键点

1.恐惧关键点的定义

恐惧关键点是指市场情绪恐惧到极致时，技术上价格又刚好暴跌至重要的大级别关键点，这个时候就称为恐惧关键点。

恐惧达到极限时，市场表现为几乎所有的交易者都一边倒看空，基本面出现重大利空消息，媒体评论、专家分析以及身边的交易者无不在传递悲观言论。交易者大量斩仓，在低价卖出。整个市场完全丧失信心，到处风声鹤唳。行情上表现为价格迅速跌至超低位，通常是连续巨阴砸盘，多头几乎完全放弃抵抗。此时，如果价格抵达大级别下方重要的关键点，往往就是千载难逢的机遇。

2.恐惧关键点案例讲解

（1）新冠疫情。

2020年3月，由于新冠疫情的影响，金融市场遭遇暴跌，市场避险情绪持续升温，对各国经济增长的影响逐步显现。多国股指触发熔断，黄金及债券市场也未能幸免，反映市场恐慌情绪的VIX指数在3月18日最高触及85.47，创下自2008年全球金融危机以来的新高。

图5-77为恐慌指数日线级别K线图，行情时间跨度为2019年9月9日到2020年10月7日。

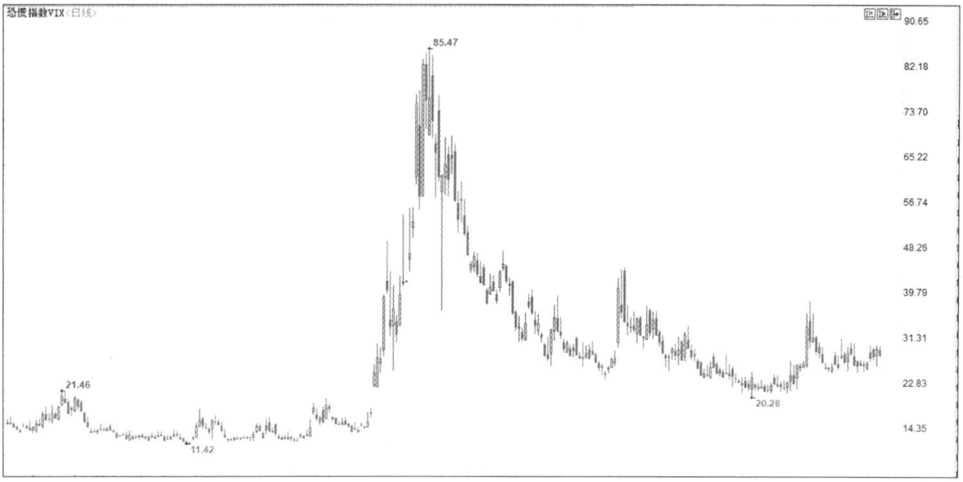

图5-77

2020年3月，美联储月初紧急降息并扩大量化宽松规模，使得美元流动性有所改善，三月期美元伦敦同业拆借利率（London Inter Bank Offered Rate，LIBOR）在3月上旬呈下降趋势。但随着新冠疫情在全球范围内持续蔓延，引发金融市场出现暴跌，全球美元流动性收紧，三月期美元LIBOR开始飙升，3月17日当天上涨了16.25BP（BP，即基点，是衡量利率变动的最小单位，1BP等于0.01%），创下2008年全球金融危机以来的最大涨幅。截至3月底，三月期美元LIBOR较上月末下滑了1.23BP，至1.45%。三月期欧元LIBOR虽然仍维持在负利率区间，但在金融市场暴跌、市场流动性收紧的背景下，也呈现大幅上升趋势。截至3月底，三月期欧元LIBOR较上月末大幅上涨了21.66BP，至-0.25%，为2016年以来的最高水平。

新冠疫情引发全球金融市场普遍暴跌，美元成为避险资产，美元指数一度突破100点大关。在美元走强的背景下，作为避险资产的债券却没能上涨，这主要是因为在股市及原油市场暴跌的背景下，全球流动性大幅收紧，大量投资者不得不出售债券以获取流动性。在市场流动性持续趋紧的背景下，抛售贵金属换取流动性的需求也非常强劲，作为避险资产的贵金属也持续陷入抛售之中。

在极端恐惧的情绪下，仅仅一个星期，黄金就从1703美元/盎司暴跌至1451美元/盎司，下跌252个点。市场越疯狂，机会往往越大，一切大机会都是在危机之中产生的。

图5-78为黄金日线级别K线图，行情时间跨度为2019年5月21日到2020年5月31日。C点为折回关键点，也是恐惧关键点。

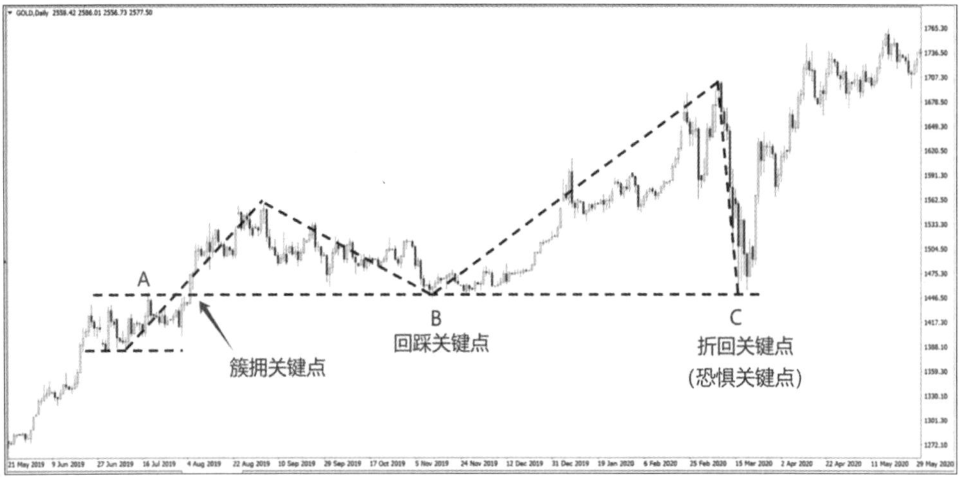

图5-78

在恐慌情绪蔓延时，短期内势必会强烈提振黄金的避险需求，再加上全球通货膨胀，会支撑黄金中长期上涨。因此，无论是短期还是中长期，黄金都没有持续下跌的理由，所以，短期的大暴跌只是市场的错杀，应该逆情绪而为，在人们恐慌卖出时，交易者应伺机买入。

逆市场情绪买入是正确的思路，但不能急切地过早入市。比如，一位做珠宝的王总，看到黄金价格暴跌后，认为机会来了，在暴跌的第二天就开始进场。然而行情继续暴跌，他的亏损迅速扩大。行情剧烈的波动让他完全没有时间思考和反应，所以他本能地持续补仓，并且浮亏加仓，企图将成本拉低一些。但行情完全没有任何止跌迹象，短短一个星期就亏了1300万元。爆仓之后行情却反转暴涨，让他的这次交易倒在了黎明前。

所以耐心等待恐惧关键点非常重要。市场情绪一般要经历四个阶段，分别是情绪启动、情绪加速、情绪衰竭和情绪冰点，所以要留给市场足够的反应时间。关键点往往会和情绪冰点吻合，耐心等待市场情绪达到冰点，然后再去查看行情是否也抵达了关键点。当恐慌指数飙升，行情又抵达大级别的关键点时，方可买入，抓住获利的机会。

在图5-78中，价格在簇拥区间振荡，反复纠结近两个月，随后一举突破簇拥关键点，连续向上拉升。最高涨至1557美元/盎司，价格再次受阻，进入了长达两个多月的调整，并且刚好精准抵达回踩关键点。然后在回踩关键点附近长期滞留，又横盘了一个多月。价格行为学告诉我们，振荡时间越长，说明该价位价值越大。这也进一步验证了簇拥关键点比其他关键点更有价值，所以簇拥关键点1453美元/盎司就是后市极其重要的价位。

价格脱离回踩关键点向上反弹，并且再度创新高。随后疫情暴发，行情先是加速上涨，然后由于流动性危机，导致黄金惨遭抛售。在暴跌的过程中，我建议很多珠宝同行在价格跌至1453美元/盎司附近重仓买入。黄金价格几乎直线一步到位，跌至1451美元/盎司。我在1455美元/盎司的时候重仓进场，随后行情持续暴涨，获利丰厚。

（2）日本加息。

2024年3月19日，日本央行宣布加息10个基点，将基准利率从-0.1%上调至0～0.1%，这是日本央行自2007年以来首次加息，并且宣布结束国债收益率曲线控制（YCC）政策。

日本央行政策历史性转向，使得日股短期承压，连续下跌。当市场一致性预期日本央行在退出负利率后再加息幅度有限，日本央行货币政策正常化的过程或仍偏谨慎，YCC政策可能调整，但日本央行对国债市场的“托底”可能暂时无法退出。市场对日本央行加息的预期，导致日经指数随后又继续创历史新高。

图5-79为日经指数日线级别K线图，行情时间跨度为2024年3月11日到2024年9月13日。

图5-79

然而现实很快打脸，日本央行在2024年7月31日结束的货币政策会议上决定加息并缩减国债购买规模。这是2024年3月日本央行结束负利率政策以来首次加息，结果引发了市场大崩盘。

2024年8月5日早间，日韩股市一开盘就迎来猛烈抛售，随后恐慌情绪蔓延。日经225指数一度闪崩，抹平2024年的所有涨幅，也创下史上最大下跌点数，超越1987年10月黑色星期一的纪录；韩国综指创2008年以来最大跌幅，日韩及土耳其等国股市主要指数触发熔断机制。澳大利亚、印度等亚太市场均出现大幅抛售，欧股开盘后也遭遇重挫。

图5-80为日经指数日线级别K线图，行情时间跨度为2024年3月11日到2024年9月13日。

图5-80

随后美股低开，热门科技股普遍下挫，英伟达、英特尔跌超6%，苹果、特斯拉、谷歌跌超4%。美股三大指数集体大幅收跌，道指跌2.6%，纳指跌3.43%，标普500指数跌3%。

全球金融市场如此大范围的下跌，着实让交易者大惊失色，很多散户完全不敢买入。

日经指数遭遇大闪崩主要有以下几个原因。

第一，非理性预期。

市场认为日本央行不敢激进加息。日本央行第二次加息前，市场也是预期按兵不动，然而日本央行却意外加息15个基点。

根据卢卡斯理性预期理论，市场经济具有内在的稳定性，其运行遵循一定的自然规律。只有未预期到的事件才能引起市场趋势的改变，所以数据出现意外情况之后，往往会导致市场剧烈波动，甚至带来一轮大级别反转。

市场并未预期到日本央行会加息，所以日本央行突然加息这一举措让投资者错愕，打得投资者措手不及，产生非理性交易。集体大抛售加剧了市场的波动，从而引发日经指数雪崩。

第二，货币政策倒挂。

通胀是日本央行货币政策的锚点，2024年1月日本CPI同比增速达2.2%，连续22个月超过2%；核心CPI为3.5%，连续14个月超过3%；加之2024年日本春季劳动薪资谈判初步结果显示，日本最大的工会联合会Rengo成员工会赢得了5.28%的平均工资涨幅，为1991年以来的最大涨幅，超出去年加薪幅度，涨幅强劲。工资上涨或推动“工资—物价”螺旋上升，形成需求拉动型通胀，通胀目标的实现支撑日本央行调整货币政策。

日本央行在第二次加息声明中表示，从实现2%的物价上涨目标的可持续性和稳定性来看，“调整金融宽松程度是适当的”。如果经济和物价按预期发展，日本央行将“继续提高政策利率，并调整金融宽松程度”。

日本央行看似在紧锣密鼓地收紧货币政策，全球多个国家和地区也处于随时开闸放水之中。全球央行紧急实施降通胀政策后，使得利率都处于纪录性高位，美国的利率更是高达5.5%。如此高的利率对于降低通胀的效果是显著的，但可能会对经济造成严重损伤。所以多国开始降息，美国降息也迫在眉睫，日本央行却逆全球趋势连续加息，这种货币政策倒挂的现象，使得日本每一次加息都会对市场造成巨大的冲击。所以，日经指数才会反应如此剧烈，短短几个交易日就暴跌近9000点。

第三，恐慌预期。

回顾历史，日本央行于2000年、2006—2007年两轮加息后，美股均迎来“崩盘”，引发全球金融危机。由于惯性思维，市场认为日本加息后，金融风暴将至。日本长期高企的国债份额和姗姗来迟的“缩表”，更是加剧了外界的担忧。

日本国债收益率处于高点，而日本国债大约一半数量都被日本央行持有，这些都是日本可能爆发债务危机的信号。如果日本最终出现金融危机，可能会将其长期积累的经济和金融问题缓慢“输出”到世界其他地区，最终导致全球金融系统崩溃。

以上原因叠加在一起，加剧了市场的恐慌情绪。投资者担心日本央行加息会再度引发全球性金融危机，所以导致全球股市遭遇黑色星期一，日经指数更是疯狂暴跌。

但是日本央行第二次加息后，全球股市的暴跌不全是日本央行加息导致的，还有多重冲击叠加的原因，比如疲软的美国就业及经济数据打击和中东地缘政治局势紧张等。历史上的确存在日本央行加息后，不久全球经济出现衰退的记录，但原因或许并非来自日本央行本身，而是在于美联储政策利率长期维持在高位。

总结来说，全球股市暴跌，日本央行加息可能是导火索，但并非唯一原因。日本央行之所以敢持续加息，是因为日本经济成功实现了结构性改革，通胀前景预期稳定。所以从本质上来讲，日经指数没有长期下跌的理由，短期暴跌只是市场过度恐慌，交易者非理性交易导致的结果。在日经指数暴跌的过程中，恐慌指数急速飙升，交易者可在情绪关键点等待进场做多。

图5-81为恐慌指数日线级别K线图，行情时间跨度为2019年9月9日到2020年10月7日。

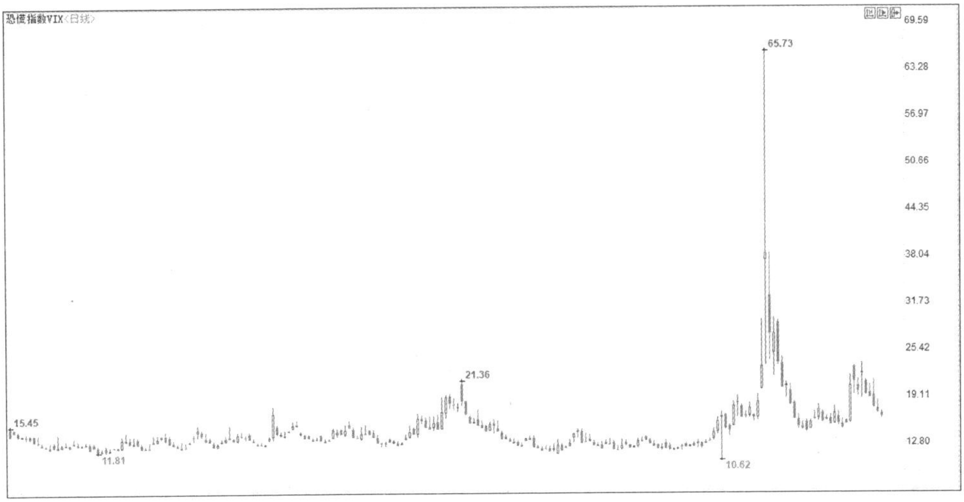

图5-81

图5-82为日经指数日线级别K线图，行情时间跨度为2018年7月22日到2024年9月13日。日经指数从疫情期间下杀的15800多点，强劲暴涨至30700点附近，随后进入了长达一年多的振荡调整。之后因为全球通胀飙高，助推

日经指数一度强势突破关键点A。为了防止经济陷入恶性通胀之中，全球央行紧急开启降通胀政策。随着全球经济逐渐冷却，日经指数也再次进入振荡调整期，价格最低回踩至B点，略微虚破关键点A。由于全球降息预期以及日本通胀水平稳定趋向2%的目标，进一步助推日经指数创历史新高，但2024年7月31日，日本央行第二次意外加息，成为带动全球恐慌性暴跌的导火索，日经指数也直接跳水至折回关键点C附近。

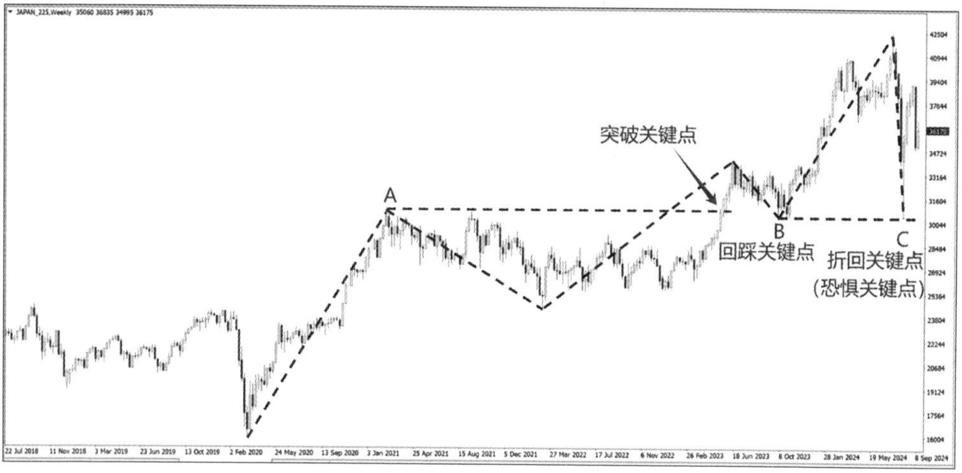

图5-82

我建议珠宝同行在折回关键点30500点附近抄底日经指数，日经指数随后V形反转，涨至第二次加息时的最高点，短短数天时间就盈利8000多个点。

3.恐惧关键点注意事项

恐惧关键点的操作核心是在市场极度恐惧之下，随时准备与大众进行相反操作。一旦价格抵达关键点，进场后往往会收获巨额利润。虽然三年不开张，但是开张就可以吃三年，并且风险几乎为零。

交易恐惧关键点需要重点强调以下四点。

第一，恐惧关键点必须是大级别行情中的关键点。

首先，当市场极度恐惧的时候，往往是大幅暴跌，小周期的关键点完全挡不住，往往会直接击穿。其次，恐慌情绪的释放需要经历四个阶段，这需要一定时间。

在情绪冰点的时候，往往会有大机构反复抄底，会出现巨阳拉升，但市场的卖压超级大，会反复把价格砸至最低点附近。所以在情绪冰点的时候，盘面上表现的通常是大阳大阴反复交替。只有经历情绪冰点之后，市场情绪才会回暖。所以在大级别关键点上发现行情出现大阳大阴反复交替，基本上说明是买入的上好时机。

从5分钟级别行情图中可以发现，在高位暴跌的过程中，几乎没有任何阳线，多头完全放弃抵抗，一直到底部。价格抵达大级别折回关键点后，大阳大阴交替出现，说明有大资金在反复抄底（见图5-83），记住这一点可以避免过早入场。保持足够的耐心，等待市场发出的买入信号，方能安稳地获得利润。

图5-83

第二，恐惧关键点经常发生在折回关键点的位置。

在极度恐惧的情况下，市场行情经常会大幅暴跌。恐惧关键点往往处于折回关键点位置，因为只有折回关键点才会有较大的跌幅。折回关键点是后市重要的多空分水岭，所以只有折回关键点才有可能抵挡得住市场凶猛的抛售浪潮。前面两个例子中，黄金走势的恐惧关键点和日经指数的恐惧关键点，都发生在折回关键点的位置。

第三，折回关键点锚定的是回踩关键点，不一定和突破关键点在同一个价位。

如图5-82所示，日经指数回踩的时候虚破了突破关键点A，所以日本央行第二次加息导致的暴跌，应该锚定回踩关键点30260进行交易，而突破关键点在30700附近。珠宝同行的进场点是30500，低于突破关键点200点，更接近市场底部，这样就能更加准确地抓到市场的相对低点，防止进场点位不好，浮亏过大，破坏交易心态。

第四，价格的内在规律使得每一次大波动都围绕关键点进行，因此学好关键点往往更容易获利。

如图5-84所示，A点向下回撤刚好触及前期突破关键点A'，也就是说，A点向下回撤的低点B'也为前期回踩关键点。可见行情每走一步都有逻辑，印证了行情的规律是先有关键点，然后有形态，最后才有趋势。因此，对于交易者来说，尤其对于短线交易者来说，找到关键点是获利的根本。

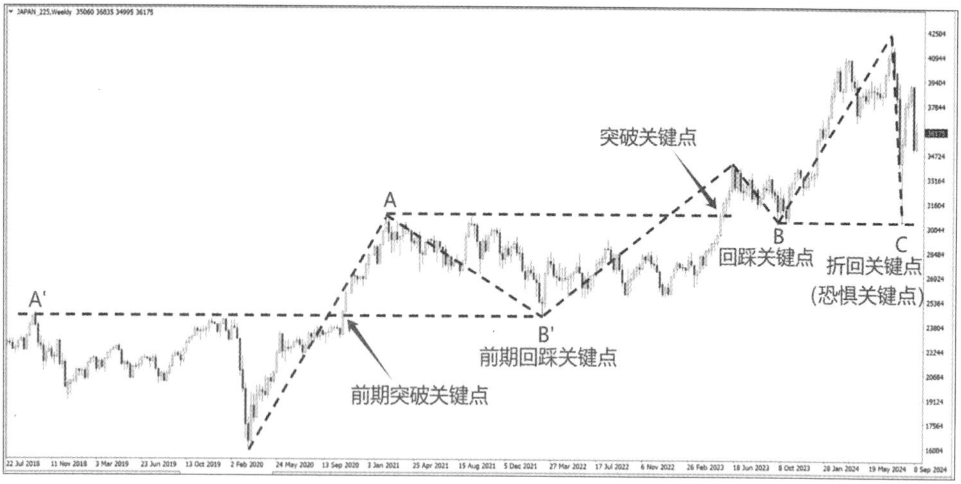

图5-84

5.4.3 贪婪关键点

1.贪婪关键点的定义

贪婪关键点是指市场情绪空前乐观时，技术上价格经历暴涨之后，行情向下反转，又刚好跌破短周期内的关键点，这个时候就称为贪婪关键点。

市场的贪婪是一个不断滚雪球的过程，这个过程就是“羊群效应”。一旦大家都相信了领头羊，就会忘记事实，假的也会变成真的。在贪婪达到极限时，任何不利的因素都会被市场忽略，甚至利空消息也会扭曲性地解读为利好消息。交易者大多数认为遍地是黄金，都会不计代价地抢购，价格会被哄抬到一个难以置信的高位。

市场具有无法治愈的精神缺陷，价格越是高涨，情绪就越亢奋。贪婪使得人们争相买入，进一步推高了价格，直到形成泡沫。然而价格终将回归价值，不合理的事情不可能永远存在。短期而言，市场是一台投票机，但长期而言，市场是一台称重机。树不可能涨到天上去，当乐观情绪过头，价格钟摆会向相反方向移动，回归价值。

因此，交易者要学会逆向思维，理性拒绝煽动效应，做一个坚定的“少数派”。在市场情绪兴奋到极致的时候，要保持冷静和理智，做到别人贪婪我恐惧。在大众狂欢的时候，如果价格出现关键点，可以大胆卖空。

当行情极度乐观的时候，价格往往会创历史新高，所以上方没有可供参考的关键点。即便上方有大级别关键点，也容易由于强大的惯性而大幅虚破。贪婪时的非理性程度远远大于恐惧时的非理性程度。行情由于恐惧而非理性超级暴跌时，下方的大级别关键点往往有较大概率能够精准支撑住价格；行情由于贪婪而非理性疯狂上涨时，上方的大级别关键点往往难以精准压制住行情。

因此，对于贪婪关键点的操作手法是：等待疯狂情绪有所消退时，价格向下反转，在高位形成突破关键点时，再进场做空，这样往往能快速获得丰厚的利润。

2.贪婪关键点案例讲解

（1）俄乌冲突。

为了应对疫情期间流动性危机，美联储出台“零利率+7000亿美元大规模量化宽松计划”等一系列空前经济刺激政策。这次美元放水规模远超2008年，流动性海啸随后席卷全球。

根据费雪理论：MV=PY（其中，M代表货币流通量；V代表流通中货币的流通速度；P代表价格总水平；Y代表产出总水平，即实际国民生产总值），可以得出货币量的超发势必会引起通货膨胀高企。消费者价格指数（CPI）是衡量通货膨胀水平的重要指标，反映了居民家庭一般所购买的消费商品和服务项目价格水平变动情况。美国2022年2月的CPI数据接近8%（见图5-85），英国、欧元区等经济体同样通胀高企。

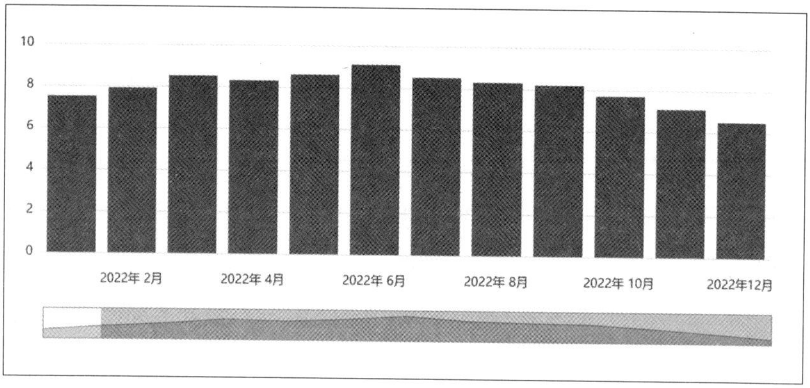

图5-85　2022年美国CPI数据

原油是通胀之母，原油自疫情创出低点以来一路暴涨。随着全球经济的复苏，提振了原油需求，再加上欧佩克减产建议限制了原油供给，推动油价节节高升。2022年2月24日，俄乌冲突爆发，使得油价进一步飙升，加剧了全球通胀压力。

随后欧美对俄罗斯实施制裁，很多买家舍弃俄罗斯原油，转而采购其他地区原油。但是俄罗斯每天出口的原油高达500万桶，还有200万到300万桶的成品油，没有哪个产油国可以弥补这么大的原油缺口。现货市场的缺口，使得原油价格暴涨，完全脱离了常态，短短数日从大约95美元/桶暴涨至129美元/桶以上，市场已经达到了极度贪婪的状态。

此时要冷静分析，不可盲目受市场情绪的影响，过度贪婪地追涨原油。在油价高涨期间，美国持续抛售战略储备原油，说明美国政府认为当前的高油价是不可持续的。最重要的是，如果油价持续飙升，必定会让全球陷入恶性通货膨胀之中，到时会给全球经济带来不可逆转的创伤。

从当时的经济形势可以预判，高油价即便不再上涨，也不可能在高位维持过长时间。因为全球通胀已经非常严重了，通胀持续时间越长，对经济损伤越大，爆发经济危机的可能性就越大。因此，油价大概率会快速下跌。

随后各国央行为了消除通胀，纷纷提高利率。原油作为通胀之母，降通胀的首要任务肯定是降低原油价格。因此，原油大概率会率先暴跌，而且会持续暴跌，至少要跌到实现2%的通胀目标。所以，在欧美制裁俄罗斯，导致油价直线飙升的时候，交易者应该随时准备反向做空。一旦价格向下跌破关键点，就要立刻做空。

图5-86为美原油30分钟级别K线图，行情时间跨度为2022年3月4日到2022年3月15日。原油价格在高位向下突破关键点后，加速下跌至93美元附近。

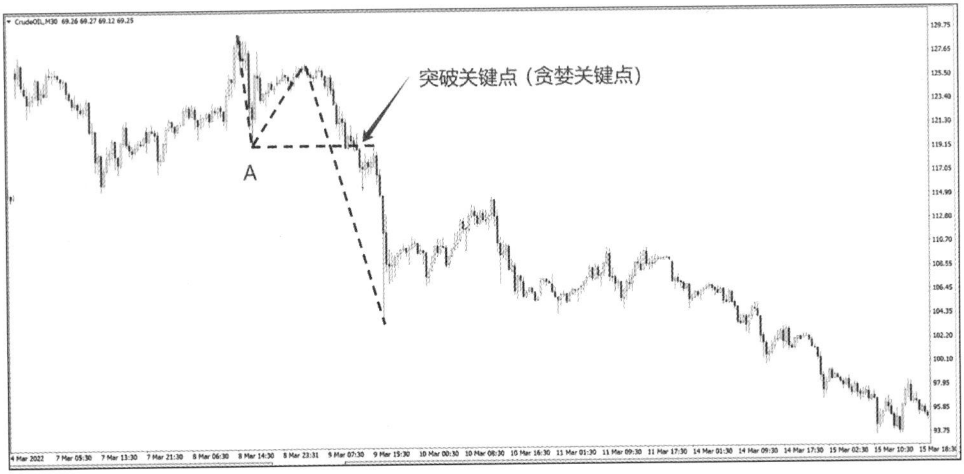

图5-86

（2）日本央行干预汇市。

从2021年开始，日元贬值就成为常态。特别是进入2022年，每个月、每一周日元都在贬值。日元的这轮快速贬值，是因为日本货币政策与全球各央行货币政策倒挂所致。

从2022年6月开始，我就密切关注美日动态，一直在准备择机做空美日汇率。当时日本通胀数据为2.1%，美国通胀数据为8.6%，欧元区通胀数据为8.1%，英国和澳大利亚的通胀数据机构预测为7%。在全球众多国家通胀飙升之际，日本的通胀数据显得分外平稳。

要知道日本央行可是维持了长达13年之久的超宽松货币政策，依然没能将通胀稳定在2%目标，对于日本央行来说，实现抑制通胀目标的道路，如蜀道之难。这轮通胀的上涨，刚刚触及2.1%，但这个数据难以稳定，因为通胀的上涨主要源于大宗商品价格的上涨。全球央行集体致力于压低通胀，随着全球通胀预期的降低，日本的通胀很可能回落，随后陷入紧缩的局面。因此，在全球央行加码紧缩的环境下，日本央行的选择不是结束量化宽松，而是继续量化宽松或者加码量化宽松。

自1984年以后，日本一直是稳定的出口国。美国长期以来是日本的第一出口目的地国家，所以美元兑日元的汇率对于日本具有重要性。日本对于美国的长期大量出口，隐含的结果就是日元兑美元必然强势。日元是自由浮动汇率，这种隐含的结果变成了显性的结果，又因为日本是一个原材料贫乏的国家，巨大的出口也对应着巨大的进口，因此，日元长期巨大升值必然导致进口输入物价指数走低，进而压制日本国内的物价。因此，日本出口大国的地位导致了其长期的通缩。

投资者抛售日债和日本股票，外资火速逃离，因为全球利率飙升之际，日本控制收益率的能力存疑。日本10年期国债收益率突破了0.25%的容忍上限，迫使日银加大了购买日债的力度，购买了10.9万亿日元（合808亿美元）的日本国债，创下历史最高纪录，终于将日本10年期国债收益率拉回到备受关注的上限（0.25%）之下。然而，尽管现在收益率重回0.25%之下，一切似乎已经风平浪静，可能10年期日债的隐含波动率已升至2008年全球金融危机以来的最高水平，这可能意味着眼下日债市场的风平浪静只是暂时的。

日本央行强力压制债市收益率，不排除日本央行干预外汇市场的可能性。

为了避免过度和无序的外汇波动损害经济稳定，日本央行在2022年10月21日打响了汇率反击战，震撼了全球的金融市场。日本央行估计抛售了起码200亿美元以上外汇储备，将日元从152的高点附近砸到了最低146附近。

美元兑日元当天4%的波动幅度，足以击穿无数交易员的底线。经此一役，日元止跌回升，华尔街做空资本被大量打爆，日元中期的风险压力得到了解除。

图5-87为美元兑日元15分钟级别K线图，行情时间跨度为2022年10月21日到2022年10月24日。美元兑日元跌破短期关键点后，进一步快速下跌。虽然随后快速反弹，但在高位振荡后，之后终于崩盘，向下暴跌。

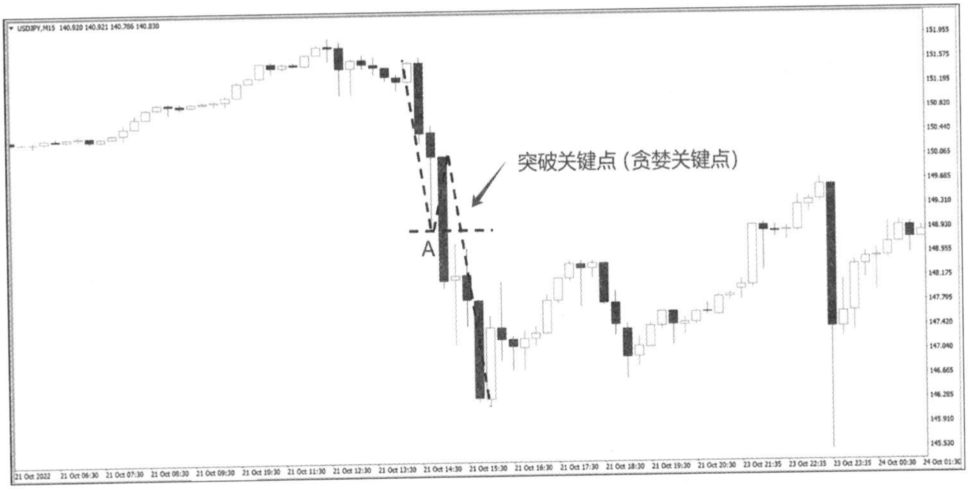

图5-87

图5-88为美元兑日元日线级别K线图，行情时间跨度为2022年6月26日到2023年7月5日。

图5-88

5.4.4 希望关键点

1.希望关键点的定义

希望关键点是指市场某一核心或重要的预期实现的时候，基本面迎来重大转机。此时刚好又出现了大级别的关键点，就称为希望关键点。

这一重要的核心预期，可以是货币政策转向，也可以是控制通胀目标，又或者是技术革新等。尤其是当这种预期被市场不太看好的时候，投资者就会用脚投票，导致行情持续暴跌。然而，一旦该预期出人意料地成为现实，就会点燃人们心中的期望，行情会报复性地反弹甚至反转。如果当时价格又处在下方大级别的关键点，那简直是不可多得的机遇。

2.希望关键点案例讲解

（1）钯金的机遇。

贵金属包含的品种除了常见的金银外，还有钯金、铂金、铑金、铱金、钌金等。从行情走势上，黄金和钯金的涨势不一致，主要原因是其属性不一样。黄金具有抗通胀和避险功能，货币和避险属性极强，而钯金并不属于避险与投资的金融商品。钯金主要是工业应用原料，在化学中主要用来制作催化剂，是航天、航空、航海、兵器和核能等高科技领域以及汽车制造业不可缺少的关键材料，还可用于制造牙科材料、首饰和外科器具等。

在汽车行业，钯金主要用于汽油车的催化转化器，也可用于日益流行的混合动力汽车。

铂金和钯金都属于铂族贵金属。南非占全球铂族供应量的70%以上，而俄罗斯占10%左右。俄罗斯和南非的经济状况对钯金价格的影响巨大，因此俄乌冲突导致钯金暴涨；南非由于疫情封锁，引发钯金直线飙升至3433美元历史高位。

图5-89为钯金日线级别K线图，行情时间跨度为2021年11月16日到2022年6月21日。

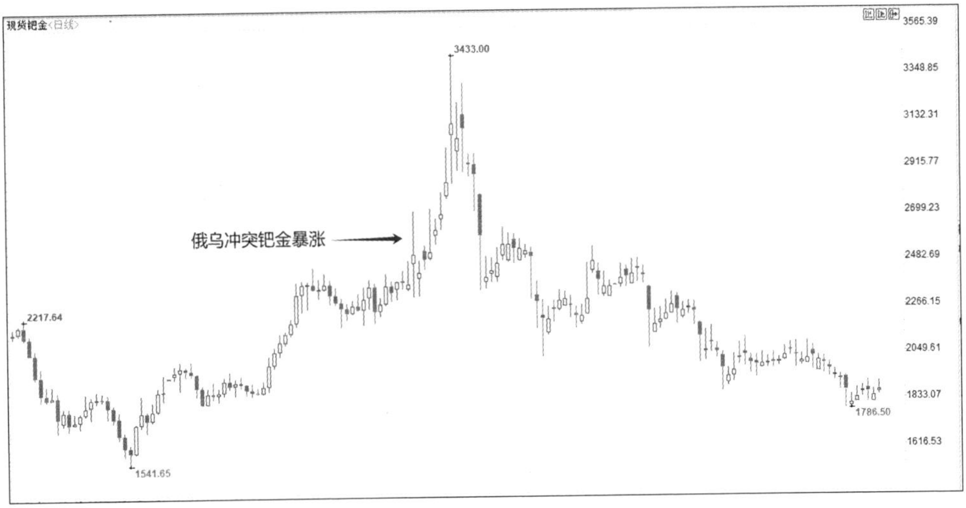

图5-89

图5-90为钯金日线级别K线图，行情时间跨度为2021年11月16日到2022年6月21日。

钯金具有良好的延展性，和铂金一样也是白色金属。在昔日铂金称王的时候，珠宝商曾一度使用更便宜的钯金替代铂金来制作首饰。然而这种替代效应是不稳定的，因为钯金的化学性质不如铂金稳定，钯金首饰佩戴一段时间后会变得灰暗，看起来质感非常差。此外，钯金首饰的密度小，会显得轻

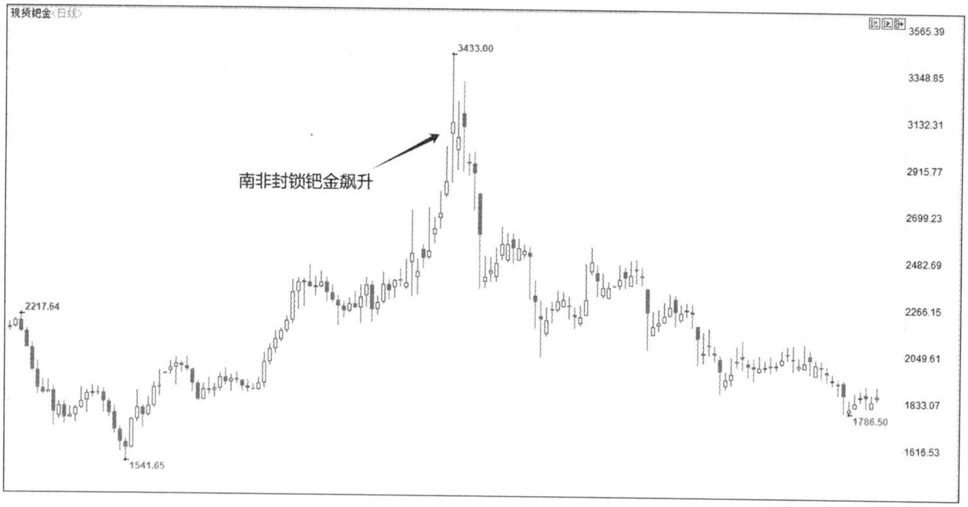

图5-90

飘飘的，钯金的加工难度也较大，对工艺技术有更高的要求。

铂金和钯金是一种应用非常广泛的催化剂，从石油化工到医疗，从汽车到腕表，都有它的身影，其中在燃油汽车三元催化转换器上应用最多。2008年铂金大牛市就是由铂金在燃油汽车催化转换器上的大量使用推升起来的。2008年全球金融危机，使得各大车企难以支撑高价的铂金，需要更便宜的替代产品。随着技术革新，人们发现更便宜的钯金在催化汽车尾气上比铂金性能更好，这一发现让铂金不再具有往日的优势地位，同时也让钯金成为新一代贵金属中的佼佼者。

早在2016年钯金500美元/盎司的时候，我发现了钯金替代铂金成为汽车三元催化转换器主要成分这一重要时机，当时让珠宝商同行布局长期多头策略，钯金随后也是立即开启了超级牛市之路。

图5-91为钯金月线级别K线图，行情时间跨度为2011年11月30日到2022年6月21日。从图中可知，钯金最高触及3433美元后，开始一路下跌。

钯金崩盘的原因主要有以下三点。

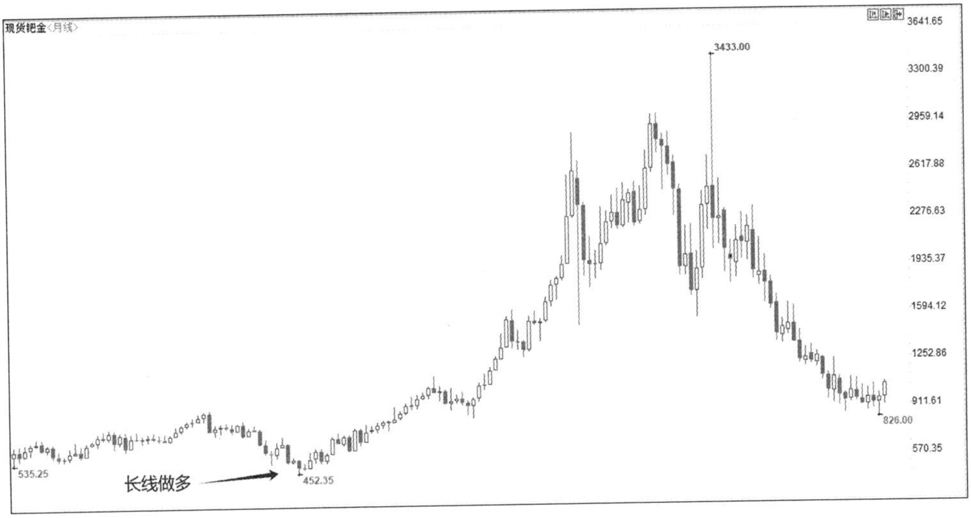

图5-91

第一，供需结构改变。

成也萧何，败也萧何。钯金作为燃油车三元转换催化器重要组成部分，多年来使得钯金需求猛增，持续处于供不应求状态。然而随着新能源汽车的崛起，使得钯金的涨势被猛地按下暂停按钮。此前相关矿企大量开采，加之大量回收利用，使得钯金市场供过于求。与此同时，尽管南非生产持续受到电力供应的困扰，但产出规模并未受到明显影响。持续的供大于求，是钯金价格连续下跌的主要原因之一。

第二，经济下行。

钯金和铂金都是工业原材料，当经济下行时，首先放缓的就是工业生产，所以PMI制造业指数被誉为经济荣枯指标。2008年金融危机引发铂金直线暴跌，也是这个原因。

经济下行对钯金是重要威胁，在2001年和2008年的两次经济衰退中，钯金价格从高峰到低谷的最大落差超过50%。新冠疫情期间，钯金、铂金也双双暴跌，可见经济状况对钯金价格的影响是非常大的。

全球经济从高通胀状态不断冷却，向正常状态回归，也是钯金这轮暴跌的主要原因之一。

第三，美联储加息。

美联储加息也是导致钯金价格大跌的重要原因之一。利率上涨会使企业成本增加，导致需求降低，进一步恶化钯金供大于求的状态。另外，利率升高，会使整个经济增长放缓，拖累钯金相关行业的利润，从而拉低钯金价格。

钯金价格虽持续走低，却孕育着新的机遇，主要有以下几个原因。

第一，混合动力汽车兴起。

混合动力汽车除了具备显著的减排降碳效果外，更关键的是其商业价值凸显，造车新势力凭借增程式混合动力路线率先实现盈利。尽管纯电动是新能源汽车的长期发展方向，但未来5到10年，混合动力汽车仍将保持快速增长态势。

短期内，混合动力汽车市场将呈现供需两旺的局面，加速挤占传统燃油车份额。从需求端看，有调查发现，36%的消费者明确表示有意选择混合动力车型，因为其兼具优异的动力性能与经济性，精准契合用户的需求，同时化解了续航里程和补能焦虑。

在此背景下，混合动力汽车的兴起为钯金市场重新注入了发展动能。

第二，美联储降息。

美联储降息迫在眉睫，将很快进入宽松周期，并且全球其他国家和地区也会相继降低利率，到时全球货币量可能又会超发。根据菲利普斯理论，货币量增加通常能增加就业，促进经济发展。经济增长预期会刺激总需求，自然也能带动钯金产业链的发展，钯金需求也会水涨船高，预示钯金即将有一轮上涨行情出现。

第三，股市大跌。

2024年8月5日全球股市大跌，刚好给了最好的进场契机，因为机遇总在危机中出现。股市往往是经济的晴雨表，既然恐惧关键点显示股市要反弹（恐惧关键点第二个案例“日本加息”中讲解过），那么工业需求就可能增长，对于具有工业属性的钯金来说，无疑拥有潜在的机会。

综上所述，基本面上钯金出现了新的希望，因此我于2024年1月建议珠宝同行在钯金价格为835美元/盎司的时候做多。随后钯金价格在低位一直振荡7个多月，终于在2024年8月5日全球股市大跌的带动下，直接精准跌至835美元/盎司的关键价位，我们迅速重仓做多。从行情中可以看到，钯金价格虚破835美元/盎司，实际跌至826美元/盎司，随后强势反弹，此次交易大幅获利。

图5-92为钯金日线级别K线图，行情时间跨度为2023年11月10日到2024年9月16日。

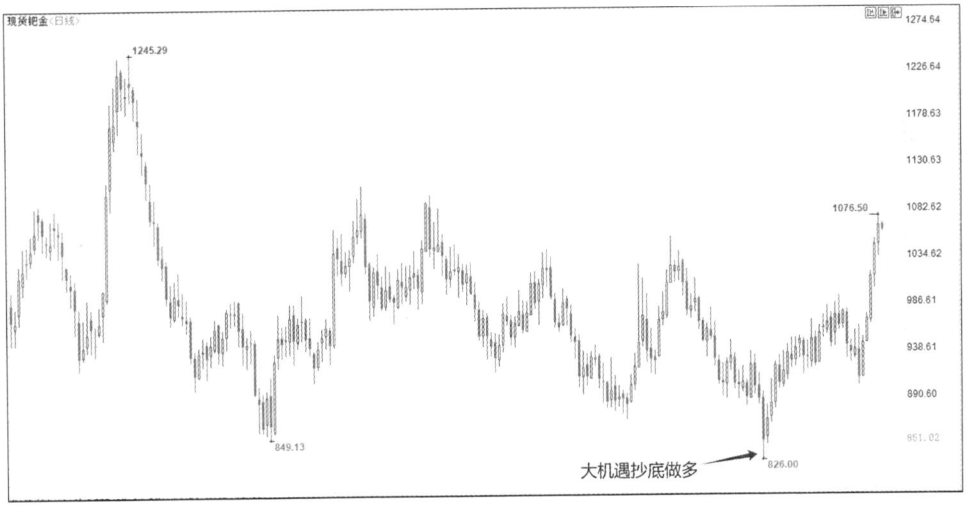

图5-92

狙击钯金的这场战役堪称完美，主要是因为运用了希望关键点。混合动力汽车的兴起燃起了钯金需求的希望，并且在全球股市恐慌性下跌的带动下，顺势砸出了钯金的“黄金坑”，入场时机恰到好处。更为关键的是，835美元/盎司这个价位是下方大级别的折回关键点。

图5-93为钯金月线级别K线图，行情时间跨度为2009年8月31日到2024年9月16日。C点为折回关键点。价格突破关键点A点后，行情并没有继续大涨，而是振荡向下回踩，回踩关键点B略微虚破A点，但随后快速拉起，开启了一轮浩浩荡荡的大牛市。在3433美元/盎司的高位崩盘之后，连续暴跌了

两年多，终于抵达折回关键点。截至2024年9月16日，长线多单已经大赚230多个点，但行情可能还未结束。

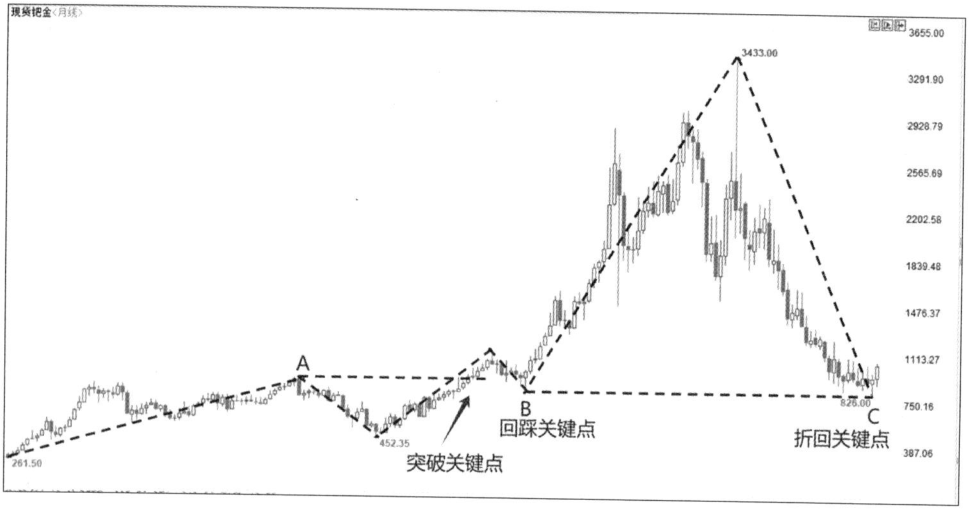

图5-93

（2）美国通胀2%。

2020年原油凶猛暴跌，几乎在任意时候抄底，都会发生巨额亏损。但如果严格执行关键点交易法，就不会出现爆仓的局面。

图5-94为布伦特原油日线级别K线图，行情时间跨度为2019年10月7日

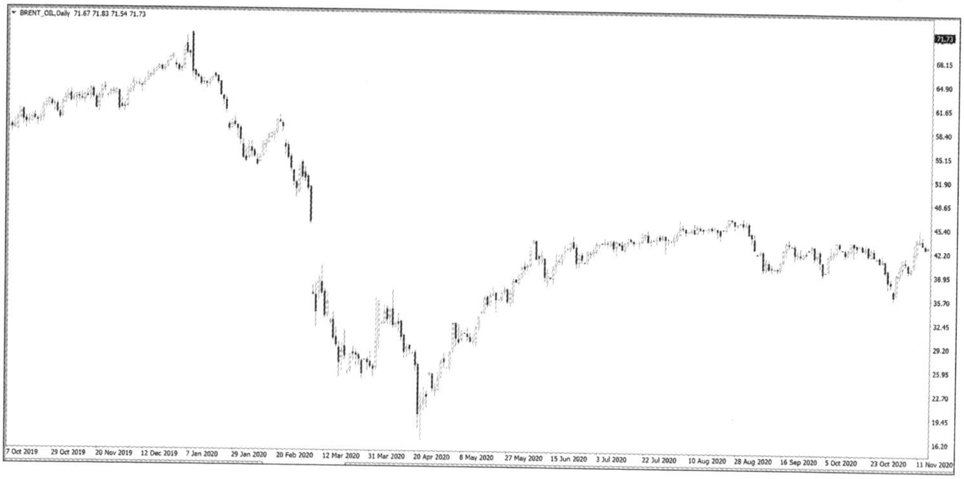

图5-94

到2020年11月11日。价格下跌过程中，在小级别行情里只有做空关键点，根本没有任何做多的信号。

图5-95为布伦特原油月级别K线图，行情时间跨度为2011年6月1日到2024年2月1日。在大级别行情里，下方也没有任何恐惧关键点。所以在这轮暴跌的过程中，不会过早地发出任何做多信号。但是如果采用希望关键点进行交易，则能够抓住可遇不可求的机遇。

图5-95

基本面上影响原油价格走势的因素错综复杂，唯一能够进行定量定性分析判断的只有2%的通胀目标。当时我锚定美国2%的通胀目标，抓住了原油一轮史诗级别的暴涨行情。

全球央行基本都将通胀稳定在2%作为目标（央行的两大职能是稳物价、促就业。西方经济学家认为，温和通胀有利于经济发展），通胀2%是一个经济体能够良性发展的关键阈值。一旦通胀低于2%，央行就会不遗余力地提高通胀。就像日本为了实现2%的通胀目标，开创了负利率先河，为之努力十几年，即便在汇率恶性贬值之下，还依然坚持提升通胀2%的目标不动摇。

由于全球经济一体化进程不断深化，美国经济直接影响着世界经济的发展，可以通过锚定美国通胀数据，来预判全球通胀水平。原油是通胀之母，在工业领域扮演的角色越来越重要，石油也因此被称为“工业的血液”。一方面，原油作为社会生活的主要消费品，在社会经济发展中具有非常广泛的作用与功能，各行各业几乎都离不开原油产品。原油产品是材料工业的支柱之一，与现代交通工业的发展息息相关，工业、农业、手工业、科技、建材等几乎无处不有原油的身影。能源在国民消费中占据很大的比重，因此油价波动直接影响世界经济发展状况。另一方面，因为美国经济总量和原油消费量均列世界第一，所以油价对美国经济的影响更为深远，据国际货币基金组织（IMF）估算，油价每上涨5美元，将削减全球经济增长率约0.3个百分点，美国经济增长率则可能下降约0.4个百分点。当油价连续飙升时，国际货币基金组织也会调低未来经济增长的预期。

总体来看，原油价格的波动对通货膨胀具有举足轻重的影响，所以原油价格被誉为“通胀之母”。一般情况下，油价上涨，会引发通货膨胀；油价下跌，会造成通货紧缩。

如图5-96所示，2020年疫情暴发后，美国很快陷入通缩之中，通胀水平远低于2%。

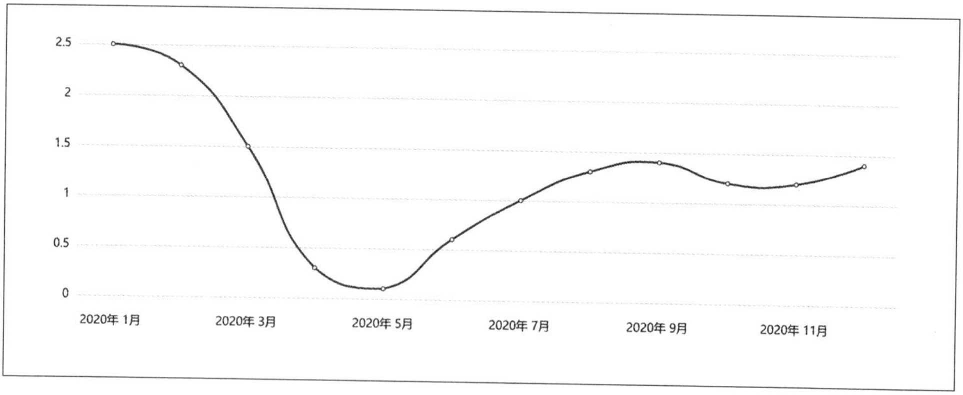

图5-96 美国2020年CPI数据

当时的经济环境非常糟糕，全球处在隔离封锁之中。如果解除隔离，疫情会快速蔓延；如果继续隔离，经济生产无法开展。因此，全球经济陷入了两难境地。疫情会持续多久，谁都不知道；经济会不会突发其他风险，也不知道；短期内原油价格是涨是跌，还是不知道。但唯有一点可以肯定的是，全球央行必然会竭尽全力地推高通货膨胀率。

根据经济学理论，当经济陷入危机，产生通货紧缩的时候，把目标放到提高通货膨胀上，往往是有效恢复经济生产的手段之一。全球央行也迅速做出反应，美联储甚至承诺无限量宽松，以提振经济。

再根据费雪理论：MV=PY，超发的货币量势必会导致通货膨胀上涨，这就让交易者在危机中看到了希望。全球央行致力于将通胀恢复到2%的水平，使得原油可能开启暴涨之路。我一直紧盯美国通货膨胀数据，等待关键点出现后，就果断重仓进场。

图5-97为布伦特原油日线级别K线图，行情时间跨度为2020年2月20日到2021年3月7日。2020年5月29日，价格向上突破簇拥关键点37.25美元/桶；2020年6月12日，价格回踩关键点；2020年11月1日，价格出现折回关键点。这三个月美国通胀数据一直低于2%，因此，我当时建议珠宝同行连续三次抄底，操作都非常成功，买入就精准获利。2020年11月之后，美国通胀数据一路飙升，原油价格也火箭般起飞。

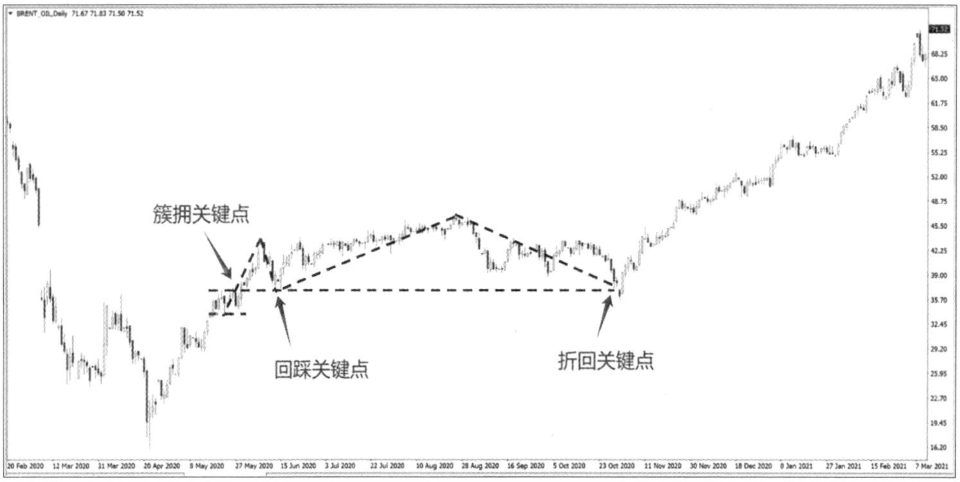

图5-97

虽然没有买到行情的最低点，但是采用希望关键点，可以在情绪回暖时买进，就可以避免不确定的因素，还可以避开浮亏期，防止倒在黎明前。

图5-98为布伦特原油日线级别K线图，行情时间跨度为2020年2月20日到2021年3月7日。簇拥关键点刚好是前期下降过程中的反弹高点，这种情况能够提升关键点获利的概率。根据道氏理论趋势的定义可知，在下降趋势中，不但低点要不断降低，高点也要不断降低。所以当原油价格突破前期高点的时候，就表明下跌趋势可能结束了，而此时刚好也同时突破了簇拥关键点，在这种双重突破的情况下，关键点的有效性会大幅提升。

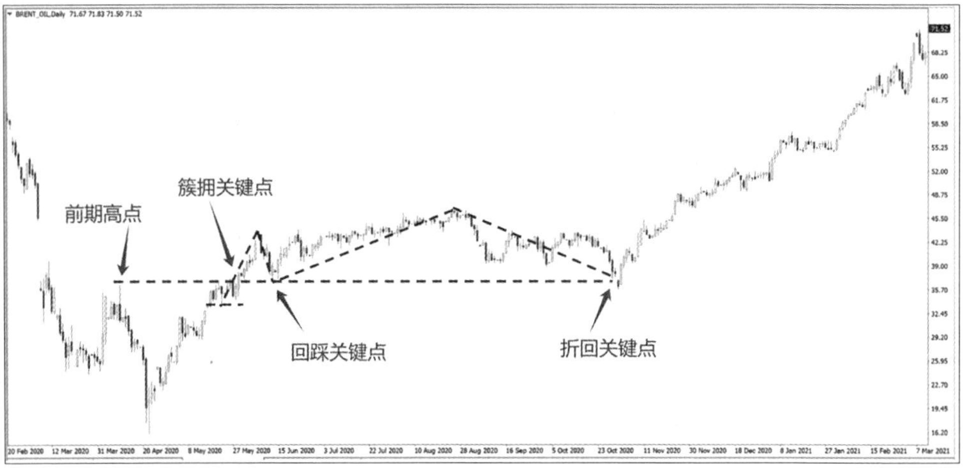

图5-98

第 6 章

仓位管理

6.1　仓位管理的重要性

对于交易者而言，盈利的前提是找准关键点。然而，成功捕捉关键点并不意味着必然盈利，毕竟市场没有“常胜将军”，所谓的关键点交易也无法保证百分之百获利。事实上，没有人能确切预知某一笔交易的最终结果是盈利还是亏损。

尤其在短线交易中，交易本质上是一场“概率游戏”，因此仓位管理的重要性便凸显了出来。仓位管理不仅是衡量交易者风险承受能力的核心标准，更是在不确定性中控制风险、稳定收益的关键手段。

仓位管理是资金管理的核心组成部分。对于交易者而言，建立科学的仓位管理体系，是在市场中长期致胜的必要条件。其终极目标在于，通过一系列可执行的操作策略，实现风险控制与利润放大的动态平衡，即在合理控制风险敞口的前提下，最大限度地提升收益空间。

6.2　错误的仓位管理行为

在交易过程中，交易者主要会出现以下三种错误的仓位管理行为。

第一，在自认为有把握的时候重仓。

首先，重仓交易在与市场行情对抗时，风险极大，因为有限的本金难以承受极端波动。重仓交易的本质是“以有限对抗无限”——市场波动幅度不可预测，而交易者的本金总量恒定。单笔交易若投入过高比例的资金（如超过账户资金的50%），单次亏损即可造成“伤筋动骨”的后果。例如，100万元本金重仓亏损90万元后，剩余10万元需实现10倍收益（即盈利90万元）才能回本，这在金融市场中概率极低。

重仓导致的高亏损率，会将交易者推入“高风险激进操作”的恶性循环中。

其次，对某笔交易是否有把握仅代表一种观点。尤其在短线交易中，无论采用何种方法，都无法做到万无一失。即便运用趋势交易法，通过技术指标判断出趋势，本质上仍是个人的主观认知。毕竟技术指标是人们基于经验的总结，再先进的理论也无法取代市场自身的趋势特性。市场趋势本质是群体行为的动态结果，而非单一理论或指标能精准定义的客观事实。

再者，墨菲定律告诉我们，错误一定会发生。一旦重仓交易，即便连赚99次，只要亏一次，就可能是灭顶之灾。在每个交易者的交易生涯中，肯定不只做一笔交易，那么出现错误就是一定会发生的事情。也就是说，只要重仓交易，就等于100%会失败，只是或早或迟而已。即便当下某一段时间因重仓而获利不菲，这些利润也可能是过眼云烟而已。

第二，连亏之后加重仓位。

交易者总喜欢在连续亏损后，一个劲儿地加大仓位。除了急于回本之外，还有一个重要的原因是，他们认为既然交易是做概率业务，连亏的次数越多，那么下一笔交易盈利的概率就越大。假如交易胜率是60%，如果在交易中连续亏4笔，那么剩下的6笔将全部都是获利的。

表面上看的确是如此，但是他们忽略了一点，那就是在投资中，每一笔交易都是独立事件，也就是如果你的交易胜率为60%，那么你每一笔交易的胜率都是独立的60%。别说你连亏4单，哪怕是连亏40单，你下一笔交易的胜率依然是60%。

交易胜率从来都不是均匀分布的，上一段行情和当下的行情完全没有关系，上一笔交易和当下这笔交易也毫无关系。由于连亏的次数多了，产生总会赚一单的心理，由此加大交易仓位，最终只会越亏越多，越陷越深。

第三，捡便宜的心理，越低越买。

贪便宜是人的天性，人们总认为越便宜得利越大。但在交易中，便宜不一定是好事。越便宜，价格越低，表示行情越弱。在弱势行情中做多，很容易一买就亏。

短线盈利的重点不在于买到更低的价格，而在于头寸在止损之前就获得利润。如果打掉了你的止损，即便买的价格再低，后期行情涨得再多，都跟你没有关系。

还有很多人喜欢浮亏加仓，认为行情总会反转，在更便宜的价位更有胆量买进。然而行情具有马太效应，即强者恒强，弱者恒弱。越贪便宜，只会更容易亏钱。再加上资金有限和频繁止损，这种行为只会是爆仓的催命符。

6.3 仓位控制方法

总有粉丝问这样的问题：我的账户赚到多少才能加大仓位？加仓的幅度是多少？这都是定额（或定手数）开仓带来的弊端。定额（或定手数）开仓是非常主观的，盈亏都无法调整仓位，不知道什么时候减小仓位，也不知道什么时候加大仓位。

当账户持续赚钱之后，自我感觉良好和对利润的追逐会刺激交易者提高仓位。但很多交易者都会碰到这样的情况，即只要加大仓位，立即就会开始亏损。

出现这种现象的主要原因有以下两个。

第一，当交易者成倍地扩大仓位时，突然变重的仓位会增加心理压力。压力是正确抉择的天敌，很容易导致交易者丧失客观性，从而频繁出错。

第二，前面一直在赚钱，说明前期获胜的概率很高。如果加大仓位后亏损，可能导致前期盈利都不够这一次重仓亏损。

如果采用指数级复利仓位管理模型，则完全不会受以上两个问题的困扰。指数级复利仓位管理模型能够更安全、更科学地帮助交易者调配仓位，还能够实现指数级复利，最大化短线利润。下面详细讲解指数级复利仓位管理模型。

6.3.1 常见的仓位控制方法

仓位控制是确保交易者资金安全和长期盈利的关键策略。有效的仓位控制不仅能降低风险，还能在市场波动中保持冷静，从而做出更为理性的决策。常见的仓位控制方法主要有固定风险金额控制法、波动性控制法、凯利公式控制法和固定风险比例控制法。

1.固定风险金额控制法

这种方法要求交易者在每笔交易中设定一个固定的风险金额。比如，在黄金交易中，设置固定风险金额300美元，关键点显示应该在3000美元/盎司做多，合理止损价位是2990美元/盎司。根据合约规则可知，1手黄金波动1个点的价值为100美元，那么交易者应该开立的仓位计算公式为：

仓位=固定风险金额÷（开仓价−止损价）÷每个点价值

即

仓位=300÷（3000−2990）÷100=0.3（手）

采用固定风险金额控制法进行交易时，无论市场如何波动，每笔交易的风险金额保持不变。这种方法的优点在于简单明了，易于执行，且能有效控制风险。但这种方法不适用于长期资金管理。比如，当持续获利的时候，本金越来越大，那么很显然，继续采用原先的固定风险金额作为开仓依据，显然会过于保守，降低资金的利用率，也降低了获利能力。再比如，当连续亏损的时候，本金会不断被蚕食，越来越小，那么继续采用原先的固定风险金额作为开仓依据，无疑会使仓位越来越重，风险越来越大，很容易快速亏光本金，很难持续进行交易。

2.波动性控制法

波动性控制法是根据市场波动性来调整仓位大小。波动性较高的市场，仓位要相应减少；波动性较低的市场，仓位可以适当增加。这种方法需要交易者对市场波动性有较为准确的判断，通常通过历史波动率或平均真实波动范围等指标来衡量。

波动性控制法的根本原理是：在波动性较高的市场中，需要设定更宽松的止损，才能抵御市场杂波带来的止损风险。由于止损幅度扩大了，所以必须降低仓位，这样才能维持既定的风险。而在波动率较低的市场中，设定稍窄的止损，也能过滤行情的杂波和毛刺，在既定风险的条件下，止损幅度缩小，允许交易者扩大仓位，以提高收益。

波动性控制法看起来比较合理，实则蕴含了巨大的风险。因为没有人能提前知道市场的波动率什么时候放大，什么时候缩小。比如，2021年8月9日，黄金从1763美元/盎司直线跳水至1690美元/盎司，短短几分钟之内就暴跌逾70美元。所以，波动性开仓法有时候会过于主观，可能会带来难以估量的风险。

3.凯利公式控制法

凯利公式控制法是一种基于数学期望和概率论的资金管理策略，适用于具有明确胜率和赔率的交易。凯利公式：

$$f=\frac{p\cdot b-q}{b}=\frac{p(b+1)-1}{b}$$

其中，f表示现有资金应进行下次投注的比例；p表示胜率；q表示输的概率（$q=1-p$）；b为盈亏比（例如，盈利2元对应亏损1元，则$b=2$）。

比如，某次交易的胜率为60%，赔率为2:1，那么仓位比例应为$(0.6\times2-0.4)/2=0.4$，即40%的资金用于该笔交易。凯利公式可以帮助交易者确定每笔交易中应该投入多少资金，以实现资金的长期最大化增长。

凯利公式的根本问题是预估胜率和赔率都过于主观，历史数据未必可靠，市场环境变化可能导致历史胜率和盈亏比失效。另外，交易者容易高估胜率或低估风险，导致交易风险大幅增加。比如，若真实胜率$p=50\%$，盈亏比$b=1.5$，但胜率误估为$p=60\%$，计算结果f从16.7%升至33.3%，导致实际风险翻倍。

在胜率高或盈亏比大时，凯利公式可能会计算出极高仓位比例（如

$f>50\%$），这种激进策略会导致单次亏损对账户带来毁灭性打击。例如$f=50\%$时，一次亏损即导致账户缩水50%。另外，极高的仓位还会导致心理压力过大，难以承受高波动性，容易提前止损或放弃策略。

凯利公式基于无限次重复投资的假设，但现实中交易次数有限。短期内可能遭遇连续亏损，导致账户大幅回撤甚至爆仓。

假设$f=25\%$，胜率$p=60\%$，盈亏比$b=1$，连续3次亏损的概率为$40\% \times 40\% \times 40\%=6.4\%$，账户剩余资金为$(1-0.25)\times(1-0.25)\times(1-0.25)=42.2\%$。需后续盈利137%才能恢复，但市场未必提供足够的机会。

4.固定风险比例控制法

固定风险比例控制法是一种以风险控制为核心的资金管理策略，其核心思想是确保每次交易承担的风险占账户总资金的比例固定（如3%、6%）。与仅关注投入资金比例的仓位管理不同，此方法通过结合止损幅度精确计算头寸规模，使潜在损失严格控制在预设范围内，从而在长期交易中实现风险与收益的平衡。

固定风险比例控制法的操作步骤如下。

（1）设定风险比例。

在运用关键点进行交易时，建议交易者将固定风险比例设置为总资金的3%或6%。普通关键点设置为3%，高级关键点设置为6%。如账户有10万美元，普通关键点的单次风险上限为3000美元，高级关键点的单次风险上限为6000美元。

（2）确定止损幅度。

想要确定止损幅度，交易者必须先根据关键点技术设定合理的止损点位，然后根据入场点和止损点可以得到止损幅度，其计算公式：

$$止损幅度=|开仓价-止损价|$$

比如，交易者以200美元买入苹果公司股票，止损价设置为190美元，则止损幅度为10个点（200−190=10）。

（3）计算头寸规模。

通过风险比例和止损幅度确定可交易数量：

$$头寸规模（手）=\frac{账户总资金\times 风险比例}{止损幅度\times 每点价值}$$

比如，账户资金为10万美元，普通关键点风险比例为3%，在200美元价位买入苹果公司股票期货，止损价设置为190美元，合约价值是1手每点1000美元，则可开立的头寸规模为：

$$头寸规模=100000\times 3\%/[(200-190)\times 1000]=0.3手$$

根据以上公式可知，头寸是根据止损幅度自动调整的，但风险始终不变。当止损幅度较小时，头寸会自动扩大，以增加潜在收益；当止损幅度较大时，头寸会自动缩小，依然可维持风险不变。

5.仓位控制方法对比

上述四种仓位控制方法的优缺点比较如表6-1所示。

表6-1

仓位控制方法	优点	缺点
固定风险金额控制法	简单，易执行，风险控制较好	不适于长期管理
波动性控制法	适应市场波动，灵活性强	主观性强
凯利公式控制法	最大化长期收益	主观性强，极端情况下风险极高
固定风险比例控制法	简单，易执行，风险严格控制	几乎没有

在实际应用中，交易者可以根据自身的风险承受能力、市场条件和交易策略，选择合适的仓位控制方法。例如，对于风险厌恶型交易者，固定风险金额控制法和固定风险比例控制法可能更为合适；对于追求高收益的交易者，波动性控制法和凯利公式控制法可能更具吸引力。无论选择哪种方法，关键在于严格执行，避免因情绪波动做出不理性的决策。

以上每种仓位控制方法几乎都有优缺点，而固定风险比例控制法的突出特点是风险优先、科学计算、普适性强，几乎没有缺点，所以推荐交易者使用固定风险比例控制法。

- 风险优先：无论市场如何波动，每次亏损都被锁定为固定比例，避免账户大幅回撤，能有效控制风险。
- 科学计算：通过止损幅度和风险比例计算头寸，避免主观决策偏差。
- 普适性强：由于只关注账户本身的数字，所以更加客观，适用于股票、期货、外汇等多种市场。

6.3.2 指数级复利仓位管理模型

如果固定风险比例控制法参考的总资金始终锚定账户的净现值，就让该方法进一步具有了指数级复利的功能，可以升级为指数级复利仓位管理模型。需要注意的是，账户净现值锚定的是净权益，如果有持仓，那么浮动盈亏不纳入净现值范围之内，因为浮动盈亏只是账面上的，未落袋之前，都不属于自己。

固定风险比例控制法具备指数级复利功能的原因是头寸规模会动态调整，即头寸规模不但可以根据止损幅度自动调整，还可以根据账户净现值的变化自动调整，这就实现了在盈利的情况下仓位会不断增加，具有复利效应，雪球会越滚越快，且是指数级复利效应。但如果是亏损的情况，仓位会不断减少，亏损会越变越小，自动控制风险，就算是持续亏损，账户本金也不会亏完，从而实现了“进可攻，退可守”的指数级复利仓位管理模型。

1.指数级复利仓位管理模型演示

下面举个例子，说明采用指数级复利仓位管理模型是如何体现强悍的防守能力和强势的进攻能力的。比如，用10万美元交易苹果公司股票期货，固定风险比例为3%，止损幅度为10个点，1个点价值1000美元，盈亏比设定为3。

假设在极端不利的情况下，连亏10单，甚至20单，这时的账户情况如图6-1所示。

交易次数	账户余额	风险比例	止损幅度	头寸规模	盈亏比	结果	余额	每单实际收益（相对于本金）
1	100000	3%	10个点	0.300手	3	亏	97000	3%
2	97000	3%	10个点	0.291手	3	亏	94090	2.91%
3	94090	3%	10个点	0.282手	3	亏	91267	2.82%
4	91267	3%	10个点	0.274手	3	亏	88529	2.74%
5	88529	3%	10个点	0.266手	3	亏	85873	2.66%
6	85873	3%	10个点	0.258手	3	亏	83297	2.58%
7	83297	3%	10个点	0.2500手	3	亏	80798	2.50%
8	80798	3%	10个点	0.242手	3	亏	78374	2.42%
9	78374	3%	10个点	0.235手	3	亏	75923	2.35%
10	75923	3%	10个点	0.228手	3	亏	73742	2.28%
...	...	3%	10个点	...	3	亏	...	
20	56061	3%	10个点	0.163手	3	亏	54379	1.68%

注：数据经过近似处理，与实际统计有微小差别。

图6-1

如图6-1所示，即便在连续亏损10次的情况下，账户依然没有出现毁灭性打击，净值依然有73742美元，只亏损了26.26%。要知道，在交易过程中，就算你胡乱猜行情，也能够猜对一半，所以想要出现连续10次亏损的情况是非常困难的。从这一点上也能体现出指数级复利仓位管理模型非凡的防守能力。即便是遭遇黑天鹅事件，出现了不可想象的连续性20次亏损，本金依然剩余54379美元，连一半的亏损都没有达到。

所以，指数级复利仓位管理模型在风控能力上堪称铜墙铁壁，这主要得益于其动态调整仓位的功能。只要出现不利，仓位就会随着净现值的降低而进一步减少，使得每一笔亏损不断缩小。理论上即便永远在亏损，账户资金也亏不完。也就是说，采用指数级复利仓位管理模型，如果严格执行，只需要投入一次本金，无论出现什么情况，都能保护好本金。这样的话，即使一直在亏钱，但账户会一直有本金在，不会亏完；如果能够盈利，则交易生涯会获得成功。

在交易领域中，指数级复利仓位管理模型之所以被推崇为“以最小代价实现交易成功”的核心策略，本质在于其对风险的科学量化与初学者成长路径的精准适配。相较于交易者常见的盲目投入模式，该模型通过仓位与风险的指数级关联逻辑，从根本上阻断了“频繁亏损—持续注资”的恶性循环，为交易者构建了一道关键的安全屏障。

很多交易者在交易时往往会陷入“小金额试错，高频率亏损”的陷阱中。单次投入看似微小，但在行情波动与交易失误中，累计亏损也是无法承受的，最终严重影响了家庭和生活。而指数级复利仓位管理模型可以有效阻止交易者不断投入本金，免于酿成不可挽回的灾难。很多交易者即使后期技术成熟，也会因频繁亏损导致本金缩水，心态失衡，丧失“东山再起”的资本。

假设交易比较顺畅，连赢10单，甚至20单，这时的账户情况如图6-2所示。

交易次数	账户余额	风险比例	止损幅度	头寸规模	盈亏比	结果	余额	每单实际收益（相对于本金）
1	100000	3%	10个点	0.300手	3	盈	109000	9%
2	109000	3%	10个点	0.327手	3	盈	118810	9.81%
3	118810	3%	10个点	0.356手	3	盈	129503	10.69%
4	129503	3%	10个点	0.389手	3	盈	141158	11.66%
5	141158	3%	10个点	0.423手	3	盈	153862	12.70%
6	153862	3%	10个点	0.462手	3	盈	167710	13.85%
7	167710	3%	10个点	0.503手	3	盈	182804	15.09%
8	182804	3%	10个点	0.548手	3	盈	199256	16.45%
9	199256	3%	10个点	0.598手	3	盈	217189	17.93%
10	217189	3%	10个点	0.652手	3	盈	236736	19.55%
...	...	3%	10个点	...	3	盈	...	
20	514159	3%	10个点	1.542手	3	盈	560441	46.27%

注：数据经过近似处理，与实际统计有微小差别。

图6-2

如图6-2所示，当交易处于盈利阶段时，采用指数级复利仓位管理模型，会让交易者的资金不断扩张，头寸规模会随着盈利的增加不断加大，每一次盈利都在递增，并且是呈指数级复利增长。从图6-2中可以看到，每一单盈利相对于初始本金来说，都在不断扩大，且以1.09的指数级在增长（即 1.09^n ）。在第10次交易时，一笔交易就赚了本金的19.55%；在第20笔交易时，更是一笔盈利就赚了本金的46.27%。这就是指数级复利仓位管理模型的威力，一旦得势，就能够帮助交易者迅速扩大战果。

其实在交易过程中，盈亏比并不总是3倍。比如，在某些情绪关键点会赚到10倍、20倍，乃至更高的盈亏比。叠加指数级复利仓位管理模型，很容易让交易者在某一笔交易中获得惊人的财富。比如，在第21笔交易的时候赚了10倍盈亏比，那么这笔交易的手数是1.681手，10倍盈亏比等于赚了100个点，也就是最终这笔交易会赚16.81万美元的收益，是本金的1.681倍。

当然交易不可能一直亏损，也不可能一直获利。下面假设胜率是70%，采用指数级复利仓位管理模型统计一下收益情况，如图6-3所示。

交易次数	账户余额	风险比例	止损幅度	头寸规模	盈亏比	结果	余额	每单实际收益（相对于本金）
1	100000	3%	10个点	0.300手	3	盈	109000	9%
2	109000	3%	10个点	0.327手	3	盈	118810	9.81%
3	118810	3%	10个点	0.356手	3	盈	129503	10.69%
4	129490	3%	10个点	0.389手	3	亏	125618	-3.89%
5	125618	3%	10个点	0.377手	3	亏	121849	-3.77%
6	121849	3%	10个点	0.366手	3	亏	118193	-3.66%
7	118193	3%	10个点	0.355手	3	盈	128830	10.65%
8	128830	3%	10个点	0.386手	3	盈	140410	11.58%
9	140410	3%	10个点	0.421手	3	盈	153040	12.90%
10	153040	3%	10个点	0.459手	3	盈	166810	13.77%
...	...	3%	10个点	...	3	盈	...	
18	304928	3%	10个点	0.915手	3	亏	295780	-9.15%
19	295780	3%	10个点	0.887手	3	亏	286907	-8.87%
20	286907	3%	10个点	0.861手	3	亏	278300	-8.61%

注：数据经过近似处理，与实际统计有微小差别。

图6-3

如图6-3所示，在20次交易中一共有6次亏损。在前10次交易中出现了3次连续亏损，资金出现了回撤，但亏损在不断递减。随后开始盈利，盈利的幅度又以指数级开始递增。在后10次交易中，最后3次连续出现亏损，由于采用的是指数级复利仓位管理模型，所以亏损的幅度逐渐减少。最终结果是大幅获利，充分体现了该模型在不利局面时退守，在有利局面时扩张进攻的交易思想。

2.真实案例

下面通过真实案例讲解指数级复利仓位管理模型的使用方法。

（1）2022年12月7日原油交易策略。

在原油交易中，83美元做空，止损比例为3%，止损设为84美元，最后在

77美元止盈平仓。

如果本金是10000美元，则开仓的止损金额为3%×10000=300美元。止损是1个点（84-83=1），原油1手波动1个点是1000美元，所以开仓手数为300/1000=0.3手，获利为0.3×(83-77)×1000=1800美元，即获利幅度为18%。

但是原油做空的时候，账户净现值为977.05%（选自作者公众号真实案例），所以最终获利幅度为18%×977.05%=175.87%。也就是说，这笔交易平仓后，直接赚了初始本金的1.7587倍！

注释：由于指数级仓位管理模型是建立在净现值为基准上的固定风险比例控制法（要特别注意这里的净现值是一个动态的变量数值），所以固定风险比例控制法计算出来的头寸规模，需要进一步乘以净现值比例。既然头寸规模跟随净现值发生了同比例增减，那么最终获利的幅度也会跟着净现值同比例增减。

以上原油案例最终的获利幅度计算公式如下：

$$\text{最终获利幅度}=\frac{\text{获利幅度}}{\text{止损幅度}}\times\text{固定风险比例}\times\text{净现值}$$

$$=\frac{(83-77)}{(84-83)}\times 3\%\times 977.05\%=175.87\%$$

（2）2022年10月22日道指交易策略。

在道指交易中，28680点做多，止损设为28600点，止损比例为6%，最终在35300点附近止盈，所以获利幅度为(35300-28680)/(28680-28600)×6%=496.5%。

买入这单道指的时候，账户的净现值为921.48%，所以最终获利幅度为496.5%×921.48%=4575.1%。账户初始资金为100%，也就是道指这单交易直接赚了本金的45.751倍。

采用指数级复利仓位管理模型，加仓和减仓都不会突兀，仓位不至于过重，也不至于过轻，都是自动仓位管理机制，非常客观。交易者始终只需关注账户数字，而不是行情走势，可以避免非理性冲动加仓，还具有心态调节器的作用。因此，即使交易者的策略胜率欠佳，也可以通过该模型弥补技术上的不足，提高赚钱能力。

如果交易者严格按照指数级复利仓位管理模型进行交易，那么通过固定风险比例，交易者能在不确定的市场中将风险控制在可承受范围内，同时利用复利效应实现长期稳定收益，并且越到后期，复利效应越大，以至于每笔交易获利的幅度都可能是惊人的。

由此也可以看出，交易者做交易一定要寻找盘外更可靠的东西，绝不要押涨跌，因为谁都无法控制和猜准行情。指数级复利仓位管理模型属于盘外功力，基本不会受到行情走势的影响，只要交易策略是正期望值的，哪怕只有51%的胜率，也能让原本较弱的交易系统变得强悍。

第 7 章

小资金暴利策略

并非人人都有无限次的试错资本，在市场中砥砺前行的，更多的是小资金交易者。小资金交易者想通过交易事业赚取一份额外的收入，从而改善家庭生活，或者通过做交易实现阶层跨越，实现财富自由。

对于只有几万元甚至是几千元的交易者来说，长线投资或者价值投资，毫无疑问无异于浪费时间。比如，3000元的本金选择做长线或价值投资，即便能做到股神巴比特20%的年化收益率，也不过是鸡肋而已，毕竟花那么长时间、那么大精力去研究投资，一年才赚600元，太不值得了。实际交易中，3000元的本金可能不仅赚不到600元，还会亏损。

对于小资金来说，普通的交易方法显然是无法实现投资目标的。但是笔者又不建议散户投入太大的资金，毕竟市场是有风险的。普通家庭风险承受能力有限，怎能扛住市场的雷霆万钧走势。超出承受能力的投资，基本上就是在赌。对于小资金来说，必须要找到能够实现暴利的策略，才可能投资成功。

小资金暴利策略需要具备以下几个条件。

7.1 短线交易

短线交易是小资金积累财富的有效方式。短线交易灵活多变，可以通过某一天内行情较大的涨跌幅获利，也可以在波段操作中获利。

图7-1为纳斯达克股指期货1分钟级别K线图，行情时间跨度为2024年9月9日到2024年9月10日。纳斯达克指数在这两个时间点几乎没有什么变化，但是盘中宽幅振荡，来回200多点的巨震，而交易手续费只有1.25个点，很显然可以给短线交易提供足够的获利空间。

短线交易者只需考虑即时行情，通过快速买卖，降低交易风险，不必像长线投资那样，一旦方向判断错误，资金就会被长期套牢。短线交易能够让资金保持高度灵活的运作状态，避免资金闲置，可以极大地提升资金利用率。若采用优秀的交易策略，还能产生更理想的效果。

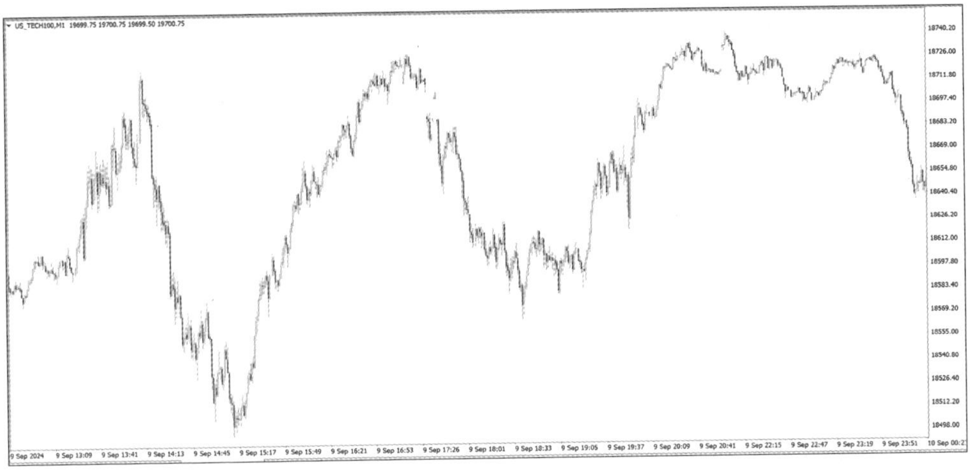

图7-1

短线交易可以有效平复交易者的情绪，稳定交易者心态，因为每天的太阳都是新的，当天交易，当天了结，没有长期持仓、夜长梦多的压力。市场是变色龙，今天飘红，明天就可以变绿，没有人可以左右市场。

短线交易还有一个重大的作用，就是可以快速提高交易者对技术的掌握和对市场的认知。短线交易能够在短时间内反复开仓，增加交易次数，从而给交易者迅速积攒大量的交易经验，所以短线交易也是初学者快速提高能力的捷径。试想一下，如果你一年只做一笔投资，一笔交易被套一年，实战能力这么少，那么交易就只能是纸上谈兵。纸上得来终觉浅，欲知此事要躬行。交易想要获得成功，必须理论和实践相结合，大量的实践是成功的必经之路。

7.2　点位精准

对于短线交易来说，点位越精准，盈利能力越强，这就体现了关键点技术的重要性。把握精准点位的重要性，主要有以下几个方面。

1.心态好

进场越精准，心态越好。从心理学的角度来说，人的本性是厌恶风险的，所以多数散户一遇到浮亏就会紧张。扳回本金的心理很容易诱导交易者胡乱操作，为了挽救某一笔浮亏不惜重仓，不断摊低成本。然而一旦看错行情趋势，通常就会出现爆仓的局面。即便没有爆仓，在浮亏中不断加码，也很容易放大亏损，从而败坏心态。哪怕扛过来了，多数人都会心有余悸，一旦市场上涨，赶紧保本出局。这样的操作行为，无非就是用爆仓的风险来换回保本的心安，根本无利可图。所以入场点位精准非常重要，可以大大降低交易者的错误操作。如果入场点位过于粗糙，总是进场就亏钱，会让人很难受，甚至扰乱交易者的心态。

2.资金利用率高

进场点位精准代表一买就赚，这不但能够让交易者有信心持仓，还能减少待在市场的时间。交易者可以迅速了结头寸，以便抓住其他投资机会。但是如果进场点位粗糙，买进就开始浮亏，这样就没有任何选择的余地，也很难有客观的理性思考，只能强行把自己带入盘面中。被套牢的时间越长，资金的利用率就越低。在持仓过程中，即便能看到很多机会，但由于资金被占用，也没有办法去抓住，所以进场点位精准非常重要。进场点位精准，经常能够迅速获利，资金可以反复利用，实现复利效应，在短时间内积累资金。

3.胜率高

进场点位精准，胜率自然会高。多数交易者错误地认为，交易最重要的是顺势，这个观点既对也不对。顺势固然重要，但它只是针对中长线趋势交易来说的，对于短线交易来说，顺势并不是最重要的。因为短线交易做的是小波段，与趋势关系并不大。上涨趋势中也有回落，下跌趋势中也有反弹，只要抓对了关键点，无论顺势还是逆势，都有机会获利。有的交易者认为，如果是顺势交易，那么盈利的概率会大一点。这个观点不对，因为如果进场点位不好，行情杂波可能会先打掉止损，再重新回到趋势运行。如果不设止损，那么顺着行情的方向进行交易，可能会把亏损扛回来，但也埋下了风险，即一旦趋势判断错误，就会全军覆没。

4.更高的风险回报比

无论是交易股票、外汇还是期货，日内交易要赚取大利润，关键在于如何根据能够承担的风险和回报来调整仓位。大多数人认为使用大的止损（这样不会被触发）和大的止盈目标点位是赚大钱的方法。实际上，要赚取大的日内交易利润，需要等待紧凑的止损机会，然后在典型的波动范围内设定目标点位，以获得良好的风险回报比。

比如，交易者有一个1万美元的账户，每笔交易愿意承担的风险是10%，那么每笔交易可承受的损失是1000美元。

图7-2为黄金5分钟级别K线图，行情时间跨度为2025年3月4日到2025年3月5日。如果在A点（2912美元/盎司）进场做多，止损应该放在前期拉升过程中振荡区间的下限（2896美元/盎司）的下方，这样止损非常大（2912−2896=16个点）。由于1手波动1个点价值100美元，所以开仓0.625手（1000÷1600=0.625）。但该入场点位非常不好，进场就会立即亏损；如果在B点（2901美元/盎司）进场做多，止损应该放在前期拉升过程中振荡区间

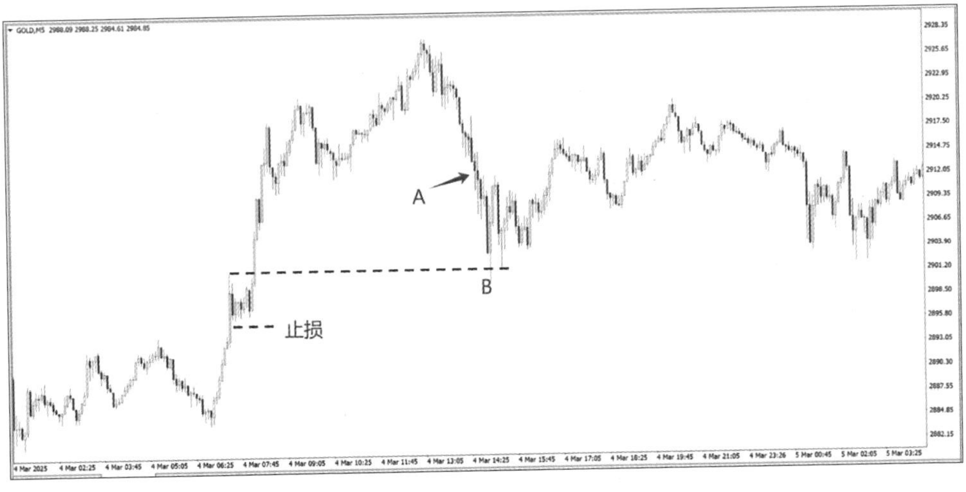

图7-2

的下限（2896美元/盎司）的下方，这样止损幅度非常小（2901-2896=5个点），可以开仓2手（1000÷500=2），该位置是回踩关键点，进场就能立即获利。

以上两笔交易，如果按照1倍盈亏比进行止盈，显然A点很难实现止盈，行情反弹到最高点，也无法盈利1000美元。点位更精准的B点，则可以轻松获利1000美元，甚至最大可以盈利4000美元。所以B点的风险回报比更高，而A点随着行情的再次下跌，反而有失败的风险。

7.3 运用杠杆

阿基米德说过："给我一个支点，我就能撬动地球。"杠杆是一把双刃剑，既可以放大收益，也可以放大亏损。如果交易者本来就是小资金投资，风险在可承受范围之内，那么杠杆增加的风险也在可接受范围之内。杠杆大大降低了每笔交易的保证金，为交易者时刻保留充足的可用资金，有利于在博弈中更加灵活地操作。最重要的是，可以合理运用止盈止损机制，在盈利的时候多赚一点，在亏损的时候及时止损。这样就可以让杠杆增加盈利的利润，但并不会同倍数增加风险。比如，始终采取2:1的盈亏比策略，那么无论怎么加杠杆，盈利总是亏损的2倍。

7.4 交易波动率大的产品

对于短线交易来说，不需要涨跌幅很大，但波动率一定要大，这样才有获利的机会。

比如，瑞士法郎波幅一向非常小，买进去行情就不动了，还怎么获利？只能任由单子在那里长时间地占据保证金。最终如果赚了便罢，如果亏了，则是又亏时间又亏钱。纳斯达克指数几乎是所有品种中波动率最大的，短线交易纳斯达克股指期货，是小资金快速积攒利润的选择之一。

图7-3为美元兑瑞士法郎1分钟级别K线图，行情时间为2024年9月10日。美元兑瑞士法郎波动半天，却连50个点的振幅都不到，交易手续费却要21个点，对于短线交易者来说盈利是很困难的。

图7-3

7.5　市涨买涨，市跌买跌

想要实现小资金快速获利，最重要的是必须掌握一套强悍的超短线交易策略。光是会寻找关键点还不够，这种交易策略的核心原理必须是市涨买涨，市跌买跌，也就是永远随市而动。在市场上涨的时候逢低买进，在市场下跌的时候逢高做空，在市场反转的时候，及时调转枪口反向狙击。要像利弗莫尔早年杀遍全美对赌行的操作方法那样，一买就赚，立买立赚。

图7-4为纳斯达克股指期货1分钟级别K线图，行情时间为2024年9月11日。在1分钟级别行情图中，采用关键点进行短线交易，所有交易信号都是一买就赚，可以反复操作。

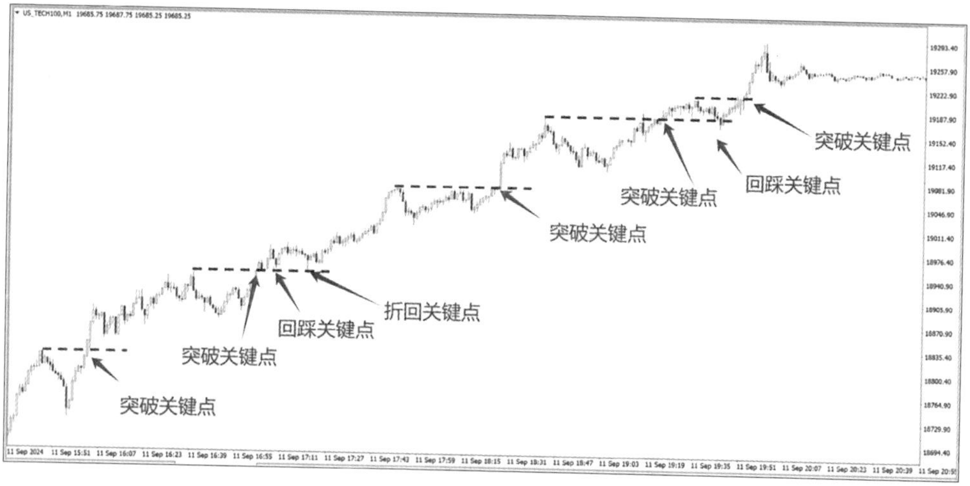

图7-4

7.6　小处着手

在训练短线交易的过程中，每天的交易计划和复盘自然少不了。找出交易中出现的各种错误并加以改正，这是交易能力不断提升的保障，要知道细节决定成败。除此之外，更重要的是坚持小周期入场的习惯。

任何技术都会出现虚破的情况，大周期虚破的时候，往往回撤幅度非常大，很容易超过短线策略的止损价位，即便最终价格回来了，资金也早亏掉了。所以进行短线交易，要以小周期分析为主，也可以进行大周期分析，但最终必须转为小周期入场。

比如，在大周期日线级别里发现某个价位符合做空信号，但是不能立刻开仓做空，而是切换到1分钟或者5分钟小周期里，等待价格向下跌破。在小周期也出现做空信号时，才可以进场开立空头头寸。也就是说，需要大周期和小周期同时共振出现做空信号才能入场，这样可以有效地过滤掉行情的虚破，提高胜率。

图7-5为纳斯达克股指期货1分钟级别K线图，行情时间跨度为2024年6

月19日到2024年9月18日。A点是19654点，行情突破关键点后，继续大幅下行，但随后暴力反弹，回踩关键点B。不过B点虚破了A点，最高触及19717点，越过了A点63个点。很显然，对于短线来说，出现这么大的虚破，可能早就止损了，纵使随后暴跌逾2000多点，也赚不到一分钱。

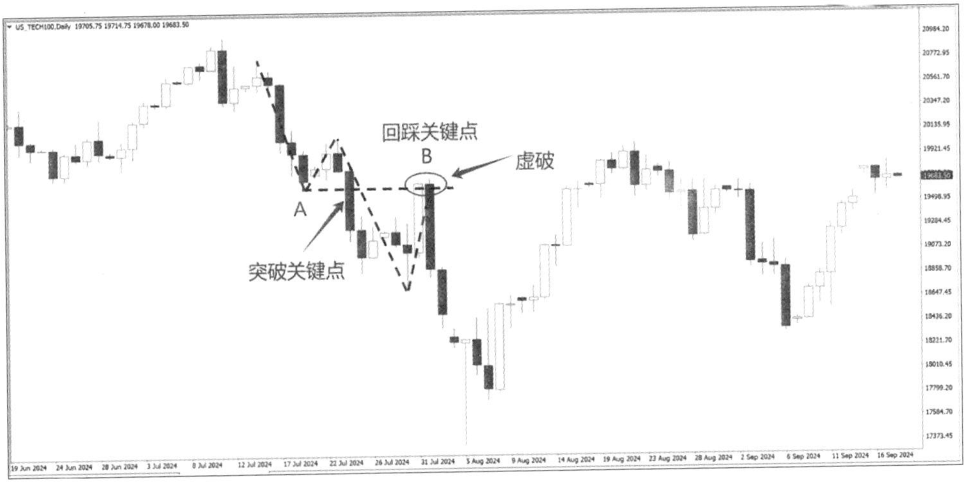

图7-5

图7-6为纳斯达克股指期货1分钟级别K线图，行情时间为2024年7月31日到2024年8月1日。价格第一次抵达大周期A点时，行情并没有下跌，而是继续上涨，此时不能进场做空。

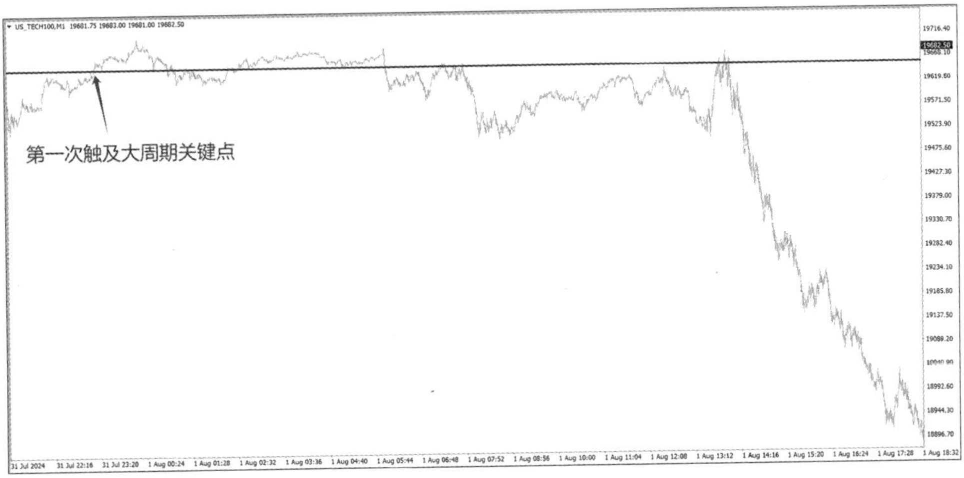

图7-6

图7-7为纳斯达克股指期货1分钟级别K线图，行情时间为2024年7月31日到2024年8月1日。等待价格向下跌破A点，并出现突破关键点时，再开仓做空，这样就有效避开了虚破，不至于短线应该赚的钱被杂波干扰导致无谓的止损和亏损。

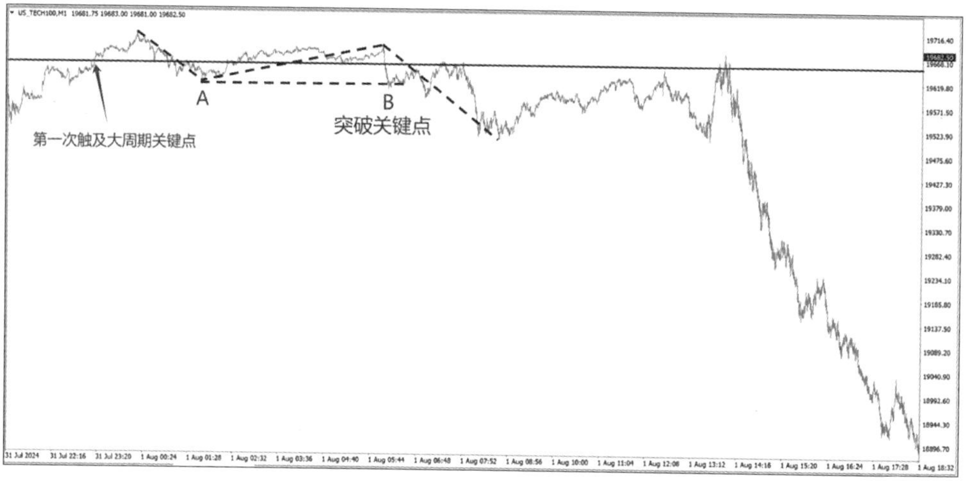

图7-7

小处着手的理念，也就是遵守“市涨买涨，市跌买跌”的原则，只选择在最有利的时刻开仓，这样能极大地提高短线获胜的概率。

7.7 破解扛单

你要做的永远是让一切尽在掌控中，不要心存幻想，埋头不停地交易，首要任务是保护自己的资金。

——保罗·都多·琼斯

交易包括两端：一端是止损，一端是盈利！止损是自己定的，利润是市场给的。作为交易者，永远也无法知晓下一刻行情的涨跌，但我们有能力控制亏损。只要交易者不想继续亏钱，随时可以设置止损出局。但很多人忽略了自己能掌控亏损，一头扎进永远也不能掌控的行情预测之中，妄图抓住每一次盈利。

交易是一种概率游戏，是由盈利和亏损共同组成的。止损是交易规则最重要的部分，也是一个交易者成熟的分水岭！交易失败最大的原因并不是看错了方向，而是让亏损持续扩大。避免大亏损是任何想要成功的交易者的首要任务，一个无法有效承受亏损的交易者永远不可能持续获利。

认赔是痛苦的，止损是一种反人性的操作，交易成功却偏偏需要以损失作为代价。许多交易者的问题在于，每次与亏损作斗争，就会变得情绪化，最终放弃抵抗，在错误的交易中持续扛单。不但如此，在扛单的过程中还会诱发扳回亏损的心理，想要摊低成本，浮亏加仓，反而加速了爆仓速度。

天生适合市场交易的人少之又少，若想在市场中取得成功，就必须做出改变。突破成长最快的路径，往往藏在那些让人感到恐惧的事情里。人们本能地倾向于逃避痛苦，但这种逃避也会让自己远离成功，这就注定了成功者只能是少数人。

古往今来，但凡取得大成就的人，都离不开自我克制。想要更好地执行止损，关键在于减轻压力。减轻压力可以通过降低交易规模、建立交易计划或者远离市场来实现。

除了以上三种方法外，还可以让程序化交易自动帮助我们强制止损，这样就可以轻松破解抗单的难题。在金融交易领域，专家顾问（Expert Advisor，EA）也称自动交易系统或交易机器人，主要用于外汇、股票、期货等市场的自动化交易，尤其是在外汇业务在线交易平台软件Meta Trader 4/5（MT4/MT5）上最为常见。

EA是一种基于预设规则和算法的程序，能够自动执行交易操作（如开仓、平仓、止损止盈、移动止损、限制开仓数量等），无须人工实时盯盘。EA的优势是机器没有情绪，可以严格执行预设规则，避免人为交易中的情绪影响决策。

依赖EA进行风控，只要价格抵达止损点，就会强制止损，避免自己舍不得止损，犹犹豫豫而让亏损无限扩大。EA还可以规避浮亏加仓的恶习。比如，在EA中设定浮亏只能持仓一单的指令，EA就会有效阻止交易者在亏钱的时候摊低成本去加仓，无论怎么冲动地点击加仓按钮，EA都会让它无法生效。EA还可以在价格抵达预设的位置时帮助交易者自动移动止损，有效锁定利润，同时可以减少交易者盯盘的时间，让交易者远离盘面，避免行情走势影响情绪。

当然，EA不只是辅助交易者交易，还能实现完全自动化交易。但有一点需要注意，虽然市面上有大量的EA策略，但是能赚钱的EA策略和能赚钱的交易员一样稀有，都是凤毛麟角。所以交易者在使用EA的时候，一定要仔细甄别，保持理智。

程序化EA在代替简单人工方面来说，其功效毋庸置疑，所以对于受扛单困扰的交易者来说，通过EA进行风控，可以一劳永逸地破解扛单难题。

7.8 避免过度交易

交易的方式有很多，比如长线交易、波段交易、短线交易或高频交易，无论哪种交易方式，都必须遵守交易准则，才能获得成功。

行情有自己的运行规律，不会因为任何人的意志而转移。但失败的交易者，总是希望通过“努力”来获得更多收益。这种主观的思维很容易导致自己丧失准则，妄图以己之力战胜市场，从而陷入过度交易之中，最终被情绪化交易吞没。

每天无时无刻地努力做单，高强度地盯盘，换来的却不是“天道酬勤”，反而是更严重的亏损。只有努力学习交易知识，构筑交易系统，形成自己的准则，并按照准则进行交易，才能获得长久的成功。

交易赚钱的最后一关，也是最难的一关，就是突破人性弱点。无知和急躁是过度交易的根本原因，越无知越急躁，越急躁越会过度交易。金融市场是零和博弈的修罗场，消灭大多数是其生存法则。散户的致命误区是看低市场，看高自己，连一个像样的交易准则都没有，就开始盲目交易。

在日内交易领域，过度交易现象屡见不鲜。其诱因主要有二：部分交易者沉迷交易带来的刺激感，享受在价格波动中博弈的快感；还有人因遭遇亏损，急于扳回局面，不仅频繁交易，甚至不惜扩大头寸规模。他们普遍存在一种心理误区，认为不持有仓位就会错失盈利良机，在场外观望会产生强烈的不安感。

一旦陷入这样的情绪漩涡，交易节奏便会彻底失控。决策不再基于理性分析，而是被冲动和焦虑主导，往往最终导致更严重的损失。追根溯源，这些盲目交易行为的背后，实则暴露出交易者缺乏明确的交易准则，无法在瞬息万变的市场中坚守原则，克制欲望。

交易准则是交易者驰骋市场的关键利器，它可以是基于技术指标搭建的交易系统，也可以是聚焦关键点的策略体系。对于亏损的交易者而言，市场行情犹如处处暗藏危机的陷阱，稍有不慎便可能血本无归；而对盈利者来说，交易准则是精心设计的“捕鱼网”——当行情触发准则设定的条件，就如同落入预设陷阱，盈利也就水到渠成。这也印证了一个核心观点：市场利润并非主动抓取就能获得，单纯分析行情只是辅助手段，唯有契合交易准则的行情，才是值得把握的盈利机会。

值得注意的是，过度交易的本质并非交易频次高，而是缺乏规划，盲目操作。市场利润不可强求，一旦建立起完善的交易准则，交易者便能形成清晰的操作规划，培养出耐心等待的能力，从而有效规避过度交易的风险。此外，借助智能交易系统，能更精准、更高效地执行交易准则，实现自动化盈利。

如果你能学会创造一个不受市场行为影响的心态，挣扎就不会存在。

——马克·道格拉斯

《像利弗莫尔一样交易——让利润奔跑》

价值分析的优势是客观性较强，技术分析的优势是可以精细化操作，二者各有千秋。作为投资者，只钻研其中一种方法，将会大大削弱你的投资能力。如果能结合自己的实际情况，汲取二者精华，将会让你的盈利更轻松。

本书充分发挥了价值分析和技术分析的长处，避开二者的劣势，进一步提升交易的稳定性和盈利性。不管是价值投资派还是技术分析派，都能从中获益。

书号：ISBN 978-7-5159-2077-1

定价：68.00 元

上架建议：股票投资 / 个人理财

《像利弗莫尔一样交易——买在关键点》

利弗莫尔对交易有过人的天赋，在他的整个交易生涯中，从未停止过对市场的探索。作为技术派投资者的先驱，他的许多观点和理论对后市影响深远，当代大多数技术流派的理论基础中，仍能找到他的思想痕迹。

本书从关键点着手，全面而深刻地解读利弗莫尔关键点的操作方法和智慧，并进行优化改良，还发掘了新的关键点，以求准确指出当下时间节点的趋势运行状态，避开传统技术指标严重滞后的缺点。

书号：ISBN 978-7-5159-2076-4

定价：49.00 元

上架建议：股票投资 / 个人理财